कुछ साल ठेढो!!

कुछ साल दे दो!!

अनु भाटिया

ZORBA BOOKS

ZORBA BOOKS

Published by Zorba Books, November 2021

Website: www.zorbabooks.com
Email: info@zorbabooks.com
Contact: 0124-4259579/8800509579

Title :- कुछ साल दे दो !

ISBN Print Book - 978-93-90640-54-6
ISBN eBook - 978-93-90640-66-9

Zorba Books Pvt. Ltd. (opc)
Sushant Arcade,
Next to Courtyard Marriot,
Sushant Lok 1, Gurgaon – 122009, India

मेरे ये उद्‌गार और प्यार अपने ज़िंदादिल पति अंशु भाटिया को समर्पित हैं
तथा हृदयगत आभार डॉ. सुरेंद्र कुमार डबास को अर्पित है !!

विषय सूची

प्रस्तावना

'कुछ लोग ज़िंदगी को जीने का मौका नहीं देते और कभी ज़िंदगी जीने का मौका नहीं देती।' और जब ज़िंदगी जीने का अवसर छीन लेती है तब उसकी कद्र समझ आती है। परेशानियों और दुःख के पन्ने ज़िंदगी की किताब से निकाले नहीं जा सकते, पर उन्हें कैसे पढ़ना है और उनसे क्या सीखना है, ये हम पर निर्भर करता है। प्रतिकूल परिस्थितियों में घुटने टेक देना साधारण विकल्प है पर बात तो तब है जब आप उस समय भी उसकी आँखों में आँखें डालकर टिके रहें, फिर चाहे हार मिले या जीत !!

आशा करती हूँ मेरा यह प्रयास आप सभी पाठकों को ज़िंदगी की अमूल्य निधि को सकारात्मक दृष्टिकोण से देखना और समझना सिखा पाए, विशेषकर उन साथियों को जो कैंसर जैसे कष्टमय रोग से जूझ रहे हैं और उनके प्रियजन इससे टूट रहे हैं। माना कि इससे जंग बहुत भारी है पर प्रबल इच्छा शक्ति, परिवार का साथ और डॉक्टरों पर विश्वास इसको झुकाने और मार गिराने के सशक्त शस्त्र हैं। परिणाम में हमारे हिस्से क्या आएगा ये वक़्त के हाथ में है पर कोशिश करते रहना हमारे हाथ में। मैंने अपने पति और अपनी ज़िंदगी से यही सीखा है और यही कामना करती हूँ कि आप तक भी इसी सोच को पहुँचा सकूँ।

जीवन की आपबीती पर आधारित इस उपन्यास में आए लगभग सभी मुख्य पात्रों के नाम वास्तविक हैं। कुछ पात्रों के नाम परिवर्तित किए गए हैं।

उपन्यास का 'आरंभ' और 'पहला तथा दूसरा पड़ाव' मेरे पति की जुबानी है और आगे की जीवन यात्रा में मेरी अर्थात एक पत्नी की वाणी है।

ख़ुदी को कर बुलंद इतना कि
ख़ुदा जो पूछे कि बन्दे बता
तेरी रज़ा क्या है।

I am ~~starting~~ writing a novel.
my own story.

बुलंद हौसलों से हालातों का रुख बदलता है,
'हार' शब्द में से ही 'राह' का रस्ता निकलता है !!

आरंभ

(मैं ही क्यों ??)

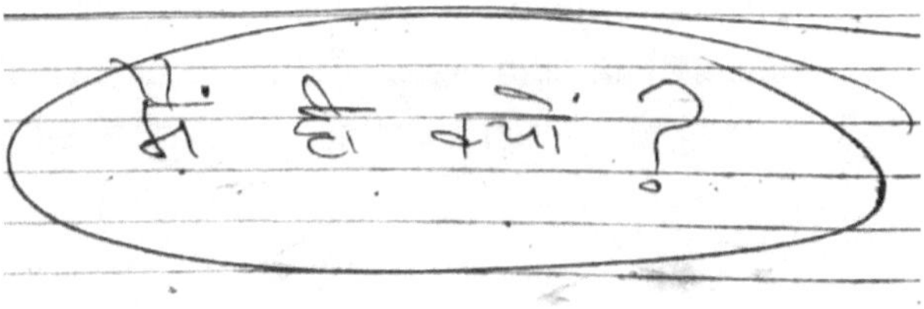

मैं हाथ में अपनी सी टी स्कैन और एम आर आई की रिपोर्टस लिए चुपचाप डॉक्टर रैना के क्लिनिक से बाहर निकला, सड़क पार की और गाड़ी में बैठ गया। दिमाग जैसे जड़ हो चुका था। मैं अभी भी डॉक्टर की बात पर यकीन कर पाने में खुद को असमर्थ पा रहा था।

"अंशु, मुझे खुद हैरानी है लेकिन मुझे तुम्हें दुख के साथ बताना पड़ रहा है कि इस रिपोर्ट के अनुसार तुम्हारी बायीं वोकल कॉर्ड में ट्यूमर है जिसके मलिग्नैंट (Malignant) होने के काफी आसार हैं। तुम बिना कोई समय गँवाए कल ही मैक्स हॉस्पिटल में बायोप्सी करवा लो। मैं अपने मित्र डॉक्टर से अभी बात कर लेता हूँ जो वहाँ ऑन्कोलॉजिस्ट है।"

और अचानक मैंने अपने आप को ज़ोर- ज़ोर से रोते हुआ पाया। मई का महीना, गाड़ी के शीशे बंद थे और मुझे गाड़ी स्टार्ट करने का और ए सी चालू

करने का भी होश नहीं था। 'मेरे साथ ये कैसे हो सकता है। मैंने तो जीवन में सिगरेट को हाथ तक नहीं लगाया। नियमबद्ध पार्क का साथी, उचित शुद्ध खान-पान की मिसाल, व्यायाम और सैर दिनचर्या का अभिन्न अंग पिछले कई वर्षों से नहीं बल्कि बचपन से। बाहर खाने से हमेशा दूर रहता हूँ और घर का खाना ही पसंद करता हूँ। फिर भी ऐसा और मेरे साथ, क्यों? नहीं हो सकता।' मैं इस सच्चाई को स्वीकार करने में खुद को असमर्थ पा रहा था। शाम के 7 बजे से कब 8 हो गए, मुझे पता ही न चला। मुझे यह होश भी नहीं था कि आसपास से गुज़रते लोग मुझे अकेला गाड़ी में रोता देख व खुद से बातें करता देखकर हैरानी के साथ ठिठक कर मुझे देख रहे हैं। मेरी तंद्रा अचानक तब टूटी जब मैंने अपने फ़ोन को बजते पाया जो न जाने कब से लगातार बज रहा था। मैंने देखा कि कावेरी (निक्की) का फ़ोन था। मैंने खुद को संतुलित करते हुए फ़ोन उठाया और कहा, "बेटा क्या बात है?"

"पापा, सब ठीक तो है न? कब से कोशिश कर रही हूँ। आप फ़ोन क्यों नहीं उठा रहे हो? रिपोर्ट आ गई? सब ठीक तो है न ? उधर मम्मी पेरिस लैंड कर गई हैं। वो भी आपको फ़ोन ट्राय कर रही हैं। वो भी परेशान हैं। आप फ़ोन का जवाब ही नहीं दे रहे हो।" निक्की ने एक साँस में प्रश्नों की बौछार कर दी।

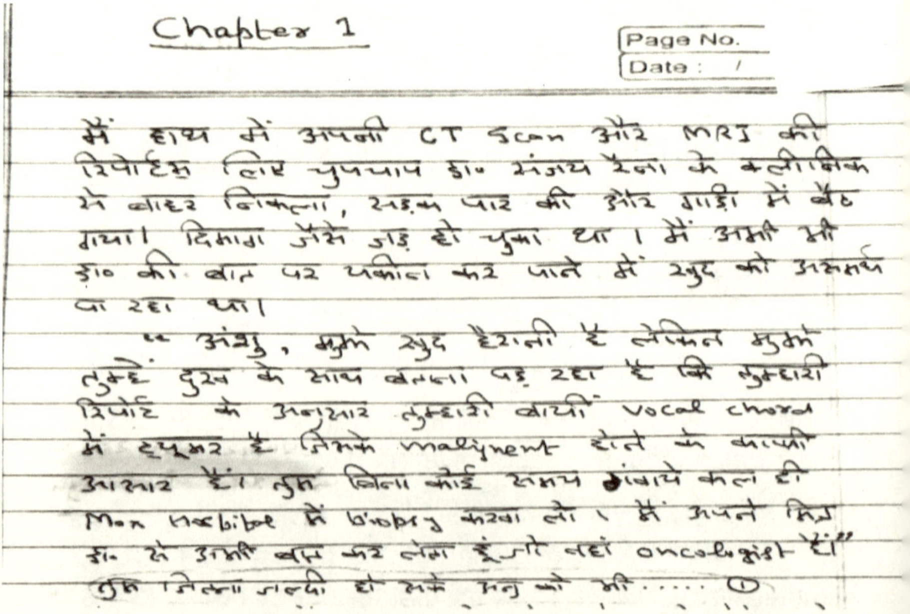

Chapter 1

Page No.
Date : /

मैं हाथ में अपनी CT Scan और MRI की रिपोर्ट्स लिए चुपचाप डा० संजय रैना के क्लीनिक से बाहर निकला, सड़क पार की और गाड़ी में बैठ गया। दिमाग जैसे जड़ हो चुका था। मैं अभी भी डा० की बात पर यकीन कर पाने में खुद को असमर्थ पा रहा था।

" अंशु, मुझे खुद हैरानी है लेकिन मुझे तुम्हें दुख के साथ बताना पड़ रहा है कि तुम्हारी रिपोर्ट के अनुसार तुम्हारी बायीं vocal chord में ट्यूमर है जिसके malignent होने के काफी आसार हैं। तुम बिना कोई समय गंवाये कल ही Mon Nabibe में biopsy करवा लो। मैं अपने मित्र डा० से अभी बात कर लेता हूँ जो वहां oncologist हैं" तुम जितना जल्दी हो सके मनु को भी..... ①

"बेटा, मैं घर आकर बात करता हूँ।" मैंने खुद को सँभालने की कोशिश करते हुए कार चालू की और अपनी पुरानी आदत के विपरीत बहुत धीमी गति से घर की ओर चल पड़ा।

दिमाग में सैकड़ों सवाल बिजली की गति से कौंध रहे थे। अभी सुबह के तीन बजे ही तो अनु को एयरपोर्ट छोड़ा था जो अपने स्कूल के बच्चों का ग्रुप लेकर फ्रांस, जर्मनी और स्विट्ज़रलैंड की 15 दिन की यात्रा पर गई थी। कितना खुश थे हम सब। बच्चों की ज़िद्द पर उन्हें भी एयरपोर्ट साथ ले गया था। फिर घर पहुँचकर सो गया। उसके बाद फैमिली डॉक्टर रैना के कहे अनुसार सी टी स्कैन और एम आर आई करवाने चला गया।

लेकिन डॉक्टर ने तो कहा था कि ये मात्र औपचारिकता है। ज़्यादा संभावना यही है क्योंकि आप एक अध्यापक हो और पिछले 21 वर्षों से रोज़ाना कई घंटे लगातार बोलते हो, इसकी वजह से आपकी वोकल कॉर्ड में सूजन आ गई है और हद से हद आपको कुछ दिनों का वोकल रेस्ट चाहिए। फिर अचानक ये कैसे हो सकता था। शायद डायग्नोस्टिक लैब वालों से कोई गलती हुई हो। कल बायोप्सी में शायद कुछ भी न आए ऐसा। मैं खुद को बहलाने की कोशिश करता हुआ घर पहुँचा।

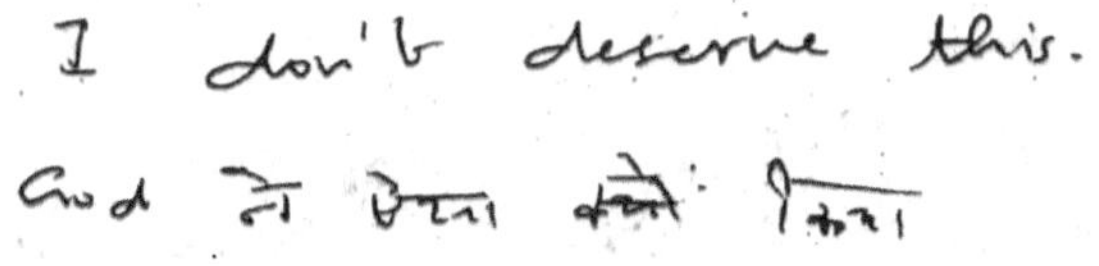

I don't deserve this. God ने ऐसा क्यों किया.

घर में प्रवेश करते ही पाया कि निक्की पहले से ही फ़ोन पर अनु से बात कर रही थी। मुझे देखते ही उसने कहा, "लो मॉम, पापा से बात करो। वो आ गए हैं।" और उसने फ़ोन मुझे थमा दिया।

"हाँ अनु, पहुँच गए आप लोग। ठीक हो न ? तबीयत ठीक है न ? मौसम कैसा है वहाँ ?"

अनु ने मेरी किसी बात का जवाब नहीं दिया और मुझसे ही पूछा, "तुम फ़ोन क्यों नहीं उठा रहे थे? रिपोर्ट्स ठीक हैं न ? तुम ठीक हो न ?"

"अरे फ़ोन गाड़ी में ही छूट गया था और मैं अंदर डॉक्टर के पास था। सब ठीक है। रिपोर्ट्स एकदम नार्मल हैं।" मैंने खुद को सँभालते हुए सामान्य आवाज़ में जवाब दिया। शायद थकान और इतने सारे बच्चों को सँभालने की ज़िम्मेदारी की वजह से अनु ने मेरी आवाज़ में कुछ भी असामान्य नहीं पाया।

"ठीक है मैं होटल पहुँचकर बात करुँगी। अपना ध्यान रखना।" और उसने आई लव यू कहकर फ़ोन काट दिया।

लेकिन निक्की, प्राची (गिन्नी) और मम्मी-पापा (अनु के, हम साथ ही रहते थे) मेरे जवाब से बिल्कुल भी संतुष्ट नहीं थे क्योंकि वे मेरा चेहरा देखकर समझ चुके थे कि कुछ तो है जो मैं छिपाने की कोशिश कर रहा था। शुक्र है कि कबीर अंदर कंप्यूटर पर गेम खेल रहा था। वह अभी बहुत छोटा था इन सब बातों के लिए। सिर्फ 11 वर्ष का ही तो था! निक्की-गिन्नी और मम्मी-पापा सब मेरी आँखों में कुछ ढूँढ रहे थे। शायद मेरी आँखें पढ़ चुके थे। मैंने बहुत सोच समझकर शब्दों का चयन करते हुए और अपने काँपते पैरों को सँभालते हुए उन्हें सारी सच्चाई बता दी। आखिर अनु की अनुपस्थिति में मुझे उनकी सख़्त ज़रूरत थी। निक्की-गिन्नी वयस्क और समझदार थीं और इस परिस्थिति में मैं उनके सहारे की उम्मीद कर रहा था। सबकी आँखें डबडबा गई और कुछ पल के लिए सब निःशब्द से हो गए। गिन्नी के ज़ोर- ज़ोर से रो पड़ने ने सबके आँसुओं का बाँध तोड़ दिया और बच्चे मुझसे लिपट गए।

अगले दिन की शुरुआत व्हाट्सएप्प पर अनु की सुंदर फोटो से हुई। फोटो देखते ही आँसुओं ने गालों को भर दिया। पर मैंने कोई जवाब न दिया। उसका फिर मैसेज आया, 'क्या है? देखकर भी कोई रिस्पांस नहीं। क्या मैं अच्छी नहीं लग रही ?' मैंने 'लव यू ' लिखा बस। वो बेचारी क्या जाने कि आज कितना भारी दिन था। मैक्स हॉस्पिटल के बायोप्सी डिपार्टमेंट के बाहर डर से सहमा सोफे पर बैठा डॉक्टर का इंतज़ार कर रहा था। "चलिए कपड़े बदल लीजिए।" वार्ड बॉय की इस आवाज़ ने मेरी धड़कन और बढ़ा दी कि बस अब मुझे अंदर जाना है और बस फिर!! लोग कहते हैं कि एक बार बायोप्सी करने पर जब इसे छेड़ दिया जाता है तो यह बहुत जल्दी फैलता है। पता नहीं कितनी दर्द होगी! ऐसे ही कई विचारों के साथ मैं बायोप्सी के लिए टेबल पर था।

नीडल से मेरे ट्यूमर का नमूना लिया गया और फिर इंतज़ार अगले दिन का था। अपने कज़न्स, पापा, दोस्तों से हर तरह की संभावित आशंका की बात

करते हुए न जाने कब रात हो गई। रात को आँखें पथरा सी गई थीं। नींद का कोसों तक अता- पता नहीं था। और फिर अगला भयानक दिन आ गया। मन में ऐसा भूचाल मचा हुआ था कि कहीं मैं वो सुन न लूँ जो मुझे नहीं सुनना। निक्की- गिन्नी के चेहरों पर डर, पर लबों पर हिम्मत देने की मुस्कुराहट। उफ्फ्फ !!!

चार लोग ज़मीन से उठाने की कोशिश कर रहे थे पर मैं जो गिरा और जो रोया वो मेरे बस से बाहर था। रिपोर्ट आ गई थी, कैंसर....... वो भी लास्ट स्टेज। साउथ इंडियन डॉक्टर के वो शब्द जैसे दिल के हर हिस्से को चीरते जा रहे थे -" नो टाइम, बी फ़ास्ट, जल्द से जल्द सर्जरी कराओ। सर्जरी से ट्यूमर निकाल देंगे, वॉइस हमेशा के लिए चली जाएगी, बस यही सोल्यूशन है।" वॉइस चली जाएगी हमेशा के लिए, कितनी आसानी से कह दिए डॉक्टर ने ये शब्द। मन में, दिमाग में सिर्फ अनु चल रही थी। सर्जरी वो भी अनु के बिना, अनु को ' आई लव यू ' बोले बिना अपनी आवाज़ दे दूँ .... क्यों भेजा मैंने उसे....... उसके जाते ही मेरा सौभाग्य चला गया......... वो होती तो ये सब न होता.......... अनु बस अनु चाहिए थी उस समय।

बहुत मुश्किल सबने उठाया, पानी के दो घूँट पिलाए। "यदि मैं सर्जरी न कराऊँ तो?" एकाएक मुँह से निकला। डॉक्टर ने तपाक से बोला, "मैन ईगो है। आवाज़ चली जाएगी तो हैंडीकैप हो जाओगे। बीवी की ज़्यादा चलेगी। ये नहीं समझ आ रहा कि वॉइस को बचाने के चक्कर में जान से ही जाओगे। लाइफ ही ख़त्म है क्योंकि ये ट्यूमर विंड पाइप को जल्द ही बंद कर देगा। लाइफ या वॉइस? कोई बेवकूफ ही वॉइस कहेगा तुम्हारी तरह का।" इतने कठोर शब्द.......... इस टूटी हालत में, सह नहीं पा रहा था।

अस्पताल की सीढ़ियाँ उतरते हुए अनु का फ़ोन बजा। ऐसा लगा बस कह दूँ 'आ जा, नहीं रह पा रहा। अभी फ्लाइट पकड़ और आ जा मेरे पास। ' पर कैसे ?? अभी तो एक दिन ही हुआ है उसे वहाँ ...."कैसी है? याद ही कर रहा था तेरे को। वैदर कैसा है ?" अपने को सँभालते हुए बोला।

"मेरी छोड़ो, तुम बताओ, ठीक तो हो न। पता नहीं अजीब -सा मन घबरा रहा है। उदास हो गए क्या मेरे बिना ?" वो बोली। मैंने " हाँ " कहा और फ़ोन पर आवाज़ न आने का बहाना बनाते हुए " हैलो -हैलो ' बोलकर फ़ोन रख दिया। बस फूटकर रोया।

फिर आस की किरण ढूँढ़ने की लिए कि शायद कोई और इसके अलावा कोई रास्ता दिखा दे या कोई और इलाज बता दे, मेरी दौड़ बी एल कपूर, अपोलो, फोर्टिस और फिर मेदांता पर जाकर रुकी। पर सब एक ही स्वर में सर्जरी की आवाज़ लगा रहे थे और मेरी आवाज़ को सदा के लिए बंद करने का ही एकमात्र रास्ता दिखा रहे थे।

21 साल से सीनियर कक्षाओं और एन्ट्रन्स एग्ज़ाम्स के लिए मैथ्स पढ़ाने वाला मैं, एक पल में अपनी आवाज़ दे दूँ, गाना गाने का शौकीन, बातूनी कहलाने वाला अंशु, ये गवारा न था मुझे। सबने बहुत समझाया। निक्की -गिन्नी ने प्यार से समझाया और फिर लड़ भी पड़ीं, पर मैं टस से मस न हुआ।

पहला पड़ाव
(भ्रमित सोच और दिशा)

जब हमें एक रास्ता पसंद ही नहीं आ रहा होता तो अन्य रास्ते आकर्षित करते हैं, वही हुआ मेरे साथ।

अनुराग भाई (मौसी का बेटा और मेरा भाई कम, दोस्त ज़्यादा) की पत्नी ने नेचुरोपैथी का रास्ता सुझाया। एक आंटी से मिलाया जो नेचुरोपैथी सेंटर चलाती थीं। मुझे तो उस समय सर्जरी छोड़कर कोई भी रास्ता सही लगना ही था। 70 साल की आंटी ने जैसे ही मेरी रिपोर्ट देखी, देखते ही पटक दी और कहा "अरे इसे कुछ भी नहीं। डॉक्टर सब बकवास कर रहे हैं। मैं इसे ठीक कर दूँगी। कुछ है ही नहीं ऐसा।" यही सुनने के लिए तो मेरे कान तरस रहे थे। बस मुझे लगा मुझे मेरा मसीहा मिल गया है। मैंने उनके पैर पकड़ लिए। आँसू बहे जा रहे थे।

"आप जो कहोगी मैं करूँगा, बस मुझे ठीक कर दो। मेरी आवाज़ तो नहीं जाएगी न ? मैं ज़िंदा तो रहूँगा? जो कहोगे करूँगा आंटी। मुझे बचा लो बस।" आंटी ने सिर पर हाथ रख दिया।

कभी आशा के उछालों में और कभी निराशा व डर के थपेड़ों में जैसे -तैसे रात बीती। तड़के पाँच बजे मैं दस औरतों के बीच अपना व्यायाम आसन लगा आंटी के समक्ष बैठा था। आंटी ने मेरी हिम्मत बढ़ाते हुए मुझे आसन बताना शुरू किया और मैं पूर्ण एकाग्रता के साथ आसन का हर कोण देखने - समझने लगा तथा साथ -साथ करने लगा। आसपास से आंटी की अनुयायी स्त्रियों की आवाज़ें आने लगीं -

"अरे ! बिल्कुल ठीक हो जाओगे। "

'आंटी के पास आ गए हो न, बस चिंता छोड़ दो। "

"आंटी तो जादूगरनी है............... "

मेरी डूबती जीवन नैया को पार लगाने वाला केवट मेरे सामने था। मैंने आंटी के चरण पकड़ लिए और फूट- फूट कर रोने लगा। आंटी ने सँभाला और कहा।," दस बजे अपने एक लड़के को भेजूँगी। वो करेगा और इलाज के काम। " फिर मुझे कुछ प्राकृतिक चिकित्सा की चीज़े, एनीमा का बर्तन, लोटा आदि थमा दिया। नमक - चीनी सौ प्रतिशत बंद, रोटी- दाल- सब्ज़ी बिल्कुल नहीं खानी, लिक्विड डाइट पर ही रहना हैं, कड़वे घोल पीने हैं.............. जैसी अनेक हिदायतों के साथ मेरा उपचार शुरू हो गया।

अनु के विदेश से न आने तक मैंने अनुराग भाई के घर, सी आर पार्क रहने का निर्णय लिया।

"पापा आपको क्या हो गया हैं ?नेचुरोपैथी सीरियसली............. यू आर सो एजुकेटेड। छींक आने तक पर डॉक्टर के पास भागते थे। सो साइंटिफिक माइंड। ये क्या कर रहे हो आप ?" निक्की फ़ोन पर तेज़ आवाज़ में बोल रही थी और बहुत परेशान हो रही थी।

"अरे! वो कह रही हैं कुछ भी नहीं है मुझे, बिल्कुल ठीक कर देंगी। आवाज़ भी नहीं जाएगी .निक्की सोच आवाज़ बच जाएगी। शी इस सो कॉन्फिडेंट."

पर निक्की ने मेरी एक न सुनी। " पापा, हम आपको ये नहीं करने देंगे। डॉक्टर बेवकूफ हैं क्या, जो इतनी सीरियस कंडीशन बता रहे हैं। प्लीज़ ऑपरेशन करा लो............. हम आ रहे हैं, आकर बात करते हैं। " फ़ोन रख दिया।

मुझे उस समय निक्की पर बहुत गुस्सा आया और लगा कि किसी को मेरी आवाज़ की परवाह नहीं। न हो, पर मुझे तो है। मैं तो आंटी की ही मानूँगा। अनुराग भाई को जब निक्की की प्रतिक्रिया बताई तो वो बोला,"यार, मैं एग्री करता हूँ उससे। "

नेचुरोपैथी के सारे क्रियाकलाप मिट्टी की पट्टी, मालिश, लेप, गरम - ठंडे तौलिए से सिकाई आदि तीन- चार घंटे के उपचार से निवृत्त होकर जब मैंने ड्राइंग रूम में प्रवेश किया तो जमघट देख चौंक गया। निक्की- गिन्नी, पापा, बचपन का दोस्त तनेजा, ग्वालियर वाला मित्र किशोर.......... सभी के रंग उड़े

हुए, परेशान चेहरे, न जाने किस उधेड़ -बुन में लगे थे। मुझे देखते ही सब सामान्य रहने की असफल कोशिश के साथ फ़ीकी मुस्कुराहट से मुझसे मिले। किसी ने हाथ मिलाया तो किसी ने गले से लगाकर थपथपाया। बच्चों के गले लगते ही ऐसा लगा कि अंदर के तूफ़ानी सैलाब को आँसुओ के रूप में उन पर तोड़ दूँ पर कैसे............. मैं तो पिता था, वो भी मज़बूत पिता !!!

सब इस नेचुरोपैथी के विरोध में थे "क्यों फँस रहे हो इन चक्करों में भैया। " किशोर बोला।

"यार, तू समझता क्यों नहीं, इस बीमारी का इलाज अगर है तो ऐलोपैथी में ही है और कहीं नहीं। डॉक्टर पागल है क्या ?" दवाइयों की कंपनी चलाने वाले तनेजा ने खीझते हुए कहा।

"कब से समझा रहे हैं चाचा। " निक्की बोली।

"बेटा ! थोड़ा तो सोच - विचार से आगे बढ़ो। " पापा भी कहे बिना न रहे।

मैं सबसे अकेला भिड़ने को तैयार था। सबकी बातें मेरे सिर के ऊपर से गुज़र रही थीं क्योंकि *जब मन चाहत की ओर आकृष्ट हो जाता है तो सच्चाई आँखें मूँद लेती है।* मेरी चाहत मेरी आवाज़ थी और इसलिए आंटी ही मेरा आकर्षण बन गई थीं। मैंने किसी की न सुनी और सोना (अनुराग भाई के घर रहने तथा काम करने वाली सेविका) से जूस देने का कहकर कमरे में आराम करने का बहाना बनाकर चला गया।

वहाँ अनु एफ बी और व्हाट्सएप्प पर फोटो अपलोड करती। कितनी सुंदर लगती थी, उसका खिलखिलाता चेहरा देखकर मन करता उसे गले लगा लूँ, पास बुला लूँ पर कैसे? उसके फ़ोन, मैसेज रोज़ आते और मैं बहुत मुश्किल अपने आँसुओं और भावनाओं को संयमित करके उससे बात करता, पर वो हमेशा एक ही बात कहती, "क्या कुछ छुपा रहे हो? तुम ठीक तो हो न ? अरे मत करो इतनी चिंता। स्पीच थेरेपी से ठीक हो जाओगे।" मैं 'हम्मम' करता और कहता "यार जल्दी आजा प्लीज़। "

'किसी को यदि मुझे हतोत्साहित करना हो तो वे मुझसे मिलने कतई न आए ', ऐसी हिदायत के साथ मैंने अपने प्राकृतिक उपचार, योगा और खान-पान को पूर्ण सख़्ती और एकाग्रता के साथ निभाना शुरू किया। ज़ुबान धीरे-धीरे नमक और चीनी का स्वाद भूलने लगी। मेज़ पर लगे खाने की सुगंध, फूली रोटी, स्वादिष्ट सब्ज़ियाँ सब खाते और मैं फलों के जूस, नारियल पानी और हरे

पत्तों के जूस, सूप से उनका सहभागी बनता। मुझ जैसे खाने पीने के शौक़ीन को इस बीमारी ने यहाँ लाकर खड़ा कर दिया।

4 जून 2016 को जब अनु का फ़ोन आया और उसने फ़ोन पर पहला वाक्य 'आई लव यू' बोला तो मेरा भावों का बाँध टूट गया। मैंने भारी आवाज़ के साथ उससे कहा, "तू क्यों गई? मुझे तेरी ज़रूरत है। मेरा लक तू ही है।" वह घबरा गई, "क्या हुआ अंशु? मेरा मन घबरा रहा है, क्या हुआ तुम्हें? तुम ठीक तो हो? प्लीज़ बताओ। मुझे पता है कुछ छुपा रहे हो।" उसकी इस तनावग्रस्त आवाज़ ने जैसे मेरी भावनात्मक तंद्रा को तोड़ा। मैंने सँभलते हुए कहा, "कुछ नहीं ऐसे ही, तेरी याद आ रही है।"

"मुझे सच बताओ", सपाट से बोली।

"मुझे ट्यूमर है लेफ्ट वोकल कॉर्ड में, डॉक्टर ने कहा है सर्जरी करनी पड़ेगी।"

"क्या !!!!!मुझे क्यों नहीं बताया पहले, ये सब कब हुआ? सीरियस है क्या कुछ?"

"अरे नहीं, माइनर सी सर्जरी करनी है और कुछ नहीं, पर तुझे पता है मैं घबराता हूँ बहुत। तेरे बिना तो बिल्कुल नहीं करा सकता।"

"तो मैं पाँच दिन में आ ही रही हूँ, ले लो डेट सर्जरी की, आते ही करा लेंगे। सर्जरी से ट्यूमर निकल जाएगा न ?"

"हाँ, चल ठीक है मैं बताता हूँ, पूछता हूँ डॉक्टर से। तू चिंता मत कर ऐसा कुछ नहीं है। तू एन्जॉय कर अपना ट्रिप।"

"तुम चिंता मत करो। तुम ठीक हो जाओगे, माइनर सी सर्जरी से ट्यूमर निकल जाएगा। अपना ध्यान रखो।" फिर माहौल को हल्का करने के लिए बोली, "मुझे ज़्यादा मिस मत करना। बाय!"

"बाय!"

'मिस?? 'मैं तो इस समय सिर्फ़ और सिर्फ़ उसे ही मिस कर रहा था। उसी को चाहता था अपने पास बस, पर वह नहीं थी! सब सच्चाई और अपनी हालत उसके आगे उड़ेल देना चाहता था पर ज़ुबान पर मन मानकर ज़ंज़ीर सी बाँध रखी थी क्योंकि जानता था कि यदि उसने सच्चाई जान ली तो कितना छटपटाएगी और इतने बच्चों की ज़िम्मेदारी छोड़कर वापिस भी ना आ पाएगी। मन को समझाया कि 10 जून सुबह तो आ ही जाएगी वो। तब तक आंटी का

उपचार कर ही रहा हूँ और आंटी तो पक्का ही कह रही हैं कि मुझे ठीक कर ही देंगी।

मैं दिल लगाकर पूर्ण निष्ठा के साथ आंटी के बताए सारे नुस्खों, तरीकों और उपचारों के साथ आगे बढ़ने लगा। निमेश (आंटी का सेवक) रोज़ के 700 रुपए लेकर पूरी मेहनत के साथ लेप, मसाज, व्यायाम आदि कराता और सोना मेरे लिए कड़वे-फीके जूस, फल रस आदि बनाकर मेरी पूरी सेवा करती। सिर्फ़ तरल पर ही जीना था। महीने तक मुँह और दाँतों का प्रयोग वर्जित था क्योंकि कुछ भी ठोसीय आहार (Solid Diet) नहीं खाना था, यहाँ तक की फल भी नहीं। पर ज़िंदगी के आगे इन सब चीज़ों का कोई मोल नहीं था। मुझे तो बस अपनी आवाज़ के साथ जीना था। और इसी खान-पान और दिनचर्या के साथ मेरा वजन दिनोंदिन गिरता चला गया, मुँह पिचक सा गया, कपड़े ढीले पड़ने लगे और शरीर की ताकत क्षीण।

"मैं दिल्ली एयरपोर्ट पर पहुँच गई हूँ, अब कैब करने लगी हूँ", 9 बजे के करीब अनु का फ़ोन आया।

"जल्दी से घर सामान रखकर सी आर पार्क आ जा बस, फिर बात करेंगे। देर मत करिओ, बस एकदम आ जाइयो।" बहुत बेसब्री से मैंने उसे कहा। उस समय मैं अपनी बेचैनी और चिंता को न छिपा सका और बहुत बेताबी के साथ अनु के आने की प्रतीक्षा करने लगा। उधर घर पर सबको अनु को कुछ भी न बताने की सख़्ती मैंने कर रखी थी और कसम भी दे रखी थी।

मेरे गले लगी। फफक-फफक कर रोती हुई अनु को मैंने कसकर गले लगा रखा था, वो रोए जा रही थी। आज मेरे आँसुओ ने भी सब्र तोड़ दिया था। उसके मुँह से शब्द ही न निकल पा रहे थे।

"इइइतनी बड़ी बात.... नहीं बताई, कैंसर!" और वो फूट-फूट कर और रोने लगी।

मैंने उसे सोफे पर बिठाते हुए कहा, "घबरा मत, मैंने नेचुरोपैथी शुरू कर दी है। एक आंटी हैं वो कह रही हैं डॉक्टर बकवास कर रहे हैं। मेरा ट्यूमर इसी से चला जाएगा। हम शाम को उनसे मिलने चलेंगे। तू पूछ लियो।"

"मुझे वहाँ क्यों नहीं बताया? ये सब अकेले झेला। रिपोर्ट और जगह चेक कराई है? लास्ट स्टेज कैंसर कैसे हो सकता है?" उसने भी आंटी की बात पर बहुत ध्यान नहीं दिया, डॉक्टर की कही बातें ही सुनना चाहती थी।

सब लोग कमरे में आ गए। "डॉक्टर तो जल्द से जल्द बिना समय गँवाए ऑपरेशन के लिए कह रहे हैं मम्मी। पर पापा ऑपरेशन के लिए मान ही नहीं रहे।"

"हाँ आवाज़ दे दूँ अपनी। तुम्हें क्या फर्क पड़ेगा।" मैंने निक्की को गुस्सा करते हुए कहा।

"हमें आपकी जान चाहिए पापा। वो कह रहे हैं न कि कुछ महीने के बाद फिर से एक ऑपरेशन करके डिवाइस लगा देंगे जिससे आप आर्टिफिशली बोल पाओगे।" प्राची भी एकदम बोली।

अनु के लिए ये सब बातें बहुत ही नई थी। वे कुछ समझ नहीं पा रही थी। "जान का खतरा है तो जल्दी सर्जरी करा लेते हैं, इसमें सोचना क्या है अंशु?"

पर मैं बार-बार उसे आंटी पर विश्वास करने के लिए उनकी कही बातें, उनके इलाज के तरीके के बारे में बताता रहा। पर अनु के चेहरे पर विश्वास की रेखा मुझे अभी भी नहीं दिखी। सिर्फ़ उड़ा रंग और रो-रो कर छोटी-छोटी आँखें और मुरझाया हुआ चेहरा ही दिख रहा था जिस पर उथल-पुथल तथा घबराहट साफ़ नज़र आ रही थी।

"मैं जानती हूँ तुझे इसकी कितनी ज़रूरत है। बच्चे हैं तुम्हारे। मैं इसके और तेरे जीवन के साथ खिलवाड़ थोड़े न करुँगी। अरे, इतना जवान है ये, आवाज़ चली जाएगी और ऑपरेशन से कुछ नहीं होगा। फिर कैंसर वापिस आएगा। मैं इसे जड़ से ही मिटा दूँगी ताकि ये शरीर से ही निकल जाए।" आंटी के ये शब्द अनु बहुत ध्यान से सुन रही थी।

"आंटी इनके गले की गिल्टी अब बाहर से भी दिख रही है, क्या सचमुच ये ट्यूमर आपके इन तरीकों से चला जाएगा? कहीं कैंसर इस दौरान और तो नहीं फैल जाएगा? आप इन्हें पक्का ठीक कर दोगे?"

"हाँ बेटा, मैं तेरा सुहाग नहीं उजड़ने दूँगी। ये ठीक हो जाएगा पर हाँ टाइम लगेगा। मैंने तो न जाने इतने कितने केसेस को ठीक किया है। सालों से ठीक-ठाक चल रहे हैं। अरे एक 19 साल का लड़का दिनेश, जिसके ब्रेन में था। डॉक्टरों ने सर्जरी कही। मेरे पास आ गया। मैंने यही इलाज किया। अब 4 साल हो गए सही सलामत है। तुझे नंबर दे दूँगी। बात कर लियो। ठीक हो जाएगा। रो मत।" आंटी की इन बातों ने अनु को भी नया जीवन सा दे दिया। उसने आंटी

के पैर छुए और बोली - "आंटी बस एक बार इस बीमारी से निकाल दो इन्हें, मैं आपका अहसान कभी नहीं चुका पाऊँगी।"

आशीर्वाद देते हुए आंटी ने कहा, "जा खुश रह। कल सुबह 5 बजे आ जाना योगा के लिए।"

मेरी तरह अनु पर भी उनका जादू चल गया था पर फिर भी रास्ते में चलते समय वो बार-बार कहती कि कैंसर जैसी बीमारी को पत्ते -फल, सब्ज़ियों के सूप -जूस, मिट्टी के लेप, योगा कैसे मिटा पाएँगे?

"अरे आंटी मेरी बॉडी को डीटॉक्सिफाई कर देंगी। और जब शरीर में नमक, चीनी कुछ जाएगा ही नहीं तो कैंसर के कीड़ों को कुछ खाने को नहीं मिलेगा और वो अपने आप को ही खाने लगेंगे।" मैंने आंटी के शब्दों को ज्यों का त्यों अनु पर उड़ेल दिया।

वो बेचारी भी मेरी तरह दिमाग और दिल की जंग से जूझ रही थी और अंत में दिल को अच्छा लगने वाली बात ने दिमाग को काबू में कर लिया।

अब वो भी सुबह 5 बजे से मेरे साथ योगा के आसन सीखने जाती। निमेश के द्वारा कराए जाने वाले सारे प्राकृतिक उपचार सीखती। अलग-अलग तरह के जूस, सूप बनाना तथा किस-किस समय क्या-क्या देना है सोना से सीखने लगी क्योंकि एक न एक दिन तो हमें अपने घर वापिस जाना ही था। कब तक रहते अनुराग भाई के घर जबकि वो तो खुशी-खुशी रहने के लिए कह रहे थे। चौथे दिन हम वापस अपने घर रोहिणी आ गए।

घर आते ही उसने कई किलो मिट्टी का जुगाड़ किया, फिर उसे छानकर साफ़ किया। वीट ग्रास का जूस सबसे ज़्यादा देना था। उसे बड़े गमलों में लगाया। पर वो भी पूरा नहीं पड़ता था इसलिए एक वीट ग्रास बेचने वाले का नंबर ढूँढकर हर दूसरे दिन देने को कहा। गीली मिट्टी भिगो उसका शरीर पर लेप, गर्म ठंडे पानी के तौलिए से शरीर का उपचार, पूरी जान लगाकर हाथों पर सरसों के तेल की मालिश, अनु का नितक्रम बन गया। निमेश सी आर पार्क से रोज़ दो समय तो नहीं आ सकता था इसलिए एक समय वह आकर प्राकृतिक उपचार करता और दूसरी बार अनु। 700 रुपए से 1500 रुपए की फीस लेने पर भी उसे इतनी दूर आने में दिक्कत लगती। कभी-कभी आता ही नहीं। इसलिए अनु ने उससे सभी प्रकार के क्रियाकलाप बहुत ढंग से सीखना और उसके मालिश के तरीके बहुत बारीकी से समझना और देखना शुरू कर दिया।

अनु के पास अब मेरी सेवा करने के अलावा कोई दूसरा काम नहीं था। मिट्टी, लेप, मालिश, जूस, सूप और सबसे बड़ी मेरी 'कौन्सेल्लिंग'।

मेरे देव आनंद और शम्मी कपूर के पसंदीदा गाने अनु ने मोबाइल में डाल लिए और सुबह के प्राकृतिक उपचार के समय मुझे वही सुनाती। 'अभी न जाओ छोड़कर, के दिल अभी भरा नहीं', ये मेरा पसंदीदा गाना, जो अपनी शादी से पहले मैं अपनी प्रेमिका अनु के लिए अकसर गाया करता था, जैसे ही बजता तो न जाने मन भर सा क्यों जाता। और एक दिन तो ये गाना शुरू होते ही मैंने अनु की गोद में सिर रखा, आँसुओं की धारा दोनों नयनों के कोनों से बहे जा रही थी।

"तुझे छोड़ कर नहीं जाना। बचा ले मुझे। मैं नहीं जाना चाहता, मुझे जीना है तेरे साथ।" और अनु मेरे सिर पर झुक गई और मुझे चूमने लगी। वहाँ उसके और मेरे आँसू एक हो गए थे।

दिन में मैं अधिक से अधिक समय अपने बच्चों, गिन्नी, निक्की और खासतौर पर कबीर के साथ बिताता। कबीर मेरी जान है। याद आता है मैं तो तीसरे बच्चे के पक्ष में ही नहीं था। पता नहीं था कि वो बच्चा तो मेरी ज़िंदगी ही बन जाएगा। मैं कबीर के बिना जी नहीं सकता था। मेरा प्यारा बेटा। मुझे तीनों बच्चे जान से भी प्यारे थे पर कबीर तो...... पर फिर भी अगर कहूँ तो सबसे पहले नंबर पर थी अनु।

सभी कहते हैं *मुश्क़िल समय रिश्तों की पहचान तो कराता ही है साथ ही अद्‌भुत बंधन और रिश्तों का महत्व भी बता देता है।* अनु के मम्मी-पापा से भी मेरा रिश्ता ऐसा ही हो गया था कि मम्मी की गोद में सिर रखकर मैं हनुमान चालीसा सुनता और उनसे कहता कि अपने भगवान से मुझे ठीक करा दो। मैं तो शुरू से नास्तिक और वो भी कट्टर नास्तिक रहा हूँ, पर मम्मी-पापा तो नित पूजा करते रहे हैं। जब इंसान जीवन-मृत्यु के झूले में डोल रहा होता है तो हर रास्ते को अपनाने का मन करता है। ऐसा लगता है शायद यही कुछ काम कर जाएगा। डूबते को तिनके का सहारा।और उस सहारे को मैंने मंदिर की मूर्तियों, गुरूजी के आश्रम से लेकर चींटियों को आटा डालने, हलवा प्रसाद बाँटने तथा तेल चढाने तक हर टोटके में ढूँढा। जीने की इच्छा और मरने का डर कितना बलवान होता है, जिन चीज़ों का मैं परिहास उड़ाता था आज उन्हीं में सहारा ढूँढ रहा था।

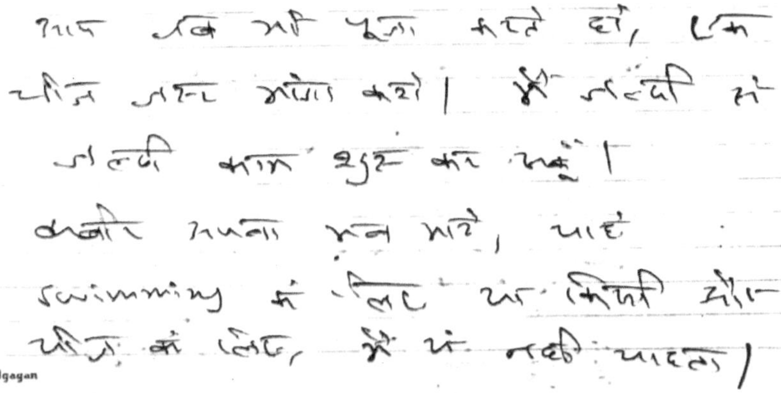

rlgagan

> *आप जब भी पूजा करते हो, एक चीज़ जरूर मांगा करो। मैं जल्दी से जल्दी काम शुरू कर सकूँ। कबीर अपना मन मारे, चाहे swimming के लिए या किसी और चीज़ के लिए, मैं ये नहीं चाहता।*

हर दूसरे - तीसरे दिन आंटी के पास जाने का मन करता। शायद उनके शब्दों के विश्वास की ज़रूरत पड़ जाती थी। 'कुछ बढ़िया सा बना ले आंटी के लिए', यही कहकर कभी हलवा, कभी खीर, कभी राजमा-चावल, कभी दावती दाल बनवाता और आंटी के लिए रास्ते में से फ्रूट, कभी मिठाई खरीदते हुए उनके घर पहुँच जाते। कहते हैं *मोहपाश में फँसा हुआ व्यक्ति अंधे के समान होता है।* आंटी की बातों के जाल में मैं पूरी तरह फँस चुका था।

'देख तेरी गिल्टी अब पहले से कम हो रही है, छोटी दिख रही है।' गले पर उनका हाथ रखकर देखना ही ऐसा सुख देता कि लगता सचमुच ये तो ट्यूमर गायब ही कर देंगी। पर फिर भी कभी मेरा या अनु का वैज्ञानिक दिमाग, 'कैसे होगा नेचुरोपैथी से ये', में उलझ जाता और हम यदि आंटी से कोई प्रश्न पूछ लेते, खासकर मैं, तो आंटी बिदक जातीं।

"जा करा ले कहीं और से इलाज। कटवा ले अपना गला। आवाज़ तो लेंगे ही जान भी ले लेंगे ये डॉक्टर। मत आइयो अब मेरे पास जब विश्वास नहीं। दिमाग ख़राब है तेरा तो और मेरा भी करता है। चल निकल।" इतना सख्त और

कटु व्यवहार डरा देता। एक दिन तो आंटी के पैर पकड़कर माफ़ी माँगी और खूब रोया तब जाकर वे मानी।

अनु मेरी हालत पर रोती थी कि मुझ जैसा स्वाभिमानी व्यक्ति क्या से क्या बन गया है। एक महीने में 67 वजन से 56 हो गया, आत्मविश्वास चकनाचूर था और तर्क- वितर्क में माहिर अंशु एक भावात्मक अपाहिज सा बन चुका था। वहाँ दूसरी ओर अनु को रिश्तेदार जीने नहीं दे रहे थे, "तू भी उसकी तरह पागल हो गई है। ये कोई तरीका है इलाज का। हमें तुझसे ये उम्मीद नहीं थी।" पर वो बेचारी तो मुझे इस तरह छोड़ नहीं सकती थी जबकि जानता हूँ कि अंदर से उसे इस प्राकृतिक उपचार पद्धति पर संदेह था। वह भी क्या करती। दो-तीन बार उसने मुझे कड़क होकर और कभी प्यार से ऐलोपैथी में जाने की बात कही। 'मुझे अकेला छोड़ दो। मैं जा रहा हूँ घर से यदि तुम ये सब नहीं कर सकते। किसी आश्रम में रह जाऊँगा, मुझसे इतनी दिक्कत है तो।' जैसे मेरे वाक्यों से वह घबरा जाती, मुझे प्यार जो इतना करती थी और मेरा हाथ थाम लेती। किसकी सुने रिश्तेदारों की या मेरी। मेरा ही साथ देना था उसने तो।

एक महीना हो चला था। अब मैं आंटी के कहे अनुसार दिनचर्या पर चलता रहा और अब तो इसमें अनु भी मेरा साथ दे रही थी। मेरे भूखे रहने पर खाने का एक निवाला उसके अंदर जाना मुश्किल हो रहा था। ड्राई फ्रूट, जूस, सूप में मेरा साथ देती और 'जब आंटी कुछ दिन में खुद खाने को कहेंगी तो साथ खाएँगे अंशु। कितना मज़ा आएगा। मैं भी अपनी फीज़ीक बना लूँगी', जैसी बातों से वे मेरे लाख मना करने पर भी मेरी खानपान की आदतों पर आ गई। मैं अब रोज़ अपनी गले की गिल्टी की फोटो खींचता जो मुझे भी कम होती हुई दिखाई देती। मैं अपने मित्रों, कज़न्स, घर वालों से बार-बार और दिन में कई बार एक ही प्रश्न पूछता, "कम है न? लगता है कुछ दिनों में तो डिज़ोल्व ही हो जाएगी।" कबीर से अपनी गिल्टी को हाथ लगवाता और पूछता – तू सच बता कम है न??' वो बच्चा 'हाँ' कहता और मेरे गाल चूम लेता। 'पापा ठीक हो जाओगे आप।'

कभी निक्की से कभी गिन्नी से अलग-अलग पूछता। 'आप इतनी डिवोशन से इलाज कर रहे हो पापा। बस इस पर ध्यान दो। सब ठीक होगा।' बच्चे बोलते।

शाम को मैं और अनु सैर पर जाते पर मेरे पास 'गिल्टी कम हो रही है, एनर्जी में कोई कमी नहीं है मेरी, गिल्टी जल्दी ही गायब हो जाएगी' आदि बातों के

अलावा और कुछ न होता। अनु मुस्कुराकर मेरी बातें सुनती, मेरी हाँ में हाँ मिलाती, मुझे ज़्यादा दिमाग पर ज़ोर न देने की बात करती। जीवन साथी की सही परिभाषा क्या होती है, उस पल में मैं बहुत महसूस करता क्योंकि अनु ही मेरी वो साथी थी जो मुझे अपने साथ और अपनी प्रेरणादायक बातों से जीवन दे रही थी।

सुबह से उसकी दिनचर्या मेरे लिए शुरू हो जाती। पत्ते लाना, जूस बनाना, सूप बनाना, स्प्राउट्स की तैयारी, मिट्टी घोलना, मालिश करना, लेप लगाना, मैगनेट से मसाज करना, दिन में कई बार गीली सूखी मिट्टी लगाना आदि न जाने क्या-क्या क्रियाकलाप करने के साथ-साथ पूरे दिन मेरी कौन्सेल्लिंग कोई आसान काम नहीं था। पर मैंने कभी उसके माथे पर शिकन या बातों में खीझ नहीं देखी। कारण एक ही था, मुझसे बहुत से भी ज़्यादा प्यार करती थी। प्यार की गहराई तो इतनी थी कि दूर बैठे भी मेरे मन की आवाज़ सुन लेती थी। एक बार नहीं सैकड़ों बार ऐसा हुआ कि जो मेरा खाने का मन कर रहा होता वही अनु ने बनाया हुआ होता या कुछ शब्द या बात बोलने की सोच ही रहा होता और उसके लबों से पहले ही निकल जाते। सच में ऐसा लगता जैसे मेरे ही मन को पढ़कर बैठी हो।शायद इसे ही 'टेलिपैथी' कहते हैं जो मन और आत्मा के अटूट बंधन से ही होती है। और उस बंधन की सच्चाई को अब गहनता से समझ पा रहा था।

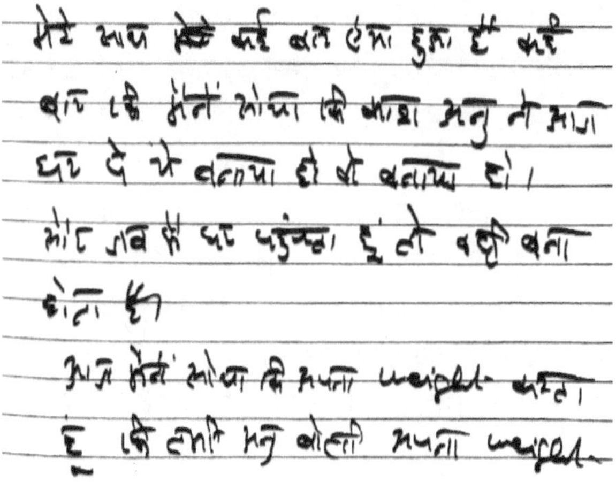
मेरे साथ कई बार ऐसा हुआ है कई
बार कि मैंने सोचा कि काश अनु ने आज
घर पे ये बनाया हो वो बनाया हो।
और जब मैं घर पहुँचता हूँ तो वही बना
होता है।
आज मैंने सोचा कि अपना weight चेक करता
हूँ कि तभी अनु बोली अपना weight
चेक करो। How is it possible?

मेरे साथ कई बार ऐसा हुआ है कई बार कि मैंने सोचा कि काश अनु ने आज घर पे ये बनाया हो या वो बनाया हो। और जब मैं घर पहुंचता हूं, तो वही बना होता है।

आज मैंने सोचा अपना weight करता हूं कि तभी अनु बोली अपना weight कर लो I How is it possible ?

आंटी के घर जाते हुए गाड़ी में बैठा मैं अनु से अपनी गिल्टी के कम होने की ही बात कर रहा था और सोच रहा था कि आंटी आज मुझे देखकर शायद कुछ बहुत अच्छा परिणाम बताएँ। तभी अनु ने कहा कि पर परिणाम जानने के लिए एम आर आई तो करानी ही पड़ेगी। तभी तो परिणाम और फर्क पता चलेगा। शायद ये बात बोलने का वो मौका ढूँढ रही थी क्योंकि अपनी बीमारी, अपनी चिंता, अपने डर के कारण शायद मैं उसके मन की उथल पुथल, भय और चिंता को देख ही नहीं पा रहा था। मैंने छूटते ही कहा, "आंटी इसके लिए तैयार नहीं होंगी। नहीं कराना टेस्ट, आंटी नाराज़ हो जाएँगी। पूछियो मत उनसे यह बात, मैंने भी टेस्ट नहीं कराना।"

"पर अंशु बात तो करने दो आंटी से। बिना टेस्ट के अंदर क़ी सिचुएशन कैसे पता लगेगी? यार बात समझो यदि फर्क आएगा टेस्ट में तो मोटिवेशन ही मिलेगी और भगवान न करे़ कि कहीं कुछ गलत न हो रहा हो?? तो भी पता लगना ज़रूरी है न।" मुझे अनु पर गुस्सा आ गया और मैंने गुस्से में बोला, "नहीं, आंटी से कुछ नहीं पूछेगी तू, समझ गई।" वो अपना मन मसोस कर चुप हो गई।

आंटी ने मेरे गले को छूते हुए कहा, "अरे! तू सही कह रहा था, गिल्टी तो बहुत छोटी सी रह गई है। कहा था मैंने असर तो होगा ही।" मैं खुश हो गया क्योंकि दिमाग की सारी इंद्रियाँ आंटी की गुलाम बन चुकी थीं इसलिए आंटी की बातें ही सच और अच्छी लगती थीं और कुछ नहीं।

"आंटी पर कभी-कभी साँस लेने में दिक्कत आती है।" मैंने सहमे हुए आंटी से कहा।

"अरे सब ठीक हो जाएगा। मैं तुझे एक एक्यूप्रेशर वाली लेडी का नंबर देती हूँ, वहाँ चले जाना और एक होम्योपैथी के डॉक्टर भी, वहीं नारायणा में ही हैं,

उनसे भी मिल लेना। वैसे तो मैं ही बहुत हूँ तेरे इलाज के लिए, पर इनसे हमारे इलाज को थोड़ा स्पोर्ट मिल जाएगा।"

"एक्यूप्रेशर से क्या होगा आंटी, क्या करेंगी वो?" मेरे बोलते ही आंटी ने अखरते हुए कहा, "तू पूछता बहुत है, कहा न चला जाइयो, मैं कर दूँगी उसे फोन।" जानता हूँ आंटी के इस प्रकार के रूखे रवैये और अपमान भाव से बोलने पर अनु मेरी आँखों में क्यों देखा करती थी। पर विकल्प तो मज़बूत के पास होते हैं, कमज़ोर तो बैसाखी का ही मोहताज़ होता है, और आंटी ही मेरी एकमात्र बैसाखी थीं उस समय।

उस समय से लेकर अगले दिन शाम 4 बजे तक अनु एक्यूप्रेशर के लिए मेरे उतावलेपन और उत्सुकता को हँसते हुए हाँ में हाँ मिलाती हुई झेलती रही क्योंकि शायद उसका दिल-दिमाग विज्ञान के साथ गुफ्तगू कर रहा था।

एक सरकारी फ्लैटों जैसी बनी सोसाइटी के एक कमरे में छह- आठ लोगों के लिए लगी कुर्सियाँ और सामने मेज़ पर तरह-तरह के छोटे-बड़े मेगनेट और उस मेज़ के पास कुर्सी डाले 55-60 वर्ष की एक महिला। सच बताऊँ तो वहाँ अंदर घुसते ही कोई सकारात्मक भाव आया हो ऐसा नहीं था। अनु के चेहरे पर भी अविश्वास साफ़ दिख रहा था।

"आपको क्या दिक्कत है? कब से आ रहे हैं यहाँ?" मेरे इन प्रश्नों का उत्तर साथ की कुर्सी पर बैठी सरदार जी की बीवी ने दिया, " थॉयराइड है जी। 2 महीने तों आ रये आ अस्सी। हुन करावांगे टेस्ट।" दूसरी ओर एक अधेड़ अंकल जी बैठे थे। "आपको क्या तकलीफ है?" मैंने पूछा।

"शुगर "।

अनु ने एकदम मेरे हाथ पर हाथ रख दिया और हल्का सा स्नेह भाव से दबाया। समझ गई थी मेरी व्याकुलता को कि कोई तो कह दे 'कैंसर था, अब कम हो रहा है या ठीक है अब' जैसे शब्दों में उत्तर सुनना चाहता हूँ।

"आंटी का फोन आया था आपके लिए।" मेरा नाम सुनते ही वह बोलीं।

"रिपोर्ट्स लाएँ हैं?" रिपोर्ट्स थमाते ही वह रिपोर्ट्स को ध्यानपूर्वक पढ़ने लगीं और मैं और अनु उनके चेहरे को। लगभग दस मिनट बाद "उफ्फ्फ..... ऑपरेशन क्यों नहीं करा लिया तुमने? नेचुरोपैथी क्यों? कैंसर तो काफी....." कहते कहते चुप हो गईं।

"मतलब आप इलाज नहीं करोगे। मैं ठीक नहीं हो सकता? बहुत फैला हुआ है, कोई रास्ता नहीं....." "अंशु उनकी बात तो सुनो, वो ऐसा कुछ नहीं कह रहीं।" मेरे इन भय के दौरों (पैनिक अटैक्स) को अनु भली-भाँति जानती थी, सँभालते हुए बोली।

"नहीं, मेरा मतलब है कि आंटी ने कहा है ठीक कर देंगी तो हाँ वो तो बहुत ही माहिर हैं, उन्होंने ऐसे केस ठीक किए ही होंगे। मैं ये कह रही थी कि मेरे लिए ऐसा केस पहली बार आया है, पर एक्यूप्रेशर से फर्क पड़ता है।" मेरी उस प्रतिक्रिया में इससे बेहतर शब्द शायद वो नहीं जुटा पा रही थीं।

मेरी अँगुलियों पर कई छोटे-छोटे मैगनेट लगाने और कुछ अन्य मैगनेट के प्रयोग अनु को समझाने के बाद उन्होंने तीन दिन बाद आने को कहा।

"तुम साथ-साथ किसी ऐलोपैथी वाले डॉक्टर को भी दिखा लो तो कोई हर्ज़ नहीं।" वो बोलीं। "आंटी एकदम अगेंस्ट हैं।" मेरे बोलते ही उन्होंने कहा -

"फिर रहने दो, आंटी जो कहें करो।" उनसे विदा तो ले ली पर उनके शब्दों ने शंकाओं की ऐसी आँधी चला दी जिसका वेग अनु ने अपनी प्रोत्साहित करने वाले शब्दों और मेरे सिर को अपने कंधे का सहारा देकर काबू में किया क्योंकि वो जानती थी कि ये आँधी मुझ जैसा घायल वृक्ष सह नहीं पाएगा।

आंटी का फोन आना मेरे लिए संजीवनी बूटी जितना जीवनदायक होता। सुबह ही घंटी बजी, "कैसा है अंशु? अरे वो बता रही थी तुम कल गए थे। मैंने उसे समझा दिया है कि किन-किन पॉइंट्स पर ज़्यादा ध्यान देना है। फ़िक्र मत कर। शाम को होम्योपैथी वाले के पास भी हो आना पक्का।" उन शंकाओं की हवा शायद आंटी तक पहुँच गई थी और आंटी ने उस हवा का रुख बदलने के लिए ही सुबह सवेरे फ़ोन कर दिया था। अनु मस्तिष्क पढ़ने में माहिर थी पर मेरे प्यार के सामने मज़बूर।

"देखा आंटी ने कहा एक्यूप्रेशर हेल्प करेगा। अब तो आंटी ने उसे समझाया भी है किन-किन पॉइंट्स पर ज़्यादा ध्यान देना है।" मेरी उस बच्चे की सी खुशी को कैसे चकनाचूर करती अनु। बस मुस्कुरा दी।

अगले दिन शाम छह बजे हम होम्योपैथी वाले डॉक्टर का पता ढूँढ रहे थे। गली ही नहीं समझ पा रहे थे कौन सी है और जिससे भी उनका नाम लेकर पूछते कि प्रसिद्ध डॉक्टर हैं होम्योपैथी के, वही गर्दन हिला कर मना कर देता। "सुना नहीं कभी। आगे पता कर लीजिए।"

आखिर हम सफल हुए। एक छोटा सा क्लिनिक जिसमे एक तीन सीटवाला बेंच। दीवार पर कुछ नेताओं के साथ टंगी फोटो। पंद्रह मिनट बाद हम एक डिब्बानुमा केबिन में थे। आंटी का परिचय देने पर उन्होंने कहा, " ओके, उन्होंने भेजा है। बताइए क्या कर सकता हूँ।" अनु ने रिपोर्ट उनके आगे कर दी और आंटी के इलाज और मेरी बीमारी के बारे में बताना शुरू हुई। बताते-बताते उसकी आवाज़ असामान्य हो गई क्योंकि जब गला भर जाता है तो शब्द लड़खड़ाने लगते हैं। रिपोर्ट देखकर उन डॉक्टर साहब ने न आंटी की तरह रिपोर्ट एक ओर फेंकी और न ही डॉक्टरों को बेवकूफ़ कहा। "मुझे थोड़ी स्टडी करनी पड़ेगी। इस तरह का केस नहीं लिया। ब्रेस्ट कैंसर वाली लेडी थी एक पर वो भी सर्जरी के बाद ही आई थी। होम्योपैथी से कैंसर सेल्स को ही निकाल दें इसके लिए स्टडी करनी पड़ेगी।"

"जी क्या मतलब आपका !!असर ही नहीं करेगा?" मैंने घबराते हुए पूछा।

"नहीं, देखते हैं, घबराइए मत। मैं दवाई दे रहा हूँ पंद्रह दिन की, आंटी से बात कर लूँगा। आंटी तो इलाज कर ही रही हैं न, वो करते रहिए।" कुछ लोग सच्चाई छिपा नहीं पाते और कुछ झूठ बोलने की कला में माहिर नहीं होते। बेचारे डॉक्टर साहब कुछ ऐसी ही दशा में थे। ऊपर से आंटी जी का नाम मेरे साथ चिपका था।

चार - छह तरह की छोटी - छोटी सफ़ेद गोलियों की शीशियाँ हाथ में लिए पूरे रास्ते निःशब्द मैं और अनु। मेरी आँखें सच्चाई पढ़ रही थीं पर मानना नहीं चाहती थीं और अनु के अंदर एक अलग ही युद्ध चल रहा था। पर वो चुप थी।

गर्मियों की छुट्टियाँ चल रही थीं और फिर उसके बाद भी स्कूल से आधे महीने की छुट्टी ले ली अनु ने। सच बोलूँ तो अनु को माँगनी ही नहीं पड़ी। मेरी दशा जब अनु ने अपनी प्रिंसिपल मैम, कविता सोनी, को बताई तो वो भी बिखर गईं और अनु की हालत देखकर उन्होंने उसे यही कहा कि तुम अंशु और अपने को सँभालो। स्कूल की चिंता बिल्कुल मत करो।

पर कब तक? अब तो वो पंद्रह दिन भी बीत चुके थे। वह एक अध्यापिका है, पर दोपहर तक भी मुझे छोड़कर जाना संभव कहाँ था क्योंकि नेचुरोपैथी के उपचार और खानपान पूरा समय माँगता था और ये भी सच था कि वही थी जो मुझे शारीरिक ही नहीं मानसिक रूप से भी सँभाल सकती थी। प्रिंसिपल मैम ने उसे आधे दिन आने के सलाह दी। उन्होंने कहा -"अपनी कक्षाएँ लेकर

एकदम चली जाया करो।" सचमुच हमारे इस पूरे सफर में उनके सहयोग और प्रेरणा तथा संपूर्ण संस्था की सहभागिता का ऋण चुका पाना मुश्किल है।

एक - सवा लाख की मेरी महीने की कमाई एकदम खत्म और मेरे इलाज और घर के खर्चों की दुधारी तलवार में झूलती अनु। बेचारी के लिए न नौकरी करते बनता था और न ही छोड़ते।

जानता हूँ कक्षा में बोर्ड पर लिखते हुए बच्चों से अपने आँसू छिपाती, वाशरूम जाने के बहाने मुझे मैसेज करती और मैं भी तो एक - एक मिनट में उसे मैसेज भेजता। प्रिंसिपल मैम की स्वीकृति लेकर फ़ोन अपने साथ ही कक्षा में ले जाने लगी। अभी तीन - चार दिन से ही तो स्कूल जाने लगी थी कि अचानक हेडमिस्ट्रेस ने कमरे में बुलाया, " घर जाओ अनु ! अंशु की तबीयत ख़राब है। तुम्हारे पापा का फ़ोन था।" उसके चेहरे का फीकापन और काँपता शरीर देखकर स्कूल के ड्राइवर के साथ घर भेजा। वो पाँच मिनट में हड़बड़ाती सी घर में दाखिल हुई। मुझे 101 बुखार और साँस की तेज़ आवाज़ ने उसके प्राण सुखा दिए। मुझे रुक - रुक कर साँस आ रही थी, बहुत ज़ोर लगाना पड़ रहा था।

गिन्नी रो - रोकर निक्की को फ़ोन पर मेरी हालत बता रही थी क्योंकि वो ऑफिस गई हुई थी। वो गुड़गाँव से कैसे आए इतनी जल्दी। शुक्र है कबीर स्कूल था। मम्मी मंदिर के सामने हाथ बाँधे खड़ी थीं। अनु ने आते ही आंटी को फ़ोन किया, " आंटी इन्हें 101 बुखार है, साँस नहीं आ रही है आंटी, अटक रही है। डॉक्टरों ने कहा था विंड पाइप बंद होने लगेगी। आंटी कुछ करो, डर रही हूँ मैं। "

"कुछ नहीं है। 101 बुखार तो अच्छी निशानी है, बीमारी कम हो रही है। तू एनीमा दे उसे और फिर गर्म - ठंडे तौलिए की सिकाई कर। सब ठीक हो जाएगा। मेरी बात करा अंशु से। "

आंटी की आवाज़ ही रामबाण सा असर करती। मैंने फ़ोन स्पीकर पर रख दिया, "अंशु ! साँस को कुछ नहीं होगा। अरे, आज मिठाई बाँट। बुखार का मतलब बीमारी जा रही है। एनीमा ले पहले, फिर से फ़ोन करूँगी। "

तब तक अनु ने एनीमा देने की तैयारी कर ली थी। मुझे एनीमा दिया, फिर आंटी के कहे अनुसार गर्म - ठंडे तौलिए की सिकाई की। थर्मामीटर लगाया, अब बुखार 99 था। साँस भी थोड़ी सँभल गई थी।

"अनु, देख बीमारी जा रही है। आंटी कह रही थीं कि मिठाई बाँटो। सचमुच देख असर हो रहा है। " पर आज अनु की आँखों में प्रश्न दिख रहा था कि कैसे कर सकते हैं विश्वास बिना टेस्ट कराए ???

पर मैंने उसके इस प्रश्न से आँखे चुरा लीं। मैं तो बस आंटी के कहे शब्द रूबरू सुनना चाहता था। अगले दिन सुबह अनु से खूब बादाम - किशमिश डलवाकर सूजी का हलवा बनवाया, रसगुल्ले लिए और तरह - तरह के फल खरीद कर आंटी के सामने जा पहुँचा।

"खुशकिस्मत है जो बुखार आया। अरे ये तो निशानी है बीमारी जाने की। ये जड़ टूट रही है बीमारी की। " मैं तो अंधा हो चुका था। बस आंटी ही दिखाई देती थीं, बाकि सब मिथ्या जगत।

पर अनु, उसने पूछ ही लिया, " आंटी ! बुखार आने से बीमारी जाने का लॉजिक नहीं समझ आ रहा और साँस उखड़ना ?? कल तो डर ही गए थे। "

"भई ! ज़हर, ज़हर को मारता है। अब कड़वे जूस, सूप कुछ न कुछ असर तो करेंगे और अब खाली पेट रहता है तो कैंसर का कीड़ा अपने को खा रहा है और कमज़ोर पड़ने के कारण बुखार के रूप में सामने आ रहा है। "

"सही तो कह रही हैं आंटी। " मैं अंधभक्त सा बोला क्योंकि अनु को चुप कराना था।

"अब तू स्प्राउट्स खा सकता है। कल से जूस के साथ दिन में दो बार एक - एक कटोरी स्प्राउट्स भी खा लियो। अब बढ़ाएँगे तेरी डाइट। "

मैं आंटी के पैर छूने के लिए झुका तो उन्होंने एकदम दोनों हाथ से उठाया, " मेरे सम्मान में झुकना है तो और लोगों का उत्साह बढ़ा। आज एक वीडियो बनाकर मेरे व्हाट्सएप्प ग्रुप पर भेज कि किस तरह तेरी गिल्टी मैंने कम कर दी है।"

"आंटी, मैं जाते ही डाल दूँगा। आप से बढ़कर कोई नहीं। "

अनु हमेशा आंटी के पैर छूती थी पर आज बस हाथ जोड़े और निकल आई। गाड़ी में बैठते ही बोली - " अंशु ! आंटी का लॉजिक कुछ समझ आया? मुझे तो नहीं। सुनो टेस्ट करवा लो, तभी पिक्चर क्लियर होगी। "

'हिप्नोटाइज़' शब्द सुना था पर आज मैं उसका सटीक उदाहरण था। "सही तो कह रही हैं। कैंसर का कीड़ा अपने को खा रहा है। टेस्ट नहीं कराऊँगा बस। तू कभी खुश नहीं होती जब आंटी कोई अच्छी बात कहती हैं।" उसने

खिड़की की तरफ मुँह कर लिया। शायद अपने अंदर की चीख और खीझ को छिपा रही थी। इतने में हमेशा की तरह फिर किशोर का फ़ोन बजा। उसने मेरी तरफ़ फ़ोन उठाने की इज़ाज़त माँगते हुए देखा। पर मेरी सख़्त हिदायत थी कि उसका फ़ोन नहीं उठाना क्योंकि मुझे आंटी के अलावा सब अपने दुश्मन लगते थे और ये तो 'राजीव गाँधी दिखा दो' की रट ही लगाए था। हर बार कहता 'क्या कर रहे हो पढ़े - लिखे होकर भी।' और मुझे ये सुनना गवारा नहीं था इसलिए अनु को उसका फ़ोन उठाने तक से मना कर दिया था। आज भी नहीं उठाने दिया।

घर पहुँचते ही कमरे का दरवाज़ा बंद किया और एक साढ़े पाँच मिनट की वीडियो आंटी की सलामी में डाल दी। आंटी जो बुलवाना चाहती थीं वो सब बोल दिया। यहाँ तक कि ये भी 'आंटी भगवान हैं। "

दो दिन सही गुज़रे। तीसरे दिन दोपहर को एकदम साँस आनी बंद हो गई। ऐसा लगा जैसे कोई जान खींच रहा हो। छटपटा रहा था मैं। घर वाले सभी फिर उसी डर के साए में। आंटी का अनु को फ़ोन पर वही एनीमा, गर्म - ठंडा तौलिया कहना, पुनः वही उपचार और फिर लगभग एक घंटे बाद मेरी सामान्य अवस्था आई। आज अनु ने मानो तलवार खींच ली।

"मैं सरल डाइग्नोस्टिक एम आर आई कराने के लिए अपॉइंटमेंट ले रही हूँ कल का। अंशु बहुत हो गया। "

"नहीं, मैं नहीं जाऊँगा। "

"अगर तुम मुझसे ज़रा भी प्यार करते हो तो जाओगे। यार, आंटी सही होंगी पर एम आर आई से ही पता चलेगा कि कितना कम है और फिर ऐसा क्यों हो रहा है बार - बार ?? "

बच्चे, मम्मी - पापा सब अनु के साथ खड़े थे और एक स्वर में कह रहे थे कि करवा लेना चाहिए।

"तुझे पता है न आंटी कहती हैं कि उसमे जो दवाई शरीर में इन्सर्ट करते हैं उससे सारा ट्रीटमेंट इमप्योर हो जाएगा। बॉडी डीटॉक्सीफाइड की है सब ख़त्म। "

"मैं नहीं जानती कल तो टेस्ट कराएँगे ही। यदि कम हुआ तो आंटी का इलाज़ चालू रखेंगे। भगवान न करे कुछ गलत हो रहा होगा तो ?? हमारी भी तो हालत समझो तुम। "

"पापा! मम्मी ठीक तो कह रही हैं। "

"बेटा करवा लो। "

सब की एक ही आवाज़ और फिर अनु के तेज़ - तेज़ रोने ने मुझसे 'हाँ ' कहलवा ही ली।

अगले दिन दस बजे सरल डाइगोनोस्टिक के वेटिंग में थे हम। मेरे पेट में अजीब सा कुछ हो रहा था। अनु की तरफ जब देखता एक प्रश्न होता आँखों में, वो पढ़ लेती और मेरा हाथ थाम लेती।

"कपड़े बदल लीजिए, अगली बारी आपकी है। " इन शब्दों से मुझे दहशत थी पर क्या करता। मशीन के नीचे लेटते ही दिमाग और धड़कन बेकाबू होने लगे। ऐसा लगा जैसे किसी ने बेंत की रस्सियों से बाँधा हुआ है और मैं उस जकड़ से छूटने के लिए ज़द्दोज़हद कर रहा हूँ। और अनु पर भी जो बीत रही थी कमतर नहीं थी। अंतर्मन में भय की तलवार काट रही थी और ऊपर हिम्मत का चोगा सजा हुआ था।

साढ़े पाँच बजे तक आशा - निराशा के वार्तालापों में झूल रहे थे। कभी 'काश' का ज़ोर और कभी 'उफ्फ्फ' की तीखी धार। आज फिर एक बार परिणाम हाथ में था और मैं ज़मीन पर। ट्यूमर का साइज बढ़ोतरी की ओर था।

'क्या मैं मरने वाला हूँ ?? मर गया तो क्या होगा कबीर का ? आंटी को कैसे बताऊँगा कि बिना पूछे टेस्ट करवा लिया और साइज बढ़ा हुआ है ! वो इलाज़ छोड़ देंगी मेरा .... क्या करूँगा ??? खुद से बातें करता हुआ मेरा मन - मस्तिष्क।

किराए पर बुलाई हुई गाड़ी में बैठते ही मुँह से निकला " आंटी से कैसे कहेंगे कि टेस्ट करवा लिया ?" अनु, जो अपने आँसुओं और काँपते शरीर को जकड़ कर बैठी थी हतप्रभ सी देखने लगी, कुछ न बोली। मैं समझ गया कि दिमागी असंतुलित आदमी की बातों का जवाब नहीं होता। हैरान थी वो कि अभी भी मुझे आंटी की चिंता है और जो बीमारी है उसका क्या ????................

डर तो गया था मैं, डर से ज़्यादा सहम गया था इसलिए गाड़ी में ही अनु की गोद में छोटे बच्चे सा लेट गया। आँसुओं की टप - टप और अनु का बालों और माथे पर प्यार से हाथ फेरता स्पर्श। एक पल ऐसा भी आया जब उसके और मेरे आँसुओं का मिलन उसके दुपट्टे पर एक साथ हुआ। ऐसा अंतर्द्वंद्व था जो शब्दों से परे था।

"हम कल ही हॉस्पिटल चलेंगे अंशु। अब बस। मैंने तुम्हारा साथ दिया, अब तुम्हें मेरी बात माननी ही होगी।"

"आंटी से बात तो करें, वो तो श्योर थीं। शायद कोई .... किसे फ़ोन लगा रही है अनु ?"

आज अनु को मैं कैसे रोकता। मैं उसके लिए उससे भी ज़्यादा ज़रूरी था। उसे मुझे बचाना था बस।

"हैलो आंटी ! इनका ट्यूमर बढ़ गया है। .... हाँ आंटी टेस्ट करवाया है। गिल्टी अंदर की तरफ बढ़ रही है। ....आंटी क्या करें ? हमारी हालत समझो। अनु की आवाज़ भारी, मन भारी और आँखें भी भारी पर आवाज़ में आंटी के लिए नफ़रत।

"क्या करूँ आकर आंटी आपके पास ? "

मैंने हाथ जोड़कर अनु को 'हाँ ' करने पर मज़बूर कर दिया।

"दवाई डलवा ली शरीर में, कर दिया मेरा सारा इलाज ख़राब। किसने कहा था टेस्ट करवा ? " खीझी और कड़क आवाज़ में आंटी गुर्राती हुई बोलीं।

"आंटी दवाई डलवाकर नहीं करवाया, ऐसे ही करवाया है। " बहुत काँपती आवाज़ में मैंने बोला।

"आंटी, अभी तो कलर्ड टेस्ट नहीं करवाया जो दवाई डालकर होता है तो भी ट्यूमर का साइज़ बढ़ा हुआ दिख गया। दवाई डलवाकर कराने पर तो शायद और बुरी पिक्चर सामने आती। " आज अनु के अंदर आंटी के लिए जो गुस्सा और विद्रोह था वो साफ़ नज़र आ रहा था।

"जाओ करा लो इलाज़ कहीं और से। कटा ले अपना गला। गूँगा हो जा। " आंटी के कटु शब्द मुझे चीर रहे थे और अनु की आँखें आंटी को चीर देना चाहती थीं।

"अरे, कई बार बढ़कर फिर घटने की तरफ आता है। डॉक्टरों ने तो गला काट कर आवाज़ ही निकालनी है। सब्र करो, असर आएगा।"

"अच्छा आंटी ऐसा होता है ? " मेरे दिमाग से आंटी की मायावी पट्टी उतर ही नहीं पा रही थी।

"असर तो हो गया आंटी मगर उल्टा। ट्यूमर बढ़ गया। " अनु आज रुक ही नहीं रही थी।

"जाओ फिर करा लो कही और से। मेरे पास तुम्हारे जैसे लोगों के लिए टाइम नहीं है जो सुनते ही नहीं। "

मैं तो अब भी आंटी का पालतू कुत्ता बना रहना चाहता था क्योंकि आवाज़ का मोह बार - बार डॉक्टरों को दुश्मन बना देता पर आज अनु ने आंटी नाम के पट्टे को खींच कर उतार देने की ठान ली थी।

हम घर आए। बच्चे अपनी सूजी आँखों के साथ सामने आकर बैठ गए। सबकी नज़रों में एक ही सवाल था 'अब क्या ?? '

"आंटी कह रही हैं कभी - कभी बढ़कर ही घटता है। " मेरी हालत पर गुस्सा करें या तरस खाएँ, क्या करते घरवाले?? ....

"पापा इलाज करो प्रॉपर अब। " निक्की की बात को अनसुना करते हुए मैंने फिर बोला, " कल एक बार एक्यूप्रैशर वाली आंटी के पास चलेंगे। उन्होंने तो अभी ही शुरू किया है न। " कहते - कहते साँस उखड़ने लगी। " कुछ हो रहा है, साँस नहीं आ रही। "

अनु ने पानी पिलाया, छाती मली, आराम से लिटाया। मम्मी चाय और ब्रेड ले आईं। अनु ने अपने हाथों से खिलाते हुए कहा, " तुम ज़्यादा सोचो मत। ठीक है देखते हैं। चल लेंगे वहाँ। " जानती थी अभी झूठी तसल्ली ही इलाज है।

मेरा कज़न दीपू जो आज एम्स अस्पताल में डॉक्टर है, उसे अगले दिन अनु ने बालकनी में जाकर फ़ोन मिलाया।

"दीपू, इनका टेस्ट करवाया है, ट्यूमर साइज बढ़ा हुआ है। "

"भाभी, क्या कर रहे हो आप लोग ? भैया की लाइफ से क्यों खेल रहे हैं ? दो महीने निकाल दिए। सर्जरी कराओ, मनाओ उनको। आप पढ़ी - लिखी हो। ज़बरदस्ती ले जाओ। भाभी उनकी लाइफ का रिस्क है। "

अनु ने कमरे में आते ही मुझे गले से लगाया और फिर प्यार से देखकर बोला, " अंशु मैं तुम्हें बहुत प्यार करती हूँ, रह नहीं पाऊँगी तुम्हारे बिना। प्लीज़ अब हॉस्पिटल चल लो। "

"मैं हॉस्पिटल नहीं जाऊँगा। तुझे मेरी आवाज़ की बिल्कुल परवाह नहीं। नहीं सँभाल सकती मुझे तो चला जाता हूँ यहाँ से। किसी आश्रम में रह लूँगा। "

"कैसी बातें करते हो, समझते क्यों नहीं ...... केस बिगड़ रहा है। आवाज़ से पहले ज़िंदगी है अंशु। "

"नहीं जीना आवाज़ के बिना। मेरी जगह आकर देखो। तुम्हें तो क्या फर्क पड़ेगा, मेरी आवाज़ चली जाएगी तो।" मेरी आवाज़ चीख बन गई, मैं अपना सिर दीवारों से मारने लगा।

"पापा मान जाओ, आप क्यों नहीं समझ रहे ? " गिन्नी बोली।

"छोड़ दो मुझे सब लोग। मैं अकेले ही रह लूँगा। देख लूँगा मुझे अपने को कैसे बचाना है या नहीं बचाना। नहीं है तुम सब की ज़रुरत। "

"हमें तो है पर तुम्हारी। " ये कहते - कहते अनु दीवार के सहारे से रगड़ खाती हुई ज़मीन पर गिर गई और तेज़ - तेज़ रोने लगी।

पर मुझे उस पर तब भी गुस्सा आ रहा था। उसके आँसू पिघला नहीं भड़का रहे थे।

मैं सिर्फ़ अपने साथ खड़ा था, उसे भी सहारा चाहिए ये सोच ही नहीं थी तब।

दो दिन ऐसे ही निकल गए। सब प्यार से समझाने की कोशिश करते रहे और मैं दुत्कारता रहा। सबके अंदर ज्वार - भाटे सा उफ़ान था पर ऊपर से ठहरे पानी सी शांति।

इसी दौरान हमेशा की तरह किशोर का फ़ोन बजा और न उठाने की मेरी ज़िद्द ने उसकी घंटी बजते ही रहने दी।

' भाभी हमने कल राजीव गाँधी में डॉक्टर से अपॉइंटमेंट ले ली है। आप भैया को किसी तरह भी तैयार रखना। हम 12 बजे तक आपके घर आ जाएँगे। ' अनु के फ़ोन पर किशोर का मैसेज आया क्योंकि जानता था फ़ोन करना तो बेकार है, उठाएँगे ही नहीं।

अनु ने 'ओके ' लिख दिया।

अब मुझे कल राजीव गाँधी हॉस्पिटल ले जाने के लिए तैयार करना किसी जंग जीतने से कम न था।

मैं पलंग पर बैठा था। आकर मेरा हाथ अपने हाथ में लिया और चूम लिया। शायद सोचकर नहीं आई थी कि आँसुओं का बाँध तोड़ेगी पर वो टूट गया। लिपट कर रोए जा रही थी और बस रोए जा रही थी।

"अंशु मैं नहीं रह सकती तुम्हारे बिना। प्लीज़ मान जाओ। एक बार हॉस्पिटल चल लो। डॉक्टर पकड़कर सर्जरी थोड़े न कर देंगे एकदम। कम से कम दिखा तो लो एक बार। शायद कीमो से ही काम हो जाए, सर्जरी करानी ही

न पड़े। राजीव गाँधी कैंसर का इतना बड़ा हॉस्पिटल है। प्लीज़ दिखा लो एक बार मेरी खातिर। तुम्हें सही नहीं लगी उनकी एडवाइस तो नहीं कराएँगे पर मेरे लिए एक बार दिखा लो वहाँ।"

"उन्होंने भी वही कहा जो और डॉक्टर कहते हैं तो ??? अनु यार आवाज़ चली जाएगी। "

"सिर्फ़ दिखा लो। फिर जैसा तुम्हें ठीक लगेगा वही करेंगे, पक्का। "

मेरी चुप्पी को मेरी हाँ मानते हुए एकदम बोली, " कल किशोर आ रहा है ग्वालियर से। उसने किसी डॉक्टर से ढ़ाई बजे की अपॉइंटमेंट ली है।" और 'आई लव यू ' कहकर वो मेरे गले लग गई।

मुझे खोने का डर उसके लिपटने से मैं महसूस कर चुका था। मैंने कसकर उसे और लिपटा लिया क्योंकि उससे दूर जाने का भय जितना उसे था उससे कई गुना ज़्यादा मुझे।

अगले दिन लगभग 12 बजे किशोर, अनुपम, अनुपम के पापा और उनका एक डॉक्टर मित्र पहुँच गए। अनुपम के पापा जो पिछले कई वर्षों से ब्लड कैंसर के शिकार थे, सिर्फ़ और सिर्फ़ मुझे इससे लड़ने की शक्ति देने आए थे और उन्हीं के डॉक्टर से मेरे लिए भी अपॉइंटमेंट ली थी। उनका डॉक्टर दोस्त मुझे अलग - अलग किस्से बताकर कैंसर के समय पर इलाज और ठीक होने के उदाहरणों से बहलाने की सच्ची कोशिश कर रहा था।

कुछ ही देर में अनु स्कूल से आ गई। उसने आते ही सभी मेडिकल रिपोर्ट्स को एक बैग में रखा। स्कूल से ही खाकर आने का झूठ सब समझते थे। मैंने हॉस्पिटल न जाने की धमकी से उसे एक रोटी खाने पर विवश कर दिया।

घर से राजीव गाँधी तक के सफर के दस मिनट में नकारात्मक सोच के चाकू ने मुझ पर बीस - पच्चीस वार तो कर ही दिए थे। और फिर अस्पताल का वो दरवाज़ा आ ही गया जिसकी चौखट मैं पार नहीं करना चाहता था। पता नहीं ये दरवाज़ा उम्मीद का था या नाउम्मीदी का ????..........

दूसरा पड़ाव
(जीवनदान का मसीहा)

पहली मंज़िल पर हर प्रकार के कैंसर विशेषज्ञों के नाम की स्टील प्लेट हर दरवाज़े पर लगी थी। इतने लोगो को कैंसर है। राजीव गाँधी कैंसर हॉस्पिटल तो है ही कैंसर का। कभी सोचा नहीं था कि मैं स्वास्थ्य के प्रति अति जागरूक अंशु भाटिया, 850 मीटर के पार्क के प्रतिदिन बारह -तेरह चक्कर लगाने वाला आज हस्पतालों के चक्कर लगाता फिरेगा। कतार में लगे बीस - पच्चीस बेंचों में से शायद दो या तीन लोगों से अधिक के बैठने की जगह न थी। सबको ही कैंसर है, देखकर दिल और भी ज़्यादा डूबने लगा।

"भैया, आप यहाँ बैठो। हम डॉक्टर से बात करके आते है। भाभी आप भी साथ बैठ जाइए। " तीन लोगों की बेंच वाली सीट में एक बीस - बाइस साल के युवा के पास हम बैठ गए। हम दोनों की आँखे जब भी टकराती अनु हल्के से मुस्कुराकर मेरी बेचैनी को चैन देना चाहती।

"अरे मैम! आप यहाँ कैसे ?" पीछे से किसी ने अनु के कंधे पर हाथ रखा।

"क्या हुआ मैम ??? सब ठीक हैं न ? " अनु के छात्र की मम्मी जिनका बेटा वैभव, अनु के साथ पंद्रह दिन जर्मन - पेरिस ट्रिप में साथ ही था, वह सफ़ेद कोट पहने सामने खड़ी थी।

"ओह डॉक्टर शुभ्रा ! आप इसी हॉस्पिटल में हैं, मेरे दिमाग से ही निकल गया था। आप कैसी हैं ?"

ठीक हूँ मैम। क्या हुआ मैम " अभी वो बोल ही रहीं थीं कि किशोर और अनुपम आ गए और बोले- "अभी बुलाएँगे डॉक्टर। पंद्रह- बीस मिनट वेट करना पड़ेगा। "

"ये डॉक्टर शुभ्रा हैं।" अनु के बोलते ही दोनों ने उन्हें नमस्ते करते हुए सिर झुकाया।

डॉक्टर शुभ्रा की आँखें अनु के चेहरे को पढ़ चुकी थीं और अब उनकी आँखों में प्रश्न था जिसका जवाब लेने के लिए उन्होंने अनु का हाथ पकड़ा और धीरे - धीरे चलते हुए उसे अपने साथ एक कोने में ले गईं। जैसे पतंग की डोर हाथ में होती है पर मन उस आकाशगामी पथिक की ओर वैसे ही मेरी हालत थी। मेरा पूरा ध्यान अनु के हाव- भाव पर था। अनु बोले जा रही थी, चेहरे पर कभी डर तो कभी आँखों में आँसू। डॉक्टर शुभ्रा कभी उसके कंधे पर हाथ रखती, कभी हाथ पकड़ लेतीं और कभी सिर झुका लेतीं। उनके चेहरे का रंग और हाव- भाव बदल रहे थे। वे अनु की हालत देखकर और मेरी हालत जानकर अचंभित ही नहीं बहुत दुखी भी थीं। होती भी कैसे नहीं, अनु सालों से वैभव को पढ़ा रही थी और अभिभावकों के साथ अनु के संबंध सदा से ही मृदुल रहे हैं। वह बात कर ही रही थीं कि ब्लड कैंसर वाले जिस डॉक्टर से किशोर ने अपॉइंटमेंट ली थी वहाँ से बुलावा आ गया। हम सब के साथ डॉक्टर शुभ्रा भी अंदर उनके केबिन में साथ ही गईं।

डॉक्टर रिपोर्ट के पन्ने पलट रहे थे और मैं उनके चेहरे के बदलते भाव पढ़ रहा था।"देखिए, मैं तो ब्लड कैंसर का डॉक्टर हूँ, आपका ट्रीटमेंट कैसे बताऊँगा? हाँ, बाकि रिपोर्ट्स आर नॉट गुड। आपको नैक स्पेशलिस्ट को दिखाना पड़ेगा जल्द से जल्द। डॉक्टर शुभ्रा तो कीमो टीम की हैं, वो आपको अपने हेड डॉक्टर से मिलवा देती हैं। "

"मतलब कीमो से इसका ट्रीटमेंट हो सकता हैं न ??" मैंने सहसा बोला।

"मिस्टर भाटिया ! डॉक्टर शुभ्रा बेटर वे आउट बता देंगी। आपकी जानकर भी हैं। "

"शुभ्रा, तुम इनको अपने डॉक्टर से मिला दो वैसे तो इट्स सर्जरी केस बट ही विल गाइड प्रॉपर प्रोसीज़र।" डॉक्टर के बोलते ही डॉक्टर शुभ्रा ने कहा " ओके सर! मैं ले जाती हूँ। "

उस केबिन से दो केबिन छोड़कर ही जाना था पर कदम थे कि उठ ही नहीं रहे थे।

डॉक्टर शुभ्रा ने हमें बाहर रुकने को कहा और मेरी रिपोर्ट लेकर खुद अंदर चली गईं। दस मिनट बाद अनु को अंदर आने को कहा, शायद मेरी व्याकुलता और डर उन्हें साफ़ दिख गया था।

"मैं भी मिलूँगा मैम, मुझे बात करनी है उनसे। अनु क्यों सिर्फ़। " मैंने तपाक से बोला।

"ठीक है सर, आप भी चलिए। वो आपको राइट पाथ बता देंगे। "

अंदर जाते ही डॉक्टर साहब बोले, " ओके यू आर अंशु भाटिया, भई कितनी सिगरेट पीते हो ?"

"सर इन्होंने तो कभी सिगरेट छुई भी नहीं। " अनु बोल उठी।

"सीरियसली ???" देखो यह केस कीमो का नहीं है। लास्ट स्टेज वाली कंडीशन में है कैंसर। इसे बाहर निकाले बिना कोई उपाय नहीं है। सर्जरी होगी और वो भी इम्मेडिटेली। "

"कीमो से इसे ख़त्म नहीं कर सकते ?" मैंने हारी हुई आवाज़ में पूछा।

"कीमो बेकार है, करवा भी लोगे तो फिर वापिस आएगा क्योंकि जाएगा ही नहीं। गले से निकालना पड़ेगा। सर्जरी इज़ दा ओनली ऑप्शन। वो भी एकदम। आलरेडी लेट हो, रिपोर्ट मई की है और आए अब हो। " डॉक्टर ने खीझते हुए कहा। " शुभ्रा इन्हें डॉक्टर डबास के पास ले जाओ। "

"ही इज़ वैरी गुड डॉक्टर, वैरी गुड सर्जन " मुझे देखते हुए बोले।

"जी सर, मैं वहाँ ले जाती हूँ। बात करवा देती हूँ। "

डॉक्टर ने मेरी ओर फिर रुख करते हुए कहा " अंशु बात समझो, ये सेल्स मल्टिप्लाय होते है। सर्जरी कराओ जल्दी, फिर आगे का सोचेंगे। "

बाहर निकलते ही मैं सामने रखे बेंच पर धम्म से गिर गया। मन की कमज़ोरी थी या काँपती टाँगों की या फिर आवाज़ खोने की दहशत, शायद सभी कारण चूर - चूर कर रहे थे।

"मैं नहीं जा रहा किसी डॉक्टर की पास अब। नहीं करानी सर्जरी। वो भी वही सब बोलेंगे। फिर वही सब....................."

"अंशु " मुझे सँभालते हुए अनु साथ आकर बैठ गई।

"भैया यहाँ तक आए हैं, दिखा तो लो। राय मिल जाएगी। " किशोर फिर बोला।

"सर आप मिल तो लो। बहुत अच्छे डॉक्टर हैं। क्या पता कोई रास्ता दिखा दें। आप ऐसे हिम्मत मत हारो। " डॉक्टर शुभ्रा ने समझाते हुए बोला।

हिम्मत?....... जब कैंसर नाम का कीड़ा शरीर में घर बना लेता हैं तो हिम्मत के लिए जगह ही कहाँ बचती है। उस हालत में कितना बेमानी होता है ये शब्द 'हिम्मत '।

अनु ने हाथ को कसकर थामा, "चलो अंशु ! दिखा लेते हैं, क्या पता कोई और तरीका बता दें। मिल लो प्लीज़ मेरी ख़ातिर। "

"चलो भैया !!! "

विकलांग को वैसाखी थामनी ही पड़ती हैं। वही हाल मेरे अपंग मन और आत्मविश्वास का था। मैं क्या करता ?? सच तो हैं -

' Beggars are not choosers '

लिफ्ट से ग्राउंड फ्लोर पर आते ही सीधे हाथ को मुड़कर दस- बारह कदम ही चले होंगे कि एक कमरे के बाहर लोगों का जमघट ऐसे था जैसे मधुमक्खियों ने धावा बोल दिया हो। नेम प्लेट पर एक सीनियर डॉक्टर और डॉक्टर सुरेंद्र डबास का नाम। उनका दरवाज़ा ज़रा सा खुलते ही लोग उस पर टूट पड़ने को तैयार थे।

"मैं आती हूँ यहीं रुको " कहकर डॉक्टर शुभ्रा थोड़ा सा दरवाज़ा खुलते ही अंदर चली गईं। लगभग दस मिनट बाद बाहर आकर खड़ी हो गईं। " अभी थोड़ा फ्री होकर बुलाते हैं, आप से तसल्ली से बात करेंगे। "

तभी दरवाज़ा खुला। एक यंग गोरा मुस्कुराता चश्मा पहने चेहरा, गाढ़े हरे रंग की कमीज़, चेहरे पर जो चमक थी सच में कितनी पॉजिटिव थी और लोग देखते ही पैर छू रहे थे।

"अरे अंकल कैसे हो ? टेस्ट करवा लिया ? "

"न बेटा, महँगा सै" पुरानी पीली पड़ी धोती और नीला सा कुरता पहने 60 -65 साल के आदमी ने उन्हें जवाब दिया।

जेब से कुछ रूपए (पता नहीं कितने थे) हाथ में थमाते हुए बोले, "जाओ उस जगह करा लो जो बताई थी, मैं फ़ोन कर दूँगा। हो जाएगा सस्ते में। " चलते - चलते बोलते हुए पास के कमरे में चले गए।

हम सब की निग़ाहों को उनकी छवि ने जैसे कैद सा कर लिया था। कुछ अलग ही आकर्षण था उस आदमी में।

"डॉक्टर डबास थे। मैम इनका बेटा भी वेंकटेश्वर में ही पढ़ता है। छोटा है अभी। मैंने बताया आपके बारे में। " डॉक्टर शुभ्रा बोली।

दुनिया सचमुच कितनी छोटी और गोल है और आज तो लगता है वो अनु के स्कूल के आसपास ही घूम रही थी। पहले डॉक्टर शुभ्रा और अब डॉक्टर सुरेंद्र कुमार डबास।

पर इतने कम उम्र का डॉक्टर अनुभवी होगा ? मेरे मन में यह विचार एकदम आया।

वे फिर उसी कमरे में वापिस आते हुए डॉक्टर शुभ्रा को हमें अंदर लाने का इशारा करते हुए कमरे में चले गए।

किशोर - अनुपम बाहर ही रुक गए और मैं सबसे पीछे चलते हुए उनके केबिन में दाखिल हुआ। बाहर खड़ी भीड़ देख रही थी और दरवाज़ा बंद हो गया। अंदर डॉक्टर डबास का एक साथी जो डॉक्टरी कोट में नहीं था, खैर वो तो डॉक्टर डबास भी नहीं थे, एक नर्स तो थी ही, इसके अलावा एक पति - पत्नी पहले से ही बैठे थे। उन्हें 'अगले हफ्ते देख लेंगे ' कहकर डॉक्टर डबास ने विदा किया और फिर उसी अद्‌त मुस्कान के साथ मेरी ओर देखा।

"मिस्टर भाटिया ??"

"जी"!

अनु ने रिपोर्ट उनके आगे सरकाई। "आप वेंकटेश्वर स्कूल में पढ़ाती हैं। मेरा बेटा फोर्थ में हैं वहाँ। "

"सर मैं बड़ी क्लासेज पढ़ाती हूँ। " अनु की बात पूरी भी नहीं हुई थी वो एकदम बोले " ये तो मई में बायोप्सी कराई थी। फिर 17 जुलाई को टेस्ट कराया। बीच में कहाँ थे सर ??"

"सर ! मैं नैचुरोपैथी का ट्रीटमेंट ले रहा था। "

उनके चेहरे पर व्यंग्यात्मक हँसी आई। फिर बोले- " कहाँ से करा रहे हो इलाज़ ?"

एक आंटी हैं सी आर पार्क में। उन्होंने कैंसर के कई पेशेंट्स को ठीक किया है। उन्हें तो यक़ीन है कि......................................" मेरी बात काटते हुए डॉक्टर डबास बोले -

"पर रिपोर्ट में तो साइज पहले से ज़्यादा है। इमीडियेट सर्जरी का केस है। कल एम आर आई कराएँगे और फिर एग्ज़क्ट साइज देखकर सर्जरी। "

"सर, एम आर आई तो कराई है पर नैचुरोपैथी में आंटी ने बॉडी डीटॉक्सिफाइड की है तो एम आर आई में दवाई जाते ही वो सब ख़राब हो जाएगा। "

अब उस मुस्कुराते चेहरे ने गंभीर होकर मुझे देखा और कहा, " अंशु, सुनो सर्जरी ही ऑप्शन है। जब टोकरी में सेब पड़े हों और एक भी सेब सड़ जाए तो

उसे यदि फेकेंगे नहीं तो सब सेब सड़ जाएँगे। ऐसे ही तुम्हारे ट्यूमर को निकलना ही पड़ेगा वरना और आसपास के पार्ट्स भी इन्फेक्टेड हों जाएँगे। पता है ये कैसे मल्टिप्लाय होते हैं। तुम मैथ्स के टीचर हो न बताया डॉक्टर शुभ्रा ने।

उन्होंने एक पेन उठाया और पिरामिड सा बनाया। कैंसर सेल्स के मल्टिप्लाय होने की भयानक तस्वीर दिखाने लगे।

"सर ! मैक्स हॉस्पिटल के डॉक्टर ने कहा था कि सर्जरी करते ही आवाज़ चली जाएगी क्योंकि वोकल कॉर्ड निकाल देंगे। ये डरते हैं। "

"हाँ, तो आवाज़ चली जाएगी डरूँ नहीं !!" मैंने अनु को गुस्से से देखते हुए कहा।

"सर, आवाज़ तो तब होगी न, जब ज़िंदगी होगी। आवाज़ और ज़िंदगी में से किसे चुनेंगे?" डॉक्टर शुभ्रा बोलीं।

शायद डॉक्टर सुरेंद्र डबास ने मुझ पर चढ़ा नैचुरोपैथी का रंग भाँप लिया था।

"अंशु, आवाज़ चली जाएगी पर आ भी तो जाएगी। हम ऑपरेशन के साथ ही वॉइस बॉक्स लगा देंगे, जिससे तुम बोल पाओगे। "

"पर डबास सर, मैक्स के डॉक्टर ने तो कहा था कि दो सर्जरी होंगी। पहले ये वाली फिर कुछ टाइम बाद फिर से वॉइस बॉक्स लगाने के लिए।" एक पल रूककर मैं फिर बोला "वैसे सर उन आंटी ने ब्रेन टयूमर तक क्योर किया है।"

डॉक्टर शरीर की बीमारी को ही नहीं दिमाग को भी बखूबी पढ़ लेते हैं, तभी तो डॉक्टर्स कॉउंसलर भी होते हैं।

"ओके अंशु ! एक बार दवाई डलवा कर एम आर आई करवा लो, अगर उतना ही आया जितना लास्ट एम आर आई में है तो समझ लूँगा आंटी ने तुम्हारी बीमारी रोक दी। अरे, अपने पेशेंट्स वहाँ भेज दूँगा।" डॉक्टर डबास मुस्कुराहट के साथ बोले जा रहे थे "ज़रा मैं भी तो देखूँ क्योंकि मेरे एक्सपीरियंस के मुताबिक आज 3 अगस्त है तो 15 दिन में ये साइज़ और बढ़ गया होगा। यदि उतना भी हुआ तो मान जाऊँगा तुम्हारी आंटी को।"

मेरी आँखों पर बँधी आंटी जाप की पट्टी को उतारने का शायद उन्हें इससे बेहतर तर्क नहीं मिला। वैसे इतना बड़ा डॉक्टर, एशिया का पहला रोबोटिक सर्जन, पर इतने सरल स्वभाव का और इतना समय देकर समझाना, क्यों करेगा ?? शायद

'अनु मैम' का सम्मान ये सब करा रहा था। पर मेरे दिल में उन्होंने कुछ अलग ही जगह बना ली थी।

"ठीक तो कह रहे हैं अंशु। पता तो चल जाएगा।" अनु के बोलने पर मैं चुप रहा और मेरी चुप्पी हाँ ही थी।

"कल सुबह रेगुलर ब्लड टेस्ट वगैहर कराने के लिए आ जाना। फिर एम आर आई कराएँगे। पर जल्दी ही करेंगे।"

मुझे ऐसा लग रहा था जैसे मछली जाल में फँस जाने पर छटपटाती है, मेरी हालत भी वैसी ही थी।

हमारे बाहर निकलने पर दरवाज़ा खुलते ही चार लोग तेज़ी से अंदर घुस गए। मैं किशोर के पास जाकर बैठ गया। अनु और डॉक्टर शुभ्रा साथ खड़े होकर कुछ बात करने लगे। सच बताऊँ तो अपनी इस हालत में मैं अनु के अंदर की बेचैनी को देख ही नहीं पा रहा था। मैंने देखा वो फिर डॉक्टर डबास के केबिन में घुसने के लिए दरवाज़े के पास खड़ी है और मैं जब तक उसके पास जाता वह अंदर जा चुकी थी। लगभग दस मिनट बाद बाहर आई तो आँखों का रंग कुछ और था पर होठों पर मेरे लिए मुस्कुराहट।

"क्या करने गई थी ? क्या पूछा कि कहीं मैं मर तो नहीं जाऊँगा?" जो आँसू वो रोके बैठी थी मेरी बात सुनते ही झलक गए।

"अंशु ! डॉक्टर डबास बहुत पॉजिटिव हैं। सर्जरी से ठीक हो जाओगे, उन्होंने बोला।"

"पर आवाज़ चली जाएगी ये भी तो बोल।"

क्या बोलती बेचारी। मेरी इस बात का उसके पास कोई जवाब नहीं था। जितना मैं टूटा हुआ था शायद उससे ज़्यादा वो। पर वो तो टूट भी नहीं सकती थी क्योंकि मेरी ढाल थी।

हम 6 बजे के करीब घर पहुँचे। उन्हें ग्वालियर वापिस जाना था। चाय पीते हुए राजीव गाँधी हॉस्पिटल में हुई बातों के अलावा चर्चा का क्या विषय हो सकता था।

"बेटा ! अब टेस्ट पक्का करवा लेना। डॉक्टर की मानो अब।" अनुपम के पापा बोले और सीढ़ियाँ उतरने लगे।

स्नेहवश उनके कहे गए ये शब्द समझते हुए भी मैं समझना नहीं चाहता था। आपके साथ वाले आपकी पीड़ा, डर, बेचैनी को समझते हैं पर महसूस

उसी को होता हैं जिस पर बीत रही होती है। कहते हैं न "जिस तन लागे वो ही जाने।' पर ये कथन सिर्फ़ मुझ पर तो लागू नहीं होता। अनु के मन के स्थिति, डर, मेरी जान की चिंता, घर की ज़िम्मेदारियाँ और उसके साथ मेरे इलाज का आर्थिक बोझ, उसके दर्द को मैं भी तो महसूस नहीं कर पा रहा था। केवल अपनी आवाज़ जाने और मेरे साथ क्या होगा, इसी में उलझा हुआ था।

रात को तीनों बच्चे मेरे पास आकर बैठ गए।

"पापा, मम्मी बता रही हैं डॉक्टर डबास बहुत ही अच्छे डॉक्टर हैं एंड वैरी गुड ह्यूमन बींग।" कावेरी बोली।

"हाँ ! पॉजिटिविटी आई उनसे मिलकर। पर यार वो भी तो सर्जरी ही कह रहे हैं। वॉइस बॉक्स निकल देंगे। और फिर तुम्हारे पापा गूँगे, एक तरह से अपाहिज़।" मैंने तो ये अपने तनाव और खीझ में बोल दिया पर सोचा नहीं कि जो आपसे प्यार करता है उसके लिए कटु सत्य सुनना कितना तकलीफ़देह होता है। उस हालत में समझ वहाँ तक जाती ही नहीं।

"पापा ! अभी आप कल टेस्ट कराकर एम आर आई तो कराओ। मत करो इतनी चिंता।" प्राची बोली, "वुई लव यू !"

कबीर मुझ से लिपट गया और बस मैं बिखर गया। "मैं कभी कबीरू, निक्की, गिन्नी, अनु नहीं बोल पाऊँगा। मुझे तुमसे बात करनी है, लव यू बोलना है। आवाज़ के बिना................ बच्चों की आँखें भी भर गईं और मैं तो फूट -फूट कर रोने लगा। अनु कमरे में आते ही हालात समझ गई। उसके आँसू तो वैसे ही आँखों में तैरते ही रहते थे, बस निकलते नहीं थे मेरे सामने। मेरे पास आकर मेरा सिर अपने हाथों में लेकर मुझे अपने से लिपटा लिया।

"अनु, मुझे बचा ले। नहीं जाना तुम सब को छोड़कर................ यार कुछ साल ही दिला दे................" मेरी ऐसी हालत ग्यारह साल के कोमल मन पर क्या असर डाल रही थी, उसके तेज़ -तेज़ रोने से समझ पाया। मैंने खुद को सँभाला। अनु ने उसे अपने से लिपटाया, "पापा बिल्कुल ठीक हो जाएँगे, आज डॉक्टर ने कहा।" अनु ने उससे बहुत लाड़ करते हुए कहा।

"कबीरू मैं बिल्कुल ठीक हो जाऊँगा। तू प्यार करता है न मुझसे ?" उसने रोते-रोते गर्दन हिला दी और अनु को छोड़कर मुझसे लिपट गया। उस समय एकदम ये अहसास हुआ कि मुझसे ज़्यादा मेरे खो जाने का ख़ौफ़ इन सबको है, कैसे रहेंगे मेरे बिना ??

मैंने उसी पल ठान लिया कि हिम्मत से काम लूँगा। जो भी होगा उसका डटकर सामना करूँगा।

अगली सुबह राजीव गाँधी के बिल काउंटर पर लगी लंबी कतार के पीछे अनु डॉक्टर डबास द्वारा लिखी जाँचों के पर्चे के साथ खड़ी हो गई और मैं सामने की बेंच पर बैठ गया।

इतने हज़ारों को कैंसर है ??? अपने अच्छे दिनों में कभी ध्यान ही नहीं आता कि दुनिया में कितने लोग दुःख -तकलीफों से जूझ रहे हैं। सच में बीमारी गरीबी - अमीरी के दायरे से परे है। वहाँ बैठे हुए मैंने ये सब महसूस किया। और ये छोटा सा बच्चा............ इसे भी कैंसर उफ़!!!!! क्यों होता है ऐसा !!!!!!

"चलो, उस तरफ जाना है ब्लड सैंपल के लिए" अनु ने मेरी विचारों की दुनिया से मुझे बाहर निकालते हुए कहा।

मुझसे पहले तीन मरीज़ और थे। मरीज़ !!! सेहत की मिसाल दिए जाने वाला अंशु अब मरीज़ था और वो भी कोई छोटी -मोटी बीमारी का नहीं, जानलेवा कैंसर का !!! सच जीवन ने क्या पलटी मारी थी।

अनु ने मेरा पर्चा अंदर दे दिया और फिर मेरे पास आकर बैठ गई।

"टेस्ट कराने के बाद डॉक्टर डबास से मिल लेंगे। मैंने डॉक्टर शुभ्रा को भी फ़ोन मिलाया था मगर पिक नहीं किया। बिज़ी होंगी शायद।" और अनु मुझे देख कर मुस्कुरा दी क्योंकि मैं बिल्कुल चुप था। हल्के से मेरा हाथ पकड़ा और धीमे से बोली "आई लव यू।" उस समय मन किया कि अनु कहीं अपनी गोद में मुझे छिपा ले और मैं सब तकलीफ़ भूल जाऊँ। मैं नहीं रह सकता था उसके बिना।

"अंशु भाटिया " अंदर से ज़ोर से आवाज़ आई। हम अंदर चले गए। सात - आठ पतली - पतली लंबी काँच की शीशियों में मेरे नाम की पर्ची लगा दी गई। बाज़ू पर कसकर रबर की रस्सी सी बाँधी और खून लेने के लिए सीरिंज तैयार

थी। मैंने आँखें बंद कर लीं और मेरा रक्त का नमूना (ब्लड सैंपल) ले लिया गया। मैं वो था जिसने आज तक बच्चों को इंजेक्शन लगते नहीं देखा था। हमेशा अनु ही इंजेक्शंस लगवाती थी बच्चों को, मैं बाहर खड़ा रहता। इतना डरता था इंजेक्शंस से और आज .... ये तो बस शुरुआत थी, पता नहीं था आगे के सफर में सुइयों की भरमार और दवाइयों का अंबार झेलना है। उफ्फ्फ़ क्या - क्या नहीं झेला।

"रिपोर्ट आफ्टरनून तक आएगी। आपका सी आर नंबर क्या है? नहीं लिखा इस स्लिप में। " ब्लड सैंपल लेने वाले ने कहा।

"सी आर नंबर ?? क्या मतलब ?"

"मैडम, डॉक्टर कौन से हैं आपके ?"

"डॉक्टर सुरेंद्र डबास ! "

"उनका ओ पी डी कार्ड नहीं बनवाया? बनवा लो, सी आर नंबर उसमें ही होगा।" वो फिर बोला।

"जी ! अभी बनवा लेती हूँ। फिर आपको सी आर नंबर दे दूँगी।" अनु ये कहते ही ओ पी डी अपॉइंटमेंट विभाग की लाइन में खड़ी हो गई।

700 रुपए निकाले और डॉक्टर सुरेंद्र डबास का ओ पी डी कार्ड ले लिया।

मैंने बच्चों को मैथ्स में बहुत नंबर सिखाए थे और दिए थे पर एक दिन नंबर ही मेरे नाम की पहचान छीन लेगा या यूँ कहूँ कि मेरा नाम ही एक दिन नंबर बन जाएगा, कभी सोचा भी नहीं था। सी आर नंबर 204536 मेरा पहचान पत्र था, एक और कैंसर पीड़ित का दाखिला नंबर............

डॉक्टर डबास के कमरे के बाहर कल से भी ज़्यादा मरीज़ो का रेला और सब उनके दर्शन के लिए बेताब। दरवाज़ा खुलते ही कोई ओ पी डी कार्ड पकड़ाता तो कोई अपना नाम बताता। अनु ने भी नर्स जो कल भी कमरे में थी उसे ओ पी डी कार्ड थमा दिया।

मरीज़ों का ताँता बढ़ता जा रहा था और मेरी घबराहट।

"रिपोर्ट तो तीन- चार घंटे में आएगी। फिर उसे देखकर डबास सर और टेस्ट बताएँगे। अनु सोच ले एम आर आई कराते ही आंटी के डाइट से जो बॉडी डीटॉक्सिफाइड हुई है, सब बेकार हो जाएगा। "

"अंशु, भूल जाओ आंटी को अभी। वो करवाकर ही रियल पिक्चर पता लगेगी। सही डिसीज़न ले पाएँगे।" उसने ये बात न प्यार से बोली न गुस्से से,

शायद हैरान थी कि मैं आंटी को छोड़ ही नहीं पा रहा हूँ। फिर जैसे ही मेरी ओर देखा तो शायद मेरी मनः स्थिति समझ गई। "हो सकता है उतना ही आए फिर सोचेंगे।" और मेरे हाथ पर हाथ रख दिया।

"गलत आई रिपोर्ट तो??? फिर सर्जरी?? और मैं गूँगा!!!" अनु की तरफ देखते हुए बोला।

"अंशु ! पहले टेस्ट तो कराओ यार। मत सोचो इतना। करते है अभी डबास सर से बात। "

इन्हीं बातों में आधा घंटा बीत गया और फिर अनु उठकर डॉक्टर डबास के दरवाज़े के बाहर खड़ी हो गई ताकि दरवाज़ा खुलते ही डॉक्टर डबास को अपनी शक़्ल दिखा सके और वो शायद बुला लें।

दरवाज़ा खुलते ही अनु ने नर्स से कुछ कहा और लगभग पाँच मिनट बाद हम फिर उस मुस्कुराते चेहरे के सामने थे। दीवार पर डॉक्टर डबास की कोलाज रुप में बनी "20 x 18 " की तस्वीर जिस पर 'Best Doctor' लिखा था, लगी हुई थी। यक़ीनन किसी मरीज़ ने सम्मान और प्रेम भाव से दी थी। लगी तो वो कल भी थी पर कल और आज में बहुत फ़र्क था। कल तो इनसे ज़बरदस्ती मिलाया गया था और आज इनके निर्देशों को मैं मान रहा था। शायद सचमुच उनके व्यक्तित्व में कुछ जादू था। उनके साथ बैठे दो लोग उठकर गए और हम फिर उनके सामने आकर बैठ गए।

"गुड मॉर्निंग सर !" अनु बोली।

"गुड मॉर्निंग मैम! अंशु कैसे हो ? टेस्ट करवा लिया ?"

मैंने जवाब दिया, "जी ! रिपोर्ट अभी 3-4 घंटे में आएगी।"

शायद मेरा प्रश्नों से भरा चेहरा डबास सर से छिप नहीं पा रहा था।

"गौरव! बाहर जाते हुए कह दे कि रिपोर्ट जल्दी दे दें। अर्जेंट है।" डॉक्टर साहब ने अपने टीम मेंबर से जो शायद उनका कोर्डिनेटर था, उससे कहा।

वो हाँ में सिर हिलाकर बाहर चला गया।

"अंशु ! कुछ पूछना चाहते हो ?"

"डॉक्टर साहब ! अगर एम आर आई में ज़्यादा बढ़ा आया तो सर्जरी करानी ही पड़ेगी? कीमो से नहीं हो सकता कुछ ?" आवाज़ जाने के डर से भरा मरीज़ और क्या पूछता।

"अंशु ! एक बात बताओ, कोई चीज़ ख़राब हो तो ठीक हो सकती है पर जब चीज़ सड़ गई हो तो उसे फेंका ही जाता है, ठीक नहीं कर सकते। तुम्हारे गले का वोकल कॉर्ड सड़ गया है और उसकी वजह से और नोड्यूल्स भी सड़ जाएँगे या सड़ रहे होंगे तो इसे फेंकना ही पड़ेगा। धीरे - धीरे इससे विंडपाइप जो कि कितनी ज़्यादा छोटी होती, बंद हो सकती है। और विंडपाइप बंद होने का मतलब तुम समझते ही हो। कोई कुछ नहीं कर पाएगा.......... लाइफ होगी तो आवाज़ के रास्ते भी निकल आएँगे। आवाज़ इज़ आ पार्ट ऑफ़ लाइफ, बट लाइफ इज़ नॉट आ पार्ट ऑफ़ आवाज़।" डॉक्टर की बातें सुनकर उनकी बात समझने से ज़्यादा मैं डर से घिर गया क्योंकि वे सच्चाई से रूबरू करा रहे थे। और *सच हमेशा भयानक और कड़वा होता है।*

"एक मिनट रुको अंशु ! मैं तुम्हें एक आदमी की आवाज़ सुनाता हूँ।" उन्होंने कहते - कहते फोन मिलाया और स्पीकर पर डाल दिया।

"प्रणाम ताऊ ! कैसे हो ?"

"जीते रहो बेटा, बढ़िया हूँ बेटा !"

"बोलने में कोई दिक्कत तो न है? दवाई ले रहे हो न?"

"न बेटा कोई न। तू जो है, तेरे होते क्या दिक्कत होण लाग रही मैंने। आऊँगा दिखान परसो। "

"ठीक है ताऊ ! आ जाना। प्रणाम ताऊ !"

एक 60-65 साल के आदमी की आवाज़ जो जाट भाषा में बोल रहा था।

"सुनी इनकी आवाज़। इनका ऑपरेशन 8 महीने पहले किया था और वॉइस बॉक्स लगा दिया। उससे बोल रहे हैं ये। "

"सच में ? आवाज़ थोड़ी मोटी थी पर साफ़ थी। ऑपरेशन के साथ ही लगा दिया वॉइस बॉक्स?"

"हाँ अंशु ! ऐसे कितने लोग और भी हैं और ये तो 60-65 साल के हैं तो आवाज़ थोड़ी ऐसी थी। तुम तो यंग हो, कम उम्र के हो, आसानी से हो जाएगा और आवाज़ इससे भी साफ़ आएगी। "

मरुभूमि में पानी मिल जाने के सुख का अनुभव कभी किया नहीं था, बस सुना था। शायद ऐसा ही होता होगा जो इस समय मुझे हो रहा था।

सच बताऊँ तो उनमें एक अजीब सी कशिश थी। एक डॉक्टर था वो मैक्स हॉस्पिटल वाला और एक ये हैं। उनकी मुस्कुराहट भरा चेहरा सच में तकलीफ़

पर मरहम का काम कर रहा था परंतु फिर भी इन सब से ऊपर अभी भी आवाज़ जाने, सर्जरी, कैंसर स्प्रेड होने जैसी नुकीली तलवार की धार ज़्यादा भारी पड़ रही थी।

डॉक्टर डबास ने ऑनलाइन ही मेरी रिपोर्ट देख ली।

"अंशु ये टेस्ट ओके हैं सारे। कल हम एम आर आई करवा लेते हैं। कल मॉर्निंग में ही एम आर आई के लिए अपॉइंटमेंट दिलवा देता हूँ। रिपोर्ट मेरे पास आ जाएगी दोपहर तक, फिर आगे का प्लान कर लेंगे।"

हाँ में गर्दन हिलाने के अलावा और विकल्प ही क्या था!

घर आकर आने वाली सुबह की चिंता और डर। उसके बारे में आशा और निराशा के झूले में झूलती बातें और क्या होना था ? नींद तो आँखों से आँख - मिचौली खेल ही रही थी। पर आँख लगी ही थी कि अनु ने सिर पर हाथ फेर "हैप्पी बर्थडे अंशु " कहकर माथा चूम लिया। उसके पीछे बच्चे केक लेकर खड़े थे और मम्मी - पापा ने भी गले लगाकर आशीर्वाद दिया।

बच्चों ने " लव यू पापा " लिखा केक बनवाया था। मन भर आया। केक काटते हुए आँसू भी गालों को छूने लगे। ये छोटे - छोटे पल कितने प्यारे होते हैं। कहीं छूट न जाएँ मुझसे। कितना डर रहा था कल के लिए। जन्मदिन के दिन ज़िंदगी का कितना बड़ा फैसला होने वाला था, जो बातूनी अंशु को गूँगा अंशु बना देगा शायद !!

सुबह नौ बजे वही दोहराते शब्द। कपड़े बदल लीजिए............ इस कमरे में आइए........... और वही दवाई की सुई लगवाकर कुछ देर का डरावना इंतज़ार ! कुछ पल के बाद ही विकराल - भयावह गुफ़ा रूपी मशीन के नीचे लेटा हुआ था। न दिल की धड़कन काबू में थी, न पेट में होने वाला उतार - चढ़ाव।

"रिपोर्ट कब तक आएगी ?" अनु ने पूछा।

"मैडम ! कल शाम तक आएगी। "

"कल तक ?? जल्दी नहीं मिल सकती ?" मैंने पूछा।

"सर ! कल दोपहर तक ऑनलाइन आ जाएगी पर कलेक्ट शाम चार बजे के बाद करना।" नर्स बोली।

और अब मैं खड़ा था एक्स-रे मशीन के सामने। छाती का एक्स-रे वो भी तो कराना था। उसमें तो पेच साफ़ ही दिख रहे थे पर रिपोर्ट शाम को ही आएगी।

टेस्ट कराते ही बस डॉक्टर डबास से मिलने का उतावलापन था। उनकी तरफ खिंच सा गया था मैं।

फिर वही ओ पी डी के बाहर भीड़ का जमावड़ा और डबास सर का इंतज़ार।

"अंशु, करवा ली एम आर आई?"

"जी सर ! पर रिपोर्ट कल शाम तक आएगी। आपके पास शायद पहले आ जाए। " मैंने अपने डर को छिपाते हुए बोला।

"हाँ, मैं देख लूँगा" कहते - कहते फोन मिलाया।

"गुड मॉर्निंग सिस्टर। अभी अंशु भाटिया (सी आर संख्या स्लिप पर पढ़ते हुए) सी आर नंबर 204536 का एम आर आई किया है न। रिपोर्ट कब तक दे दोगे ?"........."ओके रिपोर्ट जल्दी दे देना, अर्जेंट है।" कहकर फोन रख दिया।

फिर माहौल को थोड़ा हल्का करते हुए बोले - "मैम, स्कूल तो बढ़िया है आपका।"

"जी सर ! युवांश (डॉक्टर डबास का बड़ा बेटा) की क्लास टीचर कौन है ?

"मैम, कोई कंप्यूटर टीचर हैं। सच में नाम याद नहीं।" कहते हुए हँस पड़े।

"अंशु कल करते हैं फिर डीसाइड। मॉर्निंग में ही आ जाना। रिलैक्स करो।"

"सर, आज बर्थडे हैं इनका।" अनु मुस्कुराते हुए बोली।

"अरे वाह ! केक नहीं लाए ! हैप्पी बर्थडे ! जाओ, बच्चों के साथ एन्जॉय करो। सब भूल जाओ।" और मेरा हाथ पकड़ लिया।

उस समय मन किया उनके गले लग जाऊँ। उनकी पकड़ में छिपा वो विश्वास और तसल्ली महसूस हो गई थी। सचमुच तीन दिन में कोई इतना अपना कैसे लग सकता हैं?? खिंचाव था उनमें और उनसे मिलने पर सुकून।

जैसे ही उनसे दूर होकर घर पहुँचा फिर वही रिपोर्ट का डर और हलचल। पर बच्चों ने घर सजा रखा था और मम्मी ने खीर बनाई थी। उनके इस स्नेह को अपनी उदासी से मिटाने की हिम्मत नहीं थी। बच्चों के साथ खाया और हँसा भी पर मन का क्या करता। वो किसी अज्ञात आशंका की चपेट में ही था। अनु की दशा भी लगभग मेरे जैसी ही थी पर वो भी बच्चों और मेरे लिए मुस्कुराती जा रही थी।

अगली सुबह से ही कभी फोन पर तो कभी कंप्यूटर पर राजीव गाँधी की साइट पर जाकर बार - बार सी आर संख्या. डालकर रिपोर्ट देखने का

सिलसिला जारी रहा। न कुछ खाने की इच्छा, न किसी से बात करने की बस मन की इन्द्रियाँ और दिमाग की दौड़ एम आर आई की रिपोर्ट तक ही पहुँच जाती थी। एक्स-रे की रिपोर्ट तो ऑनलाइन देख ली जिसमें माइल्ड पैचेस और स्पॉट्स लिखा पढ़ चुके थे। मेरी ज़िद्द पर अनु ने डॉक्टर डबास को फ़ोन किया। उन्होंने फ़ोन नहीं उठाया। भीड़ से घिरे रहने वाले डॉक्टर साहब को फ़ोन उठाने की फुर्सत ही कहाँ होती हैं, ये बात मन जानता था, पर मानता नहीं था।

"अनु, कहीं उन्हें रिपोर्ट पता लग गई हो और बहुत ही ख़राब हो इसलिए न उठा रहे हों !!!"

"अंशु ! कैसी बातें करते हो। वो कितने बिज़ी रहते हैं, देखा तो है तुमने। प्लीज, मत डरो। मैं हूँ तुम्हारे साथ।" और उसने मेरा हाथ थामा और चूम लिया।

चार बज गए और ऑनलाइन रिपोर्ट अब भी नहीं आई। फिर अनु ने अस्पताल के रिसेप्शन पर फोन करके सी आर संख्या. बताते हुए रिपोर्ट की बारे में पूछा। उन्होंने एम आर आई विभाग में कॉल टांस्फर कर दी।

"आ गई है। पर ऑनलाइन तो नहीं आई। ..... अच्छा लेने आएँ। ठीक है आती हूँ। रिपोर्ट ठीक है न।" अनु फ़ोन पर बोले जा रही थी।

"ओके सिस्टर। थैंक यू !"

"क्या बोला? ठीक है रिपोर्ट ??" मेरा पहला प्रश्न हो भी क्या सकता था !!

"अंशु, उसने कहा आपके डॉक्टर बता देंगे, हमें नहीं पता।" और अनु अस्पताल जाने की तैयारी करने लगी।

शब्दों को जैसे किसी ने शंकाओं की रस्सी से बाँध दिया था। वे रस्सी तोड़ना चाहते थे पर हालत ये थी कि रस्सी तोड़ने की भी हिम्मत नहीं हो रही थी।

"मैं चलता हूँ साथ में।" पापा ने कहा।

"नहीं, मैं ले आऊँगी। आप इनके साथ रहो। बस रिपोर्ट ही तो लानी है।" कहकर कैब वाले का फोन उठाते हुए वह निकल गई।

अभी शायद वह अस्पताल के गेट पर ही पहुँची होगी "अनु, ले ली रिपोर्ट ?" मैं फ़ोन पर पूछ रहा था।

"अंशु, अभी तो पहुँची भी नहीं रिपोर्ट कलेक्शन काउंटर पर। मिलेगी तो कॉल कर दूँगी। रिलैक्स रहो यार। प्लीज़!" और उसने फ़ोन काट दिया।

सच बताऊँ तो मन में ऐसे विचार आते थे कि किसी को मेरी हालत कहाँ समझ आएगी। बीत तो मुझ पर रही है, झेल तो मैं रहा हूँ। 'रिलैक्स' कहना कितना आसान है पर करना....... ये क्या जानें !!

पर मैं गलत था जो बीमारी के दौरान मैं बहुत अच्छी तरह से समझ पाया। ख़ैर ....

"रिपोर्ट तो ले ली अनु ने " मैंने बच्चों और मम्मी - पापा को बताया क्योंकि उसका फ़ोन आ गया था। पर उस बंद बड़े कागज़ के लिफ़ाफ़े में परीक्षा -परिणाम क्या है वो कैसे समझती। शायद समझना नहीं चाहती थी !!

"रिपोर्ट लेकर डबास सर के केबिन पर गई थी पर वो किसी सेमिनार की वजह से जा चुके थे। गौरव ने बताया।" अनु बोल ही रही थी कि उसके हाथ से रिपोर्ट पकड़ ली और काँपते हाथों से रिपोर्ट निकाली। उसके साथ मिली तस्वीरें तो समझ से परे थीं। खोलकर पढ़ी और उसे देखकर आज फिर वही मैक्स अस्पताल वाले हाल में था। शायद इसीलिए अनु बार - बार रिपोर्ट को कल डबास सर को ही दिखा लेंगे कहकर रिपोर्ट अलमारी में रख देना चाहती थी क्योंकि उसने अस्पताल में ही पढ़ ली थी और मैं शायद अपने डर में इतना डूबा था कि उसकी आँखों का गीलापन पढ़ ही न पाया जब वो घर में घुसी थी।

साइज तो बढ़ ही चुका था और गले के थोड़े और भागों में भी कैंसर ने अपने छींटे डाल दिए थे।

कमरे में मेरे साथ छह लोग ....पर सन्नाटा इतना गहरा कि उसकी भी आवाज़ सुनाई दे रही थी और साथ ही अंदर उठने वाली चीख की।

शायद सभी फूट - फूट कर रोना चाहते थे पर जानते थे कि मुझे आज दो नहीं, कई बैसाखियों की ज़रूरत है और वो वही लोग हैं।

दो कदम पर खड़ी अनु जैसे ही मेरे करीब आने लगी मैंने उसकी आँखों में देखते हुए कहा, " डबास सर को फ़ोन कर। अभी के अभी।"

"अंशु किया था अभी रास्ते में। पिक नहीं किया। दो बार किया था। "

"फिर कर अभी और बता उन्हें। कर यार !!" छटपटाते हुए मैंने कहा।

अनु फ़ोन मिलाते हुए बाहर जाने लगी।

"यहीं कर बात मेरे सामने। यहीं कर।" मैंने उसे गुस्से से बोला।

"हैलो सर ! इनकी रिपोर्ट आ गई है।........अच्छा आपने देख ली .... सर अब क्या करेंगे ?"............ कल तो संडे है। मंडे नौ बजे .....OPD में ही न सर ?...........ओके सर ! हॉस्पिटल पहुँचकर फोन कर लूँगी। ....थैंक यू सर !!"

"क्या बोले ? कोई होप नहीं है न ?"

"अंशु ! इतना नेगेटिव क्यों होते हो ? उन्होंने मंडे नौ बजे बुलाया है। वो ओ पी डी में नहीं होंगे। ऑपरेशन हैं मंडे को मॉर्निंग से ही उनके। वहीं जाना है ऑपरेशन थिएटर के बाहर। "

"पापा, सर्जरी तो कह ही रहे थे डॉक्टर। हो जाएगी तो कैंसर निकल जाएगा। " कावेरी ने हिम्मत देने की असफल कोशिश की।

"कैंसर निकले या नहीं, आवाज़ तो पक्का निकल जाएगी।" याद नहीं वो मैंने खीझ में बोला या निराशा में।

"बेटा, जान से बढ़कर क्या है? आवाज़ भी तो कह रहे हैं आ जाएगी।" पापा ने प्यार भरा सहारा देते हुए बोला। पर इस समय सभी सहारे भी हताश होकर गिर चुके थे।

पूरी दो रातें कभी अनु का हाथ पकड़ता, कभी छोटे बच्चे - सा लिपट जाता। आँसू कभी एक आँख से ढुलकते, कभी दूसरी आँख से। अनु मेरा सिर सहलाते - सहलाते सो गई और मैं भी नींद की आगोश में चला गया क्योंकि चिंता और सोच का भार मन के साथ - साथ तन को भी शिथिल कर देता है। वही दशा थी मेरी और सिर्फ़ मेरी नहीं अनु की भी ......!

"सर! हॉस्पिटल पहुँच गए हैं हम।" अनु ने डबास सर को फोन पर कहा।

....."अच्छा सर, थर्ड फ्लोर। जी आते हैं। "...

हम लिफ्ट से ऑपरेशन थिएटर वाली मंज़िल पर पहुँच गए।

ऑपरेशन थिएटर के बाहर पहले से ही डॉक्टर डबास से मिलने के लिए पाँच - छह मरीज़ खड़े थे।

उसमें से एक मरीज़ लगभग 55 -60 साल का होगा जिसके गले पर सफ़ेद नेट का बिब - सा बँधा था। उसे देखते ही अनायास मुँह से निकला- "लगता है इसकी भी गले के सर्जरी हुई है अनु।"

जब तक अनु से उसके साथ आए लड़के से कुछ पूछने के लिए कहता, एक पतला - दुबला युवा डॉक्टर जो डबास सर की ओ पी डी में भी दो - तीन बार देखा था बाहर आया और उस मरीज़ से बोला- "जी अंकल, अभी पंद्रह - बीस मिनट में आते हैं सर। वैसे आप ठीक हो न?"

"इनके गले से बहुत ही म्यूकस निकल रहा हैं आजकल " उनके साथ आए लड़के ने कहा।

जो थोड़ी बहुत हिम्मत लेकर खड़ा था वो भी उस समय ऐसा लगा कि बस पूरी तरह धराशायी हो गई, जब उस डॉक्टर ने बिब उठाकर देखा।

"अंशु, अभी लगता हैं सर को टाइम लगेगा। वो सर्जरी कर रहे हैं। 15 - 20 मिनट तक आते हैं यहाँ। चलो थोड़ा आगे चलकर बैठते हैं।" अनु शायद मेरी निग़ाहें ही पढ़ रही थी इसलिए ध्यान हटाते हुए बोली।

गले के बीचोंबीच एक होल, एक गोला। शायद दस- पंद्रह सेकंड ही हटाया होगा बिब, पर मैंने उस दस- पंद्रह सेकंड में जो देखा उसने दस- पंद्रह चाकुओं के वार जैसा मन को ज़ख्मी कर दिया। मैं भी ऐसा हो जाऊँगा क्या सर्जरी के बाद ....नहीं ??????.......

इतने में गौरव भी अंदर से आ निकला।

' सर अभी आ रहे हैं, आप पाँच - दस मिनट वेट करो। उन्होंने आपको मैसेज देने के लिए कहा है।" क्योंकि शायद अनु ने उन्हें हमारे वहाँ होने का मैसेज कर दिया था।

पर मेरी हालत ये थी कि एक पल भी रुकना गवारा नहीं था, बस कोई यहाँ से बाहर ले जाए। मुझे नहीं मिलना उनसे।

"अनु, सर्जरी जरूरी है क्या? कही और दिखा लें। शायद कुछ और हो पाए। मेरा दिल घबरा रहा है।"

"अंशु, डबास सर से मिल तो लें। देखते है क्या कहते हैं। आओ, बैठते हैं, मैं थक गई हूँ। "

वो थकी नहीं थी। मेरे जितनी ही बेचैन और घबराई हुई थी। पर ये मुझे कैसे जताती ?? उसकी ये दशा मुझे तब नहीं पर कुछ समय बाद समझ आई क्योंकि मैं तो अपनी ही मनोदशा सँभाल नहीं पा रहा था तो उसकी क्या समझता।

मैं बेंच पर ऑपरेशन थिएटर से लगभग 20 कदम की दूरी पर बैठा था। अनु उठकर यह देखने गई कि डबास सर आए हैं या नहीं और तभी डबास सर नीले रंग की सर्जरी की पोशाक में बाहर निकले।

अनु ने इशारा करके बुलाया। हम से पहले आए दो मरीज़ देखने में सर को बीस - पच्चीस मिनट लगे।

"अंशु ! रिपोर्ट देख ली है। अब सर्जरी में बिल्कुल देरी नहीं कर सकते। "

"सर, बहुत बुरी सिचवेशन हैं क्या? बच जाऊँगा या नहीं?"

पता नहीं इतनी खतरनाक बीमारी का इलाज करने वाला इतना मुस्कुरा कैसे सकता है ? डॉक्टर डबास के चेहरे पर सदा मुस्कान रहती थी और अब भी थी।

"बच जाओगे। पर सर्जरी प्रायोरिटी है। नो डिले। "

"आवाज़ के बचने का कोई चांस ??" मेरा वही दोहराता सवाल।

"अंशु, हम सर्जरी के साथ ही डिवाइस के लिए जगह बना देंगे। तुम बोल पाओगे। पर पहले ज़िंदगी, फिर आवाज़। चिंता मत करो। "

"सर बता दीजिए सर्जरी की डेट।" अनु के कहते ही सर ने एकदम पूछा- "कोई इंशोरेंस है ?"

जी सर, पाँच लाख की है। पर कैशलेस नहीं है। कितने लग जाएँगे?" मैंने कहा क्योंकि हमेशा बेफिक्री से, मस्ती करते हुए जीवन जिया है। 'बैंक बैलेंस होना चाहिए' वाली सोच ही नहीं थी या सच कहूँ तो बैंक बैलेंस जितना कभी था ही नहीं। तीन बच्चों की पढाई और ट्यूशंस, घर के खर्चे और साथ में वर्तमान में जीने वाला मेरा स्वभाव, तो कैसे होता बैंक बैलेंस!!

"सर वो हो जाएगा। आप डेट बताइए।" अनु ने एकदम ऐसे कहा जैसे वो पहले से ही इंतज़ाम कर चुकी है।

"कल एक जाँच करेंगे नीडल से और एंडोस्कोपी भी। 13 अगस्त को कर लेते हैं। ठीक हैं ?"

"जी सर बिल्कुल। कितने का इंतज़ाम करूँ सर ? "अनु ने पूछा।

चार तक मान कर चलो। बाकि जो करा पाऊँगा मैं करवा दूँगा मैम। "

"सर कितने बजे आएँ कल ?"

"मैम, 9 तक आ जाना। "

"जी ! "

डबास सर फिर ऑपरेशन थिएटर में जाने के लिए खड़े हो गए। खड़े होते ही उन्होंने मेरे कंधे पर हाथ रखकर दबाते हुए कहा, "ठीक हो जाओगे अंशु। ज़्यादा सोचना मत। मैं हूँ। "

सच में उनका वो पॉजिटिव चेहरा, वो अपनापन, मन किया एक बार गले लग जाऊँ। बहुत ही सुकून था उनके ओहरे में।

मेरी उलझन कुछ और थी, अनु की कुछ और। मैं सर्जरी से डर रहा था और उसे मेरी जान का डर था। उसे मेरी सर्जरी जल्द से जल्द करानी थी।

उसने घर आकर सबसे पहले किशोर को ग्वालियर फ़ोन किया क्योंकि वो रोज़ फ़ोन करके पूछता था। *कुछ रिश्ते खून के न होकर भी बहुत गहरे हो जाते हैं।*

"भैया मैं कर लूँगी। बस बताना था आपको।....ठीक हैं 12 शाम को.....अरे भैया .....चार लाख तक........ भैया ......ठीक हैं भैया .... हाँ, ये ठीक हैं.....ओके भैया।" अनु ने ये सब बातें कर फ़ोन रख दिया।

' मम्मी - पापा, बच्चे सब साथ आकर बैठे। मेरी हालत समझते थे वो, पर सच बताऊँ जब इंसान इस दौर से गुज़र रहा होता है तो उसे लगता है कि कोई भी उसकी परिस्थिति नहीं समझ रहा। पर वास्तव में ऐसा होता नहीं। घर वाले भी पल - पल, तिल - तिल मर रहे होते हैं। इसका अहसास होता हैं पर ज़रा देर में जाकर।

"अनु, इतना पैसा लगेगा और आवाज़ भी चली जाएगी। "

"अंशु, तुम्हारी जान के आगे कुछ नहीं। मैं तुम्हारे बिना नहीं रह सकती। तुम्हें मेरे लिए जीना है। आवाज़ भी डॉक्टर कह रहे हैं आ जाएगी। मैं हूँ न तुम्हारी आवाज़। गले लग गई पर इस बार आँसुओं को छिपा न सकी। "आई लव यू अंशु !"

मैंने उसे कसकर लिपटा लिया और खुद टूट गया।

अगले दिन फिर वही अस्पताल का एक नया विभाग ... उफ्फ्फ!! नीडल से मेरा नमूना लिया गया। एंडोस्कोपी हुई जिसे मैं पहले भी कई बार झेल चुका था। दहशत थी उससे, पर क्या हो सकता था !!

"सर, पहले भी कितनी बार एंडोस्कोपी हुई पर उसमें कुछ नहीं आया था। तभी तो पता ही नहीं चल पाया।" मैंने कहा।

"एक्चुअली अंशु, जिन्होंने पहले एंडोस्कोपी की वो भी इतने गलत नहीं थे क्योंकि तुम्हारा ट्यूमर इतना साइड पर जाकर है कि एंडोस्कोपी में आ ही नहीं पाता। "

कहते हैं न जब समय गलत चल रहा हो तो तारे भी दिशा बदल लेते हैं। किस्मत ही ख़राब थी इसलिए फरवरी से मई तक तीन-चार एंडोस्कोपी कराई थीं जब आवाज़ में भारीपन लगा था और कई दिनों तक स्पीच थेरेपी भी करा ली थी। आवाज़ में भारीपन के अलावा कुछ भी तो असामान्य नहीं था शरीर में। 3 मई को जब अनु स्कूल के बच्चों के साथ दो दिन के स्काउट्स एंड गाइड ट्रिप पर हस्तिनापुर गई तो मैं भी कबीर और मामाजी के परिवार के साथ

'हाथु पीक'(हिमाचल) जैसी कठिन चढ़ाई पर चला गया था और सबसे पहले मैं ही उस चोटी पर पहुँचा था। कोई सोच भी नहीं सकता था कि कैंसर की लास्ट स्टेज वाला अंशु ये चढ़ाई कर रहा हैं। अंशु ही कहाँ जानता था......???

26 मई को लास्ट स्टेज कैंसर की रिपोर्ट हाथ में थी। किस्मत बहुत बलवान होती है, ये मानता नहीं था पर *समय जब पलटता है तो बड़े बड़ों को झुका देता है,* फिर मेरी तो बिसात ही क्या थी।!!!

उधर अनु स्वाभिमान का दामन पकड़े पैसों के जुगाड़ में लगी थी। 'स्वाभिमान' मैंने इसलिए कहा क्योंकि मैं उसे अच्छी तरह जानता हूँ। वो दूरदर्शिता के साथ सोचती है। *किसी भी परिस्थिति में इतने कमज़ोर मत बनो कि अहसान का बोझ ताउम्र खड़ा ही न होने दे !!* मेरे लिए वो सबकुछ कर सकती है पर ये भी जानती है कि किससे, कहाँ और कब कहना है।

स्कूल में तो प्रिंसिपल मैम को सारी परिस्थितियाँ लगभग रोज़ ही पता चल रही थीं क्योंकि अकसर उनका या स्कूल से किसी न किसी का फ़ोन आता ही था या अनु करती।

मैम ने अनु को समीर नागपाल जो स्कूल की एक छात्रा के पापा हैं और राजीव गाँधी अस्पताल के प्रशासनिक विभाग में हैं, उनका फ़ोन नंबर दिया। "रूम अलॉटमेंट, बिलिंग वगैहर में उनका कंट्रोल हैं, कोई हेल्प चाहिए हो तो ले लेना। मैं उनको कॉल कर दूँगी।" मैम ने अनु को फ़ोन पर बताया। सच में क्या दुनिया इतनी छोटी होती है। अनु के स्कूल से जुड़े इतने लोग एक ही जगह पर......

डॉक्टर शुभ्रा तो मेरे पल - पल की रिपोर्ट जानती थीं क्योंकि या तो अस्पताल मिल जाती थीं या फ़ोन पर बात हो जाती थी।

सर्जरी में तीन दिन बचे थे। अनु ने कमरे के लिए समीर सर को फ़ोन किया। उन्होंने ऐसे बात की जैसे रोज़ ही बात होती हो। आपकी ईमानदारी और समर्पण कभी व्यर्थ नहीं जाता। अनु अपने स्कूल के लिए सदा से ही बहुत ईमानदार और कर्मठ रही है शायद इसलिए उसे हर ओर से साथ मिल रहा था।

"मैम आप चिंता ही मत कीजिए। रूम हो जाएगा। और फ्राइडे शाम को एडमिट कराना है तो सेमी सिंगल रूम करवा दूँगा।"

उधर अनु ने सोनू (भाई से भी बढ़कर) से पैसों की भी तसल्ली कर ली थी। (उससे जुड़े परिवार और रिश्ते के बारे में आगे विस्तार से बताऊँगा)

बुधवार शाम मैंने अनु का हाथ पकड़ा और कहा, "चल, गाड़ी में घूमने चलेंगे।"

"अंशु, मत चलाओ न गाड़ी। क्या हो गया है ?"

"मैं बिल्कुल ठीक हूँ, अपाहिज नहीं हूँ जो चला नहीं सकता। चल रही है या मैं अकेला जाऊँ?" मैंने गुस्से से बोला।

"चलो !!"

गाड़ी जैसे ही सोसाइटी के गेट की बाहर निकली अनु ने मेरे हाथ पर हाथ रख दिया और मेरे कंधे पर सिर।

"क्या हुआ अंशु ?" धीरे से बोली।

"मुझे डर लग रहा है, मुझे जीना है तेरे साथ। तुझे हमेशा अनु बुलाना है। कबीरू, निक्की - गिन्नी। सब ख़त्म हो जाएगा तीन दिन में क्या?"

उसने मेरे गालों को चूम लिया।

"सुनो ! गाड़ी रोक लो कही साइड पर। "

शायद वो जानती थी कि मैं भरा हुआ हूँ और रोना चाहता हूँ। और यही सच भी था।

गाड़ी रोकते ही मैं एक छोटे बच्चे की तरह रोने लगा जो मैं घर में बच्चों की सामने नहीं कर सकता था। कबीर सहम जाता, वैसे ही बच्चे सहमे हुए हैं।

गाड़ी में वो जितना मुझे गले लगा सकती थी उसने लगा लिया।

"अंशु, कुछ ख़त्म नहीं होगा। कैंसर निकल जाएगा सर्जरी से। कुछ टाइम के लिए आवाज़ नहीं होगी, पर फिर तो आर्टिफिशयल डिवाइस लग ही जाएगा।"

"पर मैं ही क्यों यार ?? मुझे तेरे साथ लाइफ एन्जॉय करनी थी। वर्ल्ड टूर पर जाना था। कबीर को मैथ्स पढ़ाना है। हज़ारों बच्चे पढ़ाए और अब कबीर का टाइम आया तो आवाज़ नहीं होगी।" मेरे आँसू थम ही नहीं रहे थे।

"अंशु, तुम ये सब करोगे। कैंसर निकल जाएगा तो खूब घूमेंगे। तुम ही पढ़ाओगे कबीर को। डॉक्टर डबास कह रहे हैं न और तुमने आवाज़ सुनी भी थी। फिर क्यों घबराते हो ? मैं तुम्हें कुछ नहीं होने दूँगी।" उसने मेरे हाथ चूम लिए।

थोड़ी देर उसके कंधे पर सिर रखकर सच में सुकून मिला और उसके हाथों की उस मज़बूत पकड़ से मुझे बचा लेने का विश्वास दिया। और क्या पता सर्जरी के बाद सच में नार्मल हो जाए सब?!!

धीरे - धीरे गाड़ी चलाकर, अनु का सिर अपने कंधे पर रखकर और अपने प्रेमी युगल वाले दिनों की बातें, सच्चे प्यार के जुनून और एक - दूजे की चाहत में कुछ भी कर गुज़रने वाली शिद्दत को याद करते हुए घर आ गए। सच में मोहब्बत भी तो पागलपन की हद तक की थी ....अहा .....लव मैरिज थी हमारी। और आज भी वही पागलपन और शिद्दत है हमारे रिश्ते में, तभी तो दोनों का ये हाल है।

समंदर शांत तो होता हैं पर लहरों का उफ़ान आता - जाता रहता है, वही हालात मेरे थे। कभी अनु, कभी बच्चे, कभी मम्मी - पापा की बातें मन को शांत कर देतीं पर डर, घबराहट, बेचैनी की लहरें उठती रहतीं। कुछ लहरें इतनी तेज़ होतीं कि मुझे पूरी तरह भिगो जातीं। ऐसी ही एक लहर की चपेट में फिर आ गया और बहता हुआ डबास सर के पास पहुँच गया।

"सर प्लीज़ बचा लो। मुझे जीना है। कबीर को 12th करानी है। आवाज़ चली जाएगी। कैसे जीऊँगा ? क्या होगा मेरे काम का? अनु फँस जाएगी बुरी तरह।" एक ही साँस में सर को इतनी बातें बोल गया।

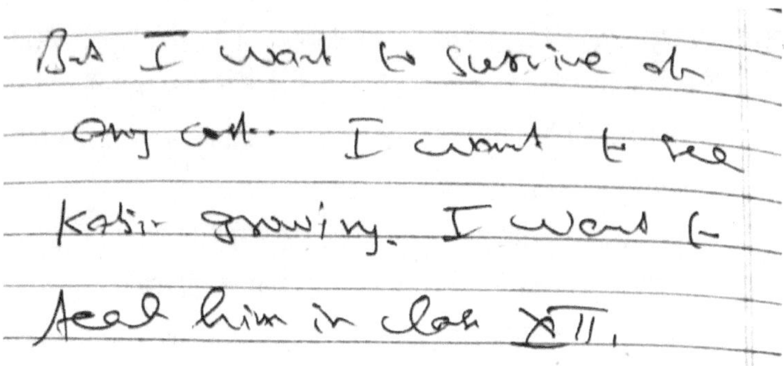

But I want to survive at any cost. I want to see Kabir growing. I want to teach him in class XII.

"अंशु !" अनु के बोलते ही डॉक्टर डबास ने हाथ के इशारे से उसे रोकते हुए कहा कि इसे बोलने दो।

"अंशु ! आवाज़ तो जाएगी ये पक्का है पर आ भी जाएगी ये भी पक्का है। तुम सब कर पाओगे। मैंने अभी एक साल पहले ही तुम्हारी उम्र के आदमी का ऐसा ही केस किया है ऑपरेट। मैं तुम्हें उसका फोन नंबर देता हूँ। जाओ मिल आओ उससे। देखो कितना नार्मल है। फिर भी कोई डाउट हो तो आ जाना फिर मेरे पास। आज ही मिलकर आओ। "

अपनी आँखों से देखने और फ़ोन पर सुनने में बहुत फ़र्क होता है। मुझे सँभालने का इससे सही उपाय डॉक्टर साहब के पास और कुछ नहीं था। अब वो जान चुके थे कि उनके शब्द नहीं बल्कि मेरी आँखें ही मुझे शांत कर सकती हैं।

फोन पर बात करने के बाद मॉडल टाउन की गलियों में पता पूछते - पूछते आखिर मिस्टर नीर मैत्री की नेम प्लेट वाले घर की घंटी बजा ही दी। एक 20 -21 वर्ष की लड़की दरवाज़ा खोलने नीचे आई। हमें नमस्ते की और हम उसके पीछे - पीछे सीढ़ियाँ चढ़ते हुए पहली मंज़िल पर पहुँच गए। वह नीर मैत्री की बेटी थी। उसने हमें सोफे पर सम्मानपूर्वक बिठाया और 'मम्मी' कहकर आवाज़ लगाई। मिसेस मैत्री ने बहुत अपनेपन से नमस्ते किया और आम बातचीत करने लगी। पर मेरी आँखें तो किसी और को ही ढूँढ रही थीं, वो मरीज़ जो सर्जरी के बाद भी बोल सकता है 'नीर मैत्री '। इतने में जींस और नीली सी टी - शर्ट में एक आदमी दूसरे कमरे से निकला। गले पर रुमाल बँधा हुआ था। हमें समझते देर न लगी कि यही हैं नीर मैत्री।

"आपको कब पता चला कैंसर का ?" मिसेस मैत्री ने पूछा।

"मई आखिर में। पहले तो कुछ था ही नहीं। एकदम ही बस।" अनु बोली।

"ये ऐसे ही होता है, एकदम ही पता चलता है। भाई साहब, आप सिगरेट - गुटका वगैहर खाते थे क्या ?"

"नहीं भाभीजी। मैंने तो कभी छुआ ही नहीं ये सब। फिर भी पता नहीं कैसे ??" मैंने बोला।

"आपको क्या हुआ था ? कैसे पता चला ? मैंने मैत्री साहब की तरफ रुख करके पूछा। सच बताऊँ तो उनकी आवाज़ सुनने की बेसब्री थी। उन्होंने एकदम गले के बीचोंबीच अँगूठा रखा "जी, हो गए डेढ़ साल। गले का था। मैं तो बहुत सिगरेट पीता था और गुटका भी। "

उनकी आवाज़ सामान्य नहीं थी पर साफ़ थी। पर एक पल को मन बैठ गया था। फिर हिम्मत करके पूछा, "अब लाइफ नार्मल तो नहीं रही होगी ? काम - धंधा ये सब कैसे कर पाते हैं ?"

"अरे भाई साहब ! ये करते हैं काम अपना। शुरू में कुछ टाइम दिक्कत थी सच बताऊँ तो शर्म आती थी, काम्प्लेक्स आ गया था। मेरी गवर्नमेंट स्कूल में जॉब है तो चल गया। पर अब तो आराम से सब करते हैं। समय के साथ - साथ ढल गए इसी में। आवाज़ क्या है? हमें तो इनकी ज़िंदगी चाहिए थी, आवाज़ न भी आती तो भी जी लेते।" उनकी पत्नी बोली।

"मैं भी यही कहती हूँ ज़िंदगी चाहिए, आवाज़ भी आ ही जाएगी। डॉक्टर डबास कह रहे हैं, इसलिए ही यहाँ भेजा है ताकि ये खुद तसल्ली कर लें।" अनु बोली।

"मुझे तो आवाज़ नहीं चाहिए थी। आवाज़ आ गई बहुत अच्छा, पर तब तो बस ज़िंदगी बच जाए यही था। नीर मैत्री बोले।

"भाई साहब ! इनकी आवाज़ आना तो मुश्किल भी था और ऑपरेशन भी सक्सेसफुल होगा डाउट था क्योंकि सिगरेट -गुटका लेते थे बहुत लंबे टाइम से।" मिसेस मैत्री बोलीं।

"आपको क्या कह रहे हैं डॉक्टर साहब ?" नीर जी ने पूछा।

"वो तो श्योर हैं कि सर्जरी करके कैंसर निकल जाएगा। फिर आवाज़ भी आ जाएगी। " अनु ने जवाब दिया।

"आपने कोई और इलाज ट्राय नहीं किया ?" मैंने पूछा।

"सर ! इलाज है तो ऐलोपैथी में ही है। बाकि सब बकवास है। मैंने सब किया। एक वैद्य जी के चक्कर में पड़ गया था। उन्होंने कहा बिल्कुल ठीक कर देंगे। पर बढ़वा दिया मेरी बीमारी को।" बोलते - बोलते मैत्री जी को खाँसी आ गई।

पानी के दो घूँट पिए।

"बस यही है लंबा नहीं बोल पाते। थोड़ा रुकना पड़ता है बीच -बीच में।" उनकी पत्नी बोली।

"भाई साहब ऐसे रुमाल ही बाँधते हैं गले पर ? इसका एक बिब सा आता है न शायद ?" मेरे पूछते ही मैत्री साहब ने बोला," मैं नहीं लगाता। स्मार्ट बनकर रहता हूँ। बीच - बीच में ऐसे ही मॉस्चराइज़ कर लेता हूँ। "

"इन्होंने बढ़िया मफलर - स्कार्फ़ ले रखे हैं। पता भी नहीं चलता। बस हाथ रखकर बोलना पड़ता हैं।" मिसेस मैत्री बोलीं।

"आपकी सर्जरी कब कही है ?" मैत्री जी ने पूछा।

परसों शाम एडमिट होना है। सर्जरी सैटरडे होगी मॉर्निंग में। "

"करवा लो भाई साहब। सब ठीक हो जाएगा। हम भी बहुत घबराते थे। पर ज़िंदगी सर्जरी ने ही बचाई।" उनकी पत्नी बोली।

"खाना - पीना, ड्राइव, घूमना - फिरना सब नार्मल हो पाएगा फिर ?" मैं अपने डर को रोक नहीं पा रहा था।

"अभी होकर आए हैं मसूरी। ज़्यादा स्पाइसी नहीं खा पाता पर नार्मल है। ड्राइव भी करता हूँ। बस ड्राइव करते हुए बोल नहीं पाता। फोन नहीं उठाता। पर ये सब तो छोटी बातें हैं।" नीर मैत्री बोले।

"भाई साहब जीवन है तो सब है। ये सब तो मैनेज हो जाता है। आप ज़्यादा सोचो मत, करवा लो सर्जरी। बिल्कुल ठीक हो जाओगे।" मिसेस मैत्री बोलीं।

दोनों पति - पत्नी बहुत पॉजिटिव थे। उन्होंने हालात से समझौता कर लिया था।

"घबराओ नहीं जी। मैं नार्मल जी रहा हूँ। आप भी जियोगे। हम कुछ समय में ही अपने को इसी में ढाल लेते हैं। चेकअप कराने जाना पड़ता हैं कुछ महीनो में। हमारी ज़िंदगी बहुत ज़रूरी होती हैं बीवी- बच्चो के लिए।" कहते - कहते मेरा हाथ थाम लिया।

उन्होंने ऑपरेशन के बाद अस्पताल मिलने आने का वादा किया और हम वहाँ से निकल आए।

"एक ओर उनसे मिलकर मन कुछ शांत था पर किसी एक कोने में अशांत और आशंकित भी।

"अनु !ठीक ही बोल रहा था वैसे वो। आवाज़ भी बुरी तो नहीं आ रही थी।"

"अंशु, बोल तो रहे थे वो और सबसे बड़ी बात बीवी- बेटी के साथ हैं। लाइफ इज़ वैरी - वैरी इम्पोर्टेन्ट। अपने से ज़्यादा परिवार के लिए।" उसके ये बोलते हुए उसकी आँखों में नमी साफ़ दिख रही थी।

"मैं ठीक हो जाऊँगा न पक्का ?? कुछ साल तो मिल जाएँगे न ?" मेरे ये बोलते ही अनु ने अपना सिर मेरे कंधे पर रख दिया और प्यार भरे हाथ से मेरा हाथ पकड़ लिया।

"मुझे तुम चाहिए हो बस !!" अनु के इन चार शब्दों ने मेरी आँखें भी नम कर दीं।

आज घर में आखिरी रात थी। कल शाम एडमिट होना था। फिर अस्पताल का भयानक नक्शा सामने आ गया। बच्चों को बुलाया। अनु अस्पताल जाने के लिए ज़रूरी सामान, कपड़े रख रही थी।

"हाँ जी पापा !" कबीर बोला।

तीनों बच्चे सामने आकर बैठ गए।

"कल चला जाऊँगा हॉस्पिटल और परसों आवाज़ चली जाएगी। भूल जाओगे न कुछ दिनों में पापा की आवाज़ कैसी थी ? रिकॉर्ड कर लो। अब तो पापा गूँगे होकर ही वापिस आएँगे, यदि आए तो..........."

"पापा ऐसा क्यों कहते हो ?" तीनों बच्चे लगभग एक साथ ही बोले।

"आ जाएगी न आपकी आवाज़ डॉक्टर कह तो रहे हैं।" गिन्नी बोली।

"पर वो तो नहीं होगी ओरिजिनल वाली !!!! " मैंने बड़ी निराशा की साथ बोला।

"पर पापा अब से तो अच्छी ही होगी। अब तो आपकी आवाज़ देखो कितनी मोटी हो गई है और साफ़ भी नहीं है। बोलने में भी कितनी तकलीफ़ है। इससे तो कितनी क्लियर होगी।" निक्की ने समझाते हुए कहा।

"हाँ बेटा ! आवाज़ तो बदल गई है। बोलते हुए ज़ोर भी बहुत पड़ता है।"

"सर्जरी के बाद ये सब ठीक हो जाएगा।" अनु ने बैग में कपड़े रखते हुए बोला।

"हाँ यार ! पर इसे ही रिकॉर्ड कर लो। करो न। चलो एक गाना गाता हूँ। "

मेरे कहते ही निक्की ने एकदम अपने फ़ोन का रिकॉर्डर मेरी आवाज़ रिकॉर्ड करने के लिए चालू कर दिया।

"चल वो गाता हूँ जो तेरी मम्मी के लिए गाया करता था। "

"तेरी आँखों के सिवा दुनिया में रखा क्या है,
तेरी आँखों के सिवा दुनिया में रखा क्या है,
ये उठें सुबह चले, ये उठें शाम ढले,
मेरा जीना मेरा मरना इन्हीं पलकों के तले,
तेरी आँखों के सिवा..............................(तेज़ खाँसी आ गई) ऐसा लगा जैसे साँस रुक रही हो।

गिन्नी ने फटाफट पानी दिया।

"अंशु, कम बोलो यार। दिक्कत होती है बोलने में।"

"अब तो कम नहीं, बोलना ही खत्म होने वाला है" अनु की तरफ लाचारी से देखते हुए बोला।

"अनु, सर्जरी में मुझे कुछ हो गया तो बच्चे सँभाल लेगी न?"

"अंशु, क्या बोलते हो !!" खीझ में बोली पर था वो प्यार।

रिकॉर्डर में सब कैद हो गया क्योंकि खाँसी आने के कारण निक्की रिकॉर्डर बंद करना भूल गई थी।

जिस प्रकार सैनिक का सरहद पर जाना तय होता है पर वहाँ से लौटकर आएगा ..... इसमें सदा 'शायद ' जुड़ा रहता है, आज मेरी हालत वैसी ही थी। शाम को अस्पताल जाना तय था पर फिर इस घर में लौट पाऊँगा, यह 'शायद' ही था। मन में तो विचारों का महायुद्ध चल रहा था पर ज़ुबाँ, बेज़ुबाँ थी। आवाज़ जाने से पहले ही हालातों ने आवाज़ छीन ली थी।

शाम चार - पाँच बजे किशोर भी ग्वालियर से पहुँच गया। हमें आठ बजे तक दाखिल होना था। समीर सर ने रूम का इंतज़ाम कर दिया था।

अनु ने मेरी पसंद की अरहर की दाल और चावल बनाए पर कुछ खाने का मन नहीं हुआ। पेट में उठते हुए डर के तूफ़ान ने भूख को निगल लिया था। पर अनु और बच्चों के प्यार से कहने पर मैंने थोड़ा सा खा ही लिया। वैसे भी क्या पता था कि कल के बाद कभी अनु के हाथों का खाना नसीब भी होगा या नहीं.......बहुत उम्दा कुक है मेरी अनु। उफ्फ्फफ्फ्फ़...........

सात बजे सोनू (अभिषेक सिंघानिया) भी पहुँच गया। ये सिंघानिया परिवार न खून का रिश्ता, न दूर की रिश्तेदारी, पर कुछ संबंध इन सब से बहुत परे होते हैं। अनु ने बारहवीं के पेपर दिए ही थे कि इसके छोटे भाई जीतू (अभिजीत सिंघानिया) को डीपीएस स्कूल में एडमिशन के लिए इंटरव्यू के लिए ट्यूशन दी। वो शायद एक महीना भी मुश्किल से ही दी पर उसी दौरान मंजू भाभीजी (सोनू -जीतू की मम्मी) से उसकी इतनी गहरी दोस्ती हो गई कि उम्र की इतनी दूरी भी उनकी दोस्ती में रूकावट न बन सकी। फिर हमारी शादी की बाद मेरा भी भाभीजी और सिंघानिया भाई साहब (सोनू -जीतू के पापा) से ऐसा रिश्ता जुड़ गया कि याद नहीं कि जितने साल तिमारपुर रहे कोई शाम साथ न बिताई हो। पच्चीस साल पुराना रिश्ता, सोनू की शादी के बाद दीप्ति (सोनू की पत्नी)

से भी उतना ही गहरा हो गया। सिंघानिया भाई साहब और मंजू भाभीजी के लिए अनु -सोनू- जीतू एक से ही हैं। अनु ने प्यार भी उन जितना ही पाया और डाँट भी उन जितनी ही खाई और यहाँ तक की मैंने भी। पर *प्यार और अपनापन अहसास है, रिश्तों का मोहताज़ नहीं।*

साढ़े सात बजे हम सब सोनू की गाड़ी में बैठकर राजीव गाँधी पहुँचे। रिसेप्शन पर ही समीर सर मिल गए। अनु, सोनू और समीर सर के साथ बिल्लिंग एरिया में चली गई और किशोर मेरे पास था। बच्चों की ज़िद्द पर भी उन्हें नहीं लाए, शायद यही सही था। कमरे में एक ही अटेंडेंट रुक सकता था और मेरे साथ वैसे ही तीन लोग थे। सुबह की सर्जरी के लिए कुछ पैसे तो जमा कराने ही थे। वो कराए और एक सेमी प्राइवेट रूम में दाखिल हो गए।

"आपने ऐसे केसिस ठीक होते देखे हैं?" मैंने समीर सर की ओर रुख करते हुए कहा।

"सर, कितने केसिस होते हैं। डॉक्टर डबास बहुत बढ़िया डॉक्टर हैं। आप फ़िक्र मत करो। बस कैंसर निकलना ज़रूरी है। वो सर्जरी से निकल जाएगा। सर, मत सोचो इतना। "

उनके लिए कहना आसान था। उनके लिए क्या सभी के लिए। पर मैं, जो कल सुबह एक पूरे व्यक्ति से अपाहिज - अधूरा व्यक्ति हो जाऊँगा..... गूँगापन भी तो अपाहिजता ही है। ये कैसे समझाता किसी को भी कि इस समय क्या गुज़र रही है मुझ पर !!!!

इतने में नर्स बी पी और बुखार जाँचने आ गई।

किशोर ने माहौल को हल्का करने के लिए नर्स के जाते हुए कोई हँसी का तीर छोड़ा पर उसका असर मेरे मन पर बिल्कुल न हुआ क्योंकि मन तो सहमा था पर हाँ ऊपरी होंठ थोड़े खिल गए या कहो कि खिलाने पड़े।

सोनू घर जाते हुए किशोर को हमारे घर छोड़ देगा इसलिए किशोर भी चला गया। तब अनु मेरे करीब मेरे पलंग पर ही आकर बैठ गई और मेरा हाथ पकड़ अपने गालों के पास ले गई और उसे चूम लिया।

"तुम ठीक हो जाओगे बिल्कुल। मैं तुम्हें कुछ नहीं होने दूँगी। "

उस समय मन किया बस 'अनु अनु अनु .....' बोलता जाऊँ। पता नहीं अब कभी ये मौका आए या नहीं।

तभी डॉक्टर डबास की टीम के दो डॉक्टर आ गए।

"कैसे है मिस्टर भाटिया ?" नर्स को कुछ दवाइयाँ देने की हिदायत दी।

"सर, डर लग रहा है।" जानते हुए भी कि इसका जवाब वो क्या देंगे, फिर भी मुँह से अनायास ही निकल गया।

"डोंट वरी, सर्जरी हो जाएगी। यू विल बी फाइन।" कंधे पर हाथ रखकर एक डॉक्टर ने बोला।

"साढ़े सात बजे ऑपरेशन थिएटर में ले जाएँगे। आराम से सो जाइए। रेस्ट दो दिमाग को। "

रेस्ट असंभव था पर नर्स की दी दवाइयों ने गहरी नींद देकर उसे संभव कर दिया।

कितना तड़प रहे थे ये जीने के लिए। उनके अंदर की तकलीफ़, खौफ़, दुःख को मुझसे ज़्यादा कौन समझ सकता है। पल - पल उनके हर भाव के साथ मैं रही हूँ, उनकी हर तकलीफ़ को अनुभव किया है, उनके हर आँसू को अपनी आँखों में पाया है, उनकी हर सोच को अपने दिमाग में घूमते देखा है। इसी कारण जहाँ उनके हाथों से लेखनी छूटी वहाँ से मैंने उसे थाम लिया, उनकी छटपटाहट को मैंने अपनी छटपटाहट बना कर शब्द दे दिए और इसलिए आगे की भावनाएँ हम दोनों की हैं पर शब्द मेरे हैं। अर्धांगिनी हूँ तो उनके इस सफर में उन्हें कैसे अकेला छोड़ दूँ, कैसे उनकी कहानी अधूरी रहने दूँ !!

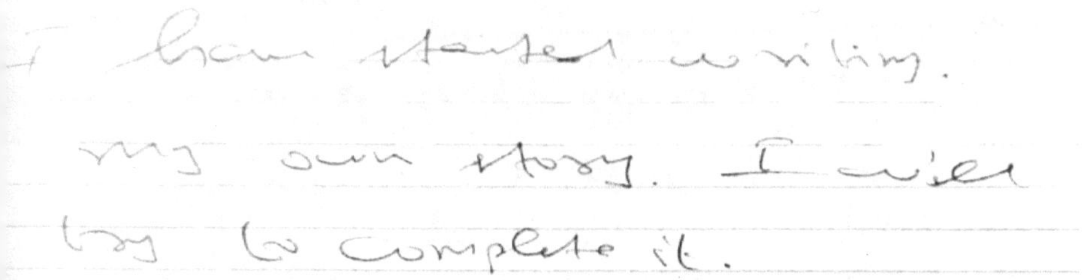
I have started writing. my own story. I will try to complete it.

I have started writing, my own story. I will try to complete it.

Happy

तीसरा पड़ाव
(चुनौतियों और भावों का ताना-बाना)

और फिर अगली सुबह। थी तो सुबह पर भयंकर काली रात जैसी डरावनी। अंशु का वो चेहरा जो उस बच्चे की तरह था जो अपने सामने किसी भयानक शक्ल को देखकर सहम जाता है। उसकी हालत वैसी ही थी जब सुबह छह बजे ही अस्पताल का नाई सर्जरी के लिए उनकी छाती के बाल साफ़ करने आया।

स्ट्रेचर कमरे के बाहर आ गया था। बच्चे, मम्मी - पापा, किशोर, अंशु के मामा -मामीजी, अनुराग भैया, दोस्त सब वहीं थे पर अंशु ने कसकर मेरा हाथ पकड़ा हुआ था। जानती थी कि अंशु के मन में ऑपरेशन थिएटर से वापिस न आने का डर उनकी उस पकड़ में छिपा था।

फिर कबीर को अपने पास बुलाकर बोले," एक बार बोल दे 'पापा'।"

कबीर के 'पापा ' बोलते ही कहा, "मुझसे प्यार करता है न? आई लव यू।"

निक्की - गिन्नी भी आगे आए और अंशु से लिपट गए।

"पापा, आल द बेस्ट। आप बिल्कुल ठीक हो जाओगे।" गिन्नी बोली।

"आप बहुत ब्रेव हो। वुई लव यू।" कावेरी ने मुस्कुराते हुए कहा।

पर अंशु कुछ नहीं बोले। हम चारों को ही देखे जा रहे थे। अपनों से दूर जाने का डर समझ रही थी। हमारी भी हालत वही थी, पर हमें तो उनकी हिम्मत बनना था बस।

अंशु को स्ट्रेचर पर लेटाकर ऑपरेशन थिएटर की मंज़िल तक ले जाया गया पर मेरा हाथ वैसे ही जकड़कर पकडे रखा। यहाँ तक कि जब ऑपरेशन थिएटर के बाहर ही डॉक्टर डबास मिले तब भी हाथ न छोड़ा और डॉक्टर

साहब से बोले, "सर प्लीज़, अनु को अंदर ले चलो। ये मेरा लक है। प्लीज़ इसे ऑपरेशन थिएटर में साथ रहने दो।"

डॉक्टर डबास ने एक पल भी न लगाया," ठीक है। आइए मैडम अंदर। "

अंशु को देखकर मुस्कुराते हुए बोले, "तुम्हारे लक को ले चलते हैं साथ। माइंड रिलैक्स करो।" स्ट्रेचर अंदर चला गया और मैं भी। चलते - चलते डबास सर बोले जा रहे थे," अंशु, विल पॉवर इज़ वैरी इम्पोर्टेन्ट। हिम्मत से रहो। इसका बहुत इफ़ेक्ट पड़ता हैं सर्जरी के टाइम। बॉडी वैसे ही रेस्पॉन्ड करती हैं।"

कहते - कहते स्ट्रेचर सीधे - सीधे ले जाते हुए वार्डबॉय ने एकदम बाएँ हाथ को मोड़ दिया और वह एक जगह पर लगा दिया।

ऊँची - ऊँची छतों और कमरों में कई कमरों वाला ..... कितनी भयानक और नकारात्मक थी वो जगह ....ओह्ह्ह्हह्ह .....।

"अंशु, अब इसके आगे मैडम नहीं जा सकतीं। मैं हूँ न। अब कैंसर फ्री होकर मैम से मिलना। अब जाने दो उन्हें।"

डबास सर ने कहा और अंशु ने मेरा हाथ और कसकर पकड़ लिया।

सच बताऊँ तो मैं भी उनको छोड़कर जाना नहीं चाहती थी क्योंकि खोने का डर सचमुच बहुत तकलीफ़देह होता है। पर अपनी भावनाओं से विपरीत मैंने अंशु के माथे पर हाथ फेरा और उनका माथा चूमकर बाहर की ओर मुड़ गई।

जानती नहीं थी कि अंदर अश्कों का समुद्र भर गया है जो ऑपरेशन थिएटर से बाहर निकलते - निकलते ही सैलाब की भाँति फूट पड़ा।

बच्चे घबरा गए, खासतौर पर कबीर। उसे लिपटाया और अपने को सँभाला। एक पत्नी टूटी हुई थी पर एक माँ कैसे टूटती !! माँ बनकर सँभालना पड़ा।

सर्जरी सात - आठ घंटे की थी। और अभी तो अंदर ही गए थे बस।

बाहर लगी छह - सात बेंच तो हमारे ही रिश्तेदारों और प्रियजनों से भरी थीं पर न बच्चे बैठ पा रहे थे और न मैं। ऐसा लग रहा था जैसे साँसें बिना धड़कन के ही चल रही हैं। दीवार के एक कोने से सिर लगाए न जाने कितनी देर खड़ी रही। दिमाग शून्य हो गया था। कभी किशोर चाय पूछता, कभी सोनू बैठने को कहता। कभी मेरी बुआ, कभी उनकी बेटी, कभी मामी-चाची आराम करने को

कह रही होतीं, पर सबकुछ सिर्फ़ कानों से टकराकर निकल रहा था। कभी बेचैनी इतनी बढ़ जाती कि ऑपरेशन थिएटर के दरवाज़े के पास जाकर खड़ी हो जाती या उस जगह जहाँ डॉक्टर डबास ने रिपोर्ट देखने के लिए बुलाया था।

डॉक्टर सुबोध हरे रंग के सर्जरी के कपड़ों में ऑपरेशन थिएटर के बिल्कुल सामने बने आई सी यू में जाने के लिए जैसे ही निकले मैंने रोक लिया।

"सर !" मेरे बिना कुछ पूछे ही डॉक्टर सुबोध बोले, "मैम, स्टार्ट हो गई है सर्जरी। अभी तो जस्ट शुरू किया है।"

"ठीक तो हैं न?"

"हाँ मैम ! आप आराम से बैठो। अभी टाइम लगेगा।" कहते हुए आई सी यू में चले गए।

"मैम, आप वेटिंग एरिया में बैठिए। यहाँ मत खड़े होइए। हम बुला लेंगे जब आपके पेशेंट की कोई खबर होगी।" वहाँ खड़े द्वारपाल (गेटकीपर) ने ड्यूटी निभाते हुए कहा।

"भैया, अंशु भाटिया नाम है। "

"हाँ मैडम, हम बुला लेंगे। आप अपना फ़ोन नंबर भी लिखवा दो। "

मैं फ़ोन नंबर लिखवाकर सब के बीच आकर बैठ गई।

"बेटा, चाय पी ले दो घूँट। सुबह से खाली पेट है।" बुआ बोलीं।

"कुछ खा ले थोड़ा सा।" याद नहीं किसने कहा।

कावेरी एकदम बोली," आप लोग कुछ मत कहो मम्मी को। वो ले लेंगी जब लेना होगा।" जानती थी मेरी हालत, बच्चों की भी तो वही हालत थी।

समाज रिश्तों से बँधा होता है, रिश्ते सहारा होते हैं, इस बात से बिल्कुल इंकार नहीं। पर ऐसी परिस्थिति में औपचारिक बातों और रिश्तों से बहुत परे थी मैं।

पैर और मन दोनों ही थोड़ी - थोड़ी देर में ऑपरेशन थिएटर की ओर चल पड़ते थे। मैं फिर वहीं जाकर खड़ी हो गई। कितने ही मेरी तरह के और भी थे जिनके अपने अंदर थे। हम सब की लगभग एक ही दशा थी पर ये भी सच्चाई है कि उस समय सिर्फ़ हम अपने ही रिश्ते पर टकटकी लगाए होते हैं, औरों की भावनाओं को समझने की समझ ही नहीं होती।

"भैया, क्या हो रहा होगा अंशु के साथ? उसे होश आ गया बीच में तो !!" मेरे साथ आकर खड़े हो गए किशोर भैया से बोली।

"अरे ! क्या सोच रहे हो ?? ठीक हो रहा होगा ऑपरेशन। चलो, आओ बैठ जाओ।"

इतने में सोनू भी अपनी मौसी के बेटे के साथ वहीं आकर खड़ा हो गया।और फिर द्वारपाल ने उसी स्वर में वही बात दोहराई," यहाँ भीड़ मत लगाइए।"

वे सब चलने लगे पर मैं वहीं खड़ी रही। कुछ पल में वहाँ खड़े लोगों के बीच कुछ हलचल सी लगी।

"क्या हुआ भैया ?" मैंने द्वारपाल से पूछा।

"अंदर किसी के डेथ हो गई है।"

सेकंड के सौवें हिस्से में दिमाग को सिर्फ़ अंशु की शक़्ल नज़र आई और मुझे ऐसा लगा जैसे पूरे शरीर को कोई नोच रहा है और वो दर्द मार देगा।

"भैया ! ऑपरेशन चल रहा था उनका।" न जाने अनायास ही उस द्वारपाल से क्यों बोल दिया???

"मैडम ! 65- 70 साल के कोई बुजुर्ग थे।" शायद रोज़ अपनों के डर, लाचारी की भाषा ये लोग बिन कहे ही समझ जाते हैं। हज़ारो लोगों को जीवन - मौत के झूले में देखते हैं और हम जैसे लोगों को भी।

सच खौफ़ कितना खतरनाक होता है और जब हम किसी ऐसे हालात में आकर खड़े हो जाते हैं तो नकारात्मकता ही हावी होती है सबसे पहले।

पर इसके बाद तो बस मुझे अंशु को देखना था, शायद खुद को तसल्ली देना चाहती थी। और वो बेचारा तो न जाने क्या - क्या झेल रहा होगा।

"मम्मी ! कब तक खड़े रहोगे ? प्लीज़ थोड़ा बैठ जाओ।" कावेरी ने कंधे पर सिर रखते हुए कहा।

मन तो किया बस उससे लिपट जाऊँ और बता दूँ कि बहुत डर लग रहा है, रोऊँ जी भरकर, पर नहीं कर सकती थी क्योंकि बच्चे मुझसे ज़्यादा डर के साए में थे।

"कबीर को भेज दिया न घर?"

"हाँ मम्मी, गया जीजाजी के साथ। "

वो मुझे हाथ पकड़ के फिर वेटिंग एरिया में ले गई और बेंच पर बैठा दिया।

"क्या हुआ अनु ? कुछ पता चला क्या चल रहा है? किसी डॉक्टर से बात हुई?" मेरठ से आई मेरी बुआ ने पूछा।

"डेथ हो गई है किसी की अंदर" और मेरे आँसू जो आँखों में छिपे हुए थे गालों तक भिगो गए और पैर फिर ऑपरेशन थिएटर की ओर चल पड़े।

जैसे ही वहाँ पहुँची डॉक्टर डबास बाहर के कमरे में आए ही थे। मुझे देखते ही बुलाया।

"मैम, सर्जरी में वोकल कॉर्ड तो निकाल दी पर हमें उसके आसपास के कुछ नोड्यूल्स भी निकालने पड़े क्योंकि उनमें भी ट्यूमर के साइन थे। हम चांस नहीं ले सकते थे। जहाँ तक गला खोला और जहाँ कुछ गलत दिखा निकाल दिया।"

"ओके सर ! पर क्या सब कैंसरस थे?"

"मैम, वो तो भेजेंगे न चेक कराने। ट्यूमर था, कैंसरस थे या नहीं, टेस्टिंग की बाद ही पता चलेगा।"

डबास सर जैसे ही जाने के लिए मुड़े मैंने पूछा, "सर ! वो ठीक तो हैं न?"

"यस मैम ! सर्जरी सक्सेस्फुल रही। अब और सब चल रहा है। दो -तीन घंटे तक आई सी यू में आ जाएँगे।" उनकी आँखों ने ही मुझे हिम्मत रखने की बात बिना बोले ही कह दी।

सिर्फ़ कहानियों में ही पढ़ा था कि भगवान प्रकट हुए और वरदान दे गए। आज ऐसा अनुभव पहली बार हुआ जब डबास सर से बात की। अंशु का जीवनदान मेरे लिए किसी वरदान से कम तो न था और डॉक्टर डबास भगवान थे।

ऑपरेशन ठीक से हो जाने की खबर और नोड्यूल्स वाली बात सबसे पहले निक्की - गिन्नी, किशोर भैया, सोनू और उसके मौसी की लड़के को बताई क्योकि वे एकदम ही सामने खड़े थे। फिर गिन्नी ने मुस्कुराते हुए ये बात सबको जाकर वेटिंग एरिया में बताई। सबके चेहरे का अवसाद कुछ हद तक सुकून में बदला दिखा। बस अब इंतज़ार था अंशु को अपनी आँखों से देखने का, उसको छूकर उसके ठीक होने के अहसास करने का, पर पता नहीं था कि उनको देखना इतना दर्दनाक होगा।

लगभग ढ़ाई बजे एक तेज़ आवाज़ 'अंशु भाटिया' कानों में पड़ते ही मैं ऑपरेशन थिएटर की तरफ भागी। गेटकीपर ने कहा, "आपको अंदर बुला रहे हैं।" बुरे ख्यालों के तूफ़ान ने पैरों को भँवर की तरह जकड़ लिया। मेरा चाचा, जो सिर्फ़ मेरा चाचा ही नहीं बहुत अच्छा दोस्त भी है और सिर्फ़ मेरा क्या, अंशु का भी ; मेरे साथ ही खड़ा था। डॉक्टर सुबोध बाहर निकले।

"आप एक बार अंदर आ जाइए। सर आपसे बात करेंगे।"

"जी, मैं भी आ जाऊँ?" चाचा ने मेरी हालत समझते हुए डॉक्टर सुबोध से पूछा।

"जी हाँ !!"

थोड़ा सा अंदर घुसते ही डॉक्टर डबास और डॉक्टर अश्विनी खड़े थे। उन्होंने मेज़ पर रखे एक काँच के जार की तरफ इशारा करते हुए कहा, "ये देख लीजिए। हमने ये सारे नोड्यूल्स निकाल दिए हैं। आपको दिखाने थे। इन्हें भेजेंगे टेस्ट कराने कि ये मेलिगनेन्ट हैं या नहीं। "

किसी तरल से पदार्थ में या पानी में पता नहीं, कुछ बड़े, कुछ छोटे गोल या अंडाकार आकार के इतने सारे भाग।।। उफ्फ्फ्फफ्फफ़ ....नहीं देख पा रही थी, चूर -चूर हो रही थी, पर नहीं हो सकती थी, दिल डूब रहा था पर डूब भी नहीं सकती थी। कमज़ोर होकर कैसे दूँगी ज़िंदगी अंशु को और बच्चे भी तो हैं।

"सर, क्या आपको लगता हैं ये कैंसरस होंगे और भी फैला होगा?" मेरी डर से भरी आँखें और ज़ुबान दोनों ही डॉक्टर डबास से प्रश्न कर रही थीं।

"नहीं मैम, बिना टेस्ट रिजल्ट के नहीं बता सकते। लगता तो नहीं पर पैचेज थे ट्यूमर के इसलिए जहाँ तक दिखे निकाल दिए।

फिर कुछ रूककर बोले, "ठीक हैं अंशु। अभी कुछ देर में शिफ्ट कर देंगे आई सी यू में।" कहते -कहते अंदर के कमरे की तरफ मुड़ गए।

मेरी आँखों के सामने जार ही घूम रहा था। "चाचा, इतना कुछ निकल दिया। अंशु को कैसे बताऊँगी ??"

"ज़रूरी था न अनु। अब डॉक्टर भी तो चांस नहीं ले सकते। ठीक ही किया उन्होंने तो। घबरा मत।" चाचा और मैं बाहर आ चुके थे।

मेरा मन किसी से बात करने का नहीं था। चाचा ने ही सारी बातें सबको बताईं। मेरी आँखों से तो वो जार में रखे अंशु के गले के वो भाग ही नहीं जा रहे थे।

एक - एक कर सब रिश्तेदार जाने लगे। सोनू और उसकी मौसी का लड़का, किशोर भैया, मम्मी - पापा, बच्चे, चाचा - चाची, अनुराग भैया ही रह गए थे। अनुराग भैया के साथ मम्मी - पापा को भी घर भेज दिया क्योंकि कबीर घर पर ही था।

इतने में फिर गेटकीपर ने आवाज़ लगाई," अंशु भाटिया के साथ कौन हैं ?"

मैं और किशोर भैया भागते हुए वहाँ गए। आई सी यू से एक नर्स ने दरवाज़े पर आकर दवाइयों का एक पर्चा पकड़ा दिया और कहा, " ये ले आइए और चार बोतल खून भी आपको ब्लड बैंक में जमा कराना है।

"पेशेंट शिफ्ट हो गया क्या आई सी यू में?"

"जी मैडम। "

"मुझे देखना है। "

"आप कौन हैं उनकी ?"

"वाइफ हूँ। "

"ओके ! सिर्फ़ आप ही आइए। " नर्स ने किशोर भैया को देखते हुए कहा, " आप जल्दी ले आइए ये सब। "

गेट पर चप्पल उतारी, पैरों में पॉलिथीन डाला और सिर पर पॉलिथीन कैप। नर्स के पीछे - पीछे चलती जा रही थी। किसी की नाक में पाइप, किसी पेशेंट के बेड पर मॉनिटर करती पल्स और बी पी की मशीन की 'पी-पी' करती आवाज़, किसी को ग्लूकोज़ चढ़ रहा तो किसी को सीरिंज़ लगाते डॉक्टर -नर्स और फिरररर बेड नंबर 8, जिसके एक तरफ पर्दा था, वहाँ जाकर नर्स रुक गई।

नाक पर ऑक्सीजन मास्क, गले पर बड़ा सा कुछ बँधा हुआ था जिसमें दो या तीन पाइप सी थीं, जिनमें स्टैंड पर लगी दो प्लास्टिक की बोतलों में से कुछ जा रहा था। मॉनिटर पर पल्स - बी पी की बीप बज रही थी। अंशु का चेहरा बिल्कुल सफ़ेद हो रखा था, आँखें बंद और बिल्कुल बेसुध।

एकदम उस अंशु का चेहरा सामने आ गया जो पार्क में तेज़ी से दौड़ता और मुश्किल से मुश्किल पहाड़ी रास्ते पर गाना गाते हुए गाड़ी चलाने में मस्त होता और आज वही इतना लाचार, ऐसी हालत में .... कितनी तकलीफ़ में होगा। मन मचल उठा उस अंशु को देखने के लिए जो खिलखिलाता हुआ घर में घुसता था। आँसू टप - टप टपकने लगे। ऐसा लगा कितनी बेबस हूँ, कुछ नहीं कर सकती इनके लिए।

"ये कब तक होश में आएँगे?" पास खड़ी नर्स से पूछा।

दो - तीन घंटे में आ जाएँगे। अब आप जाइए। जब होश में आएँगे तब बुला लूँगी। ....ब्लड जमा करवा दीजिएगा। "

मन की एक न चली और मुझे मन मारकर बाहर आना ही पड़ा। पर बस दिमाग में अंशु का ज़िंदादिल चेहरा और ये सफ़ेद पड़ा, पाइपों और मशीनो से

घिरा चेहरा बार - बार टकरा रहे थे। पर फिर खुद ही अपने को समझाने लगी कि ऑपरेशन ठीक हो गया, सामने हैं, कुछ समय में फिर से वैसे ही हो जाएँगे। अंशु को खड़ा करना है मुझे बस अब। सोचते - सोचते प्राची - कावेरी, सोनू के पास पहुँच गई।

"कैसे हैं पापा? होश में हैं? आपको देखा?" कावेरी ने एक ही साथ कई सवाल कर दिए।

"ठीक हैं, होश नहीं आया अभी, दो - तीन घंटे में आएगा। अभी तो दवाइयों का नशा है। वैसे ठीक हैं।" उनको हिम्मत देने के साथ - साथ खुद को भी पॉजिटिव करने के लिए शांत होकर बताया। पर सच तो ये था कि अंशु की आई सी यू की हालत देखकर मन................ क्या बोलूँ??? मन बहुत उद्वेलित था!!

"सोनू ! ब्लड बैंक में ब्लड जमा करवाना है। चार बोतल चढ़ीं है सर्जरी के टाइम। वो देना होगा किसी को। " मेरे बोलते ही कावेरी- प्राची बोलीं "दे देंगे हम। चले जाते हैं। "

"तुम रुको, मैं दे देता हूँ और ये भी तो है, हम दे देंगे।" सोनू के बोलते ही उसकी मौसी का लड़के ने भी बोला, "हाँ दीदी ! हम दे देंगे।"

"वहाँ जाकर इनका नाम और सी आर नंबर 204536 बता देना।" और वो दोनों मेरी बात सुनते ही चले गए।

किशोर भैया भी नीचे से दवाइयाँ लेकर आ गए।

मैं फिर एक बार आई सी यू में इनकी दवाइयाँ देने गई पर दरवाज़े पर ही खड़े वार्डबॉय ने कहा, "कौनसा बेड नंबर है? हम दे देंगे।"

"भैया, एक बार देखना भी है। एक मिनट के लिए जाने दो।" और मेरे कहते ही वो मान गया।

अंदर जाकर नर्स को दवाइयों का थैला दिया और तब लगा जैसे अंशु ने हल्की सी आँखें खोलीं। मैंने नर्स से कहा," ये उठ गए हैं।"

"नहीं मैम ! वो दवाइयों के नशे में हैं। दो - तीन घंटे से पहले नहीं उठेंगे। आप बाहर जाइए अब। "

मन ही नहीं कर रहा था बाहर जाने का। इंसान अपने पर तकलीफ झेल सकता है पर जो दिल के बहुत पास होते हैं उन्हें ऐसी दशा में देखना शारीरिक पीड़ा से भी ज़्यादा दुखदायी होता हैं।

किशोर और कावेरी अस्पताल में ही रहे और मैं किशोर भैया, बच्चों और चाचा - चाची के ज़िद्द करने पर कुछ देर के लिए अपने चाचा - चाची के साथ घर आ गई।

"भाभी ! कबीर भी परेशान है। एक बार आप मिल आओगे उससे तो उसे तसल्ली हो जाएगी।" सिर्फ इसी बात ने मुझे घर आने पर मज़बूर कर दिया था। और सच में मुझे देखते ही कबीर मुझसे लिपट गया।

"पापा ठीक हैं?"

"हाँ बेटा !" मैंने मुस्कुराकर बोला। "मैं देख आई हूँ, ठीक हैं। दो - तीन घंटे में होश में आ जाएँगे। सर्जरी भी बिल्कुल ठीक हो गई।" कहते - कहते मैंने उसका माथा चूम लिया।

सिर्फ़ पत्नी नहीं, माँ भी थी। जब मेरा मन ही अंशु के लिए काबू में नहीं आ पा रहा तो वो तो बहुत छोटा है और अपने पापा का सबसे पक्का दोस्त भी। उसे कैसा लग रहा होगा ??

"इसने कुछ नहीं खाया। कितना कह रही हूँ कुछ खा ले पर खा ही नहीं रहा।" मम्मी ने कबीर की तरफ इशारा करते हुए बोला।

"कोई नहीं, अब मेरे साथ खाएगा। आप बनाओ खाना। मैं नहा कर आती हूँ बस, फिर खाएगा मेरा बेटा मेरे साथ।" और वो लिपट गया और अचानक रोने लगा।

शायद अपने को रोके बैठा था। मैं खुद पत्थर की बन गई और रोने दिया उसे। उस समय आँसू ही उसके मन के भारीपन को दूर करने का इलाज थे शायद। नहाकर उसके साथ बैठकर उसे खिलाया और खुद भी बेमन के एक रोटी खाई। कहते हैं न, बच्चों का मुँह देखकर मन मारकर भी कुछ काम करने पड़ते हैं। आज वो मुझ पर लागू हो रहा था।

कबीर को सामान्य किया। अभी अंशु को आई सी यू में दो - तीन दिन रहना था और आई सी यू के मरीज़ को कमरा नहीं दिया जाता। अटेंडेंट को कहीं पर भी जगह ढूँढ़कर वेटिंग एरिया में ही सोना पड़ता है। इसलिए जल्दी - जल्दी ज़रूरी सामान जो चाहिए था इकट्ठा किया और बस एक घंटे में वापिस अस्पताल पहुँच गई।

"मैं अभी देखकर आया हूँ भैया को अंदर। दवाइयाँ देने गया था अभी। बेहोश ही थे। लगा जैसे आँखें खुलीं हैं पर वो बेसुध हैं। दवाइयों के नशे में हैं।" किशोर भैया ने जाते ही बताया।

अंशु के बचपन के दोस्त आ गए तो कावेरी और किशोर भैया को मैंने घर भेज दिया ताकि कुछ आराम कर पाएँ। अभी मैं अंशु के दोस्तों को सर्जरी के बारे में बता ही रही थी कि गेटकीपर की आवाज़ कानों में पड़ी, " अंशु भाटिया के साथ कौन है ?"

मैं एकदम आई सी यू की तरफ दौड़ी। वहाँ दरवाज़े पर नर्स खड़ी थी।

"आ जाइए। वो होश में आए हैं।" नर्स के कहते ही मैं फिर आई सी यू की औपचारिकताएँ निभाते हुए इनके बेड की सामने खड़ी थी। अंशु अब भी मुझे बेहोश से ही लगे।

तभी नर्स ने थोड़ा तेज़ बोलते हुए कहा," देखिए कौन आया है? आपकी वाइफ हैं।"

तब अंशु ने हल्की सी आँखें खोलीं। मैं एकदम उनके पास जाकर खड़ी हो गई। मैंने मनः स्थिति के विपरीत मुस्कुराते हुए पूछा," कैसे हो अंशु ?"

उन्होंने अपनी आँखों से बदले में प्रश्न पूछा, जिसका अर्थ था 'मेरा ऑपरेशन कैसा हुआ?'

"सर्जरी बिल्कुल बढ़िया हो गई। बस कुछ टाइम में रिकवरी हो जाएगी।" मैं बोल ही रही थी पर अंशु की आँखें बार - बार बंद हो रही थीं, जो दवाइयों का असर था।

मैंने अंशु का हाथ हल्के से पकड़ा, हथेली को प्यार से सहलाया, उसने फिर मेरी तरफ देखा। शायद हल्की सी मुस्कान आई उसके चेहरे पर, फिर एक पल में ही चेहरे पर दर्द था, शायद कहीं दर्द हो रहा था।

"सिस्टर, इन्हें पेन हो रहा है शायद। "

"मैडम पेनकिलर गए हुए हैं अंदर। पेन होगा पर फील नहीं होगा।" नर्स ने मुझे बोलते हुए ही अंशु को भी थोड़ा बोलते हुए कहा," पेन हो रहा है कहीं? ठीक हो न ?"

अंशु ने हाँ में पलकें झपकाईं।

"वाइफ को तो पहचान लिया है न?" नर्स ने बोला और अंशु हल्के से मुस्कुराते हुए फिर अपनी बेसुधी की दुनिया में चले गए। अंशु को ऐसी हालत में देखकर दिल बहुत अशांत था पर सच बोलूँ अब उतना नहीं था जितना तब था जब इन्हें बेहोशी में देखकर गई थी। इनका मुझे थोड़ा सा देखना, हल्की सी

मुस्कान ने कहीं एक कोने में सुकून सा दे दिया था। इनकी थोड़ी सी सुध ने मुझे सुख दे दिया था।

शाम साढ़े पाँच से साढ़े छह का समय आई सी यू में मरीज़ो से मिलने का था तो निक्की - गिन्नी, किशोर भैया के साथ - साथ पहले से ही अन्य रिश्तेदार भी वेटिंग एरिया में आ गए थे। समय शुरू होते ही सबसे पहले निक्की, फिर गिन्नी और फिर एक - एक करके सब अंदर गए। कावेरी बहुत ज़िम्मेदार है। बड़ी है वो और बड़े भाई - बहन शायद ऐसे ही होते हैं। उसने बाहर आकर अपना मज़बूत रूप दिखाया पर मैं जानती हूँ वो अपने पापा को इस हालत में नहीं सह पा रही थी, पर फिर भी चुप थी। पर गिन्नी जब बाहर आई तो उसका रोना बंद नहीं हो पाया। वह शुरू से ही बहुत भावुक और अपने पापा की बहुत लाड़ली रही हैं। इक्कीस साल की थी पर आज भी अंशु उससे छोटे बच्चों जैसा व्यवहार करते थे। रोते - रोते मुझसे लिपट कर बेंच पर बैठ गई तब निक्की के आँसुओं ने भी बाहर आना ही था क्योंकि वो भी तो अपने को बाँधे बैठी थी।

एक- एक करके रिश्तेदार, दोस्त अंदर जाते और कोई आकर कहता- 'मुझे देखकर मुस्कुराया', कोई कहता - 'नशे में ही था', तो कोई कहता -'मुझे पहचाना उसने।' सच बताऊँ तो मन में तो था कि सिर्फ़ मैं ही रहूँ उनके पास।*पर सुख हो या दुःख सामाजिक मर्यादाएँ और औपचारिकताएँ निभानी ही पड़ती हैं।* साथ ही साथ जिसका जितना रिश्ता उतना ही लगाव। तो फिर अपने बारे में ही कैसे सोच सकती थी?? मेरी तरह शायद वो लोग भी एक बार अंशु को देखकर तसल्ली करना चाहते थे।

आखिर में मैं अंशु के पास गई और तब अंशु ने मुझे कुछ और बेहतर तरह से देखा। मैं उसके पास जाकर खड़ी हुई तो उसने हल्का सा अपना हाथ उठाया कि मैं उसे पकड़ लूँ। मैंने दोनों हाथों से उसके हाथ को पकड़ लिया और मुस्कुराते हुए कहा, "आई लव यू !" मैंने अंशु की आँखों के कोर से आँसू निकलते देखा। ऐसा लगा कि वो कुछ बोलना चाहते हैं पर कड़वी सच्चाई यही थी कि अब कभी नहीं बोल पाएँगे और मैं, उनके घर आते ही 'अनु' कहकर बुलाने की आवाज़ कब सुन पाऊँगी। शायद अब भी 'अनु ' ही कहना चाहते थे, पर इतने से समय में ही वो इतना थक गए कि फिर आँखें बंद होने लगीं और बेहोशी में जाते दिखे।

इतनी बड़ी सर्जरी हुई थी। शरीर में ताकत ही कहाँ बची थी और उसके अलावा सर्जरी के कारण दर्द भी होगा और दवाइयों का असर तो था ही। मैं पंद्रह - बीस मिनट वही उनके पास खड़ी रही। चाहे वो नींद में थे या बीच - बीच में जागते।

"मैम, अब आप बाहर जाइए। रेस्ट करने दीजिए इनको।" सिस्टर के कहते ही मुझे बाहर आना पड़ा।

बाहर बहुत से लोग थे पर इतनी भीड़ में भी कुछ अजीब सा अकेलापन लग रहा था, पता नहीं क्यों ?? सब अंशु के बारे में, उसकी सर्जरी, उसकी बीमारी, उसका ऑपरेशन के लिए न मानना आदि नई - पुरानी सब बातें कर रहे थे। मैं हर बात में 'हाँ - हूँ ' या कुछ थोड़ा बोल देती पर मन तो कहीं और ही भटक रहा था। उसके भटकाव को थोड़ा ठहराव तब मिला जब डॉक्टर डबास सामने से आते दिखे, जो अब अपनी सर्जरी पोशाक में नहीं थे। घर जाने से पहले मिलने आ रहे थे मुझसे। मेरे कदम उन्हें दूर से देखते ही उनकी तरफ तेज़ी से चल पड़े।

"कैसे हो मैम ?" मिले अंशु से ?"

"जी सर !" अभी मैं यही बोली थी कि और रिश्तेदार भी आ गए।

उनमें से किसी ने एकदम डबास सर से कहा, "जो नोड्यूल्स आपने निकाले हैं वो सब कैंसरस हैं न? "

डॉक्टर डबास ने थोड़ा खीझते हुए जवाब दिया,"मैंने कब कहा? हो सकता है एक भी न हो, पर ट्यूमर के पैच दिखे तो फॉर सेफर साइड निकल दिए।" उन्होंने मेरी तरफ देखा। शायद वो मेरी टूटी हालत को सबसे ज़्यादा समझ रहे थे और ये प्रश्न इस तरह पूछना मुझे हिम्मत तो कतई न देगा। *डॉक्टर सिर्फ़ मरीज़ का ही नहीं उसके पूरे परिवार का इलाज करते हैं।* मरीज़ का शारीरिक - मानसिक रूप से और परिवार का भी मानसिक और भावात्मक रूप से।

"मैम परसों ट्राय करेंगे रूम में शिफ्ट करने की। पर आज और कल तो आपको रूम भी नहीं मिलेगा। "

"कोई बात नहीं सर ! मैं देख लूँगी। बहुत लोग हैं।"

"चिंता मत करो मैम, कल तक बेटर होंगे।" कावेरी- प्राची की ओर देखकर बोले," बच्चों को भी घर भेज दो अब। मैं कल मिलता हूँ।" कहकर वो चले गए पर सच किसी का ओहरा ही इतना सुखमय और शांतिदायक हो सकता है, हैरानी होती है।

इतनी छोटी सी मुलाकात से ही कहीं न कहीं मन और दिमाग अब काबू में आ गए थे, डर भी कहीं छिप गया था, भले कुछ देर के लिए ही सही।

'हम सब इतने आदमी हैं, कोई भी आदमी रुक जाएगा। तुम घर चली जाओ।' ये बात लगभग सबने कही। पर मैं अंशु को छोड़ कर घर चली जाऊँ ये तो नामुमकिन था। यहाँ मन में एक सुकून है कि अंशु के पास हूँ, घर जाकर तो .... सवाल ही नहीं उठता था और ये बात बच्चे अच्छी तरह जानते थे।

अंशु ने सर्जरी से पहले ही कह दिया था, 'मेरे से दूर मत जाइयो, पहले भी तेरे जाते ही सब गलत हो गया।' यहाँ तक कि अपने पुराने प्रिय छात्र पीयूष को पहले ही कह दिया था कि अस्पताल में अपनी मैम के पास रह जाइयो। पीयूष, जिसे इन्होंने लगभग तीन साल पढ़ाया। कुछ लोग दिल के बहुत करीब हो जाते हैं, पीयूष उन्हीं में से था। पीयूष बहुत ही ज़िंदादिल, खुले दिमाग वाला और अंशु का शिष्य कम और दोस्त ज़्यादा। मेधावी है, पत्रकारिता (जर्नलिज़्म) कर रहा है (अब तो न्यूज़ चैनल में सम्मानित पद पर है) याद आता है जब उसे पहली बार इनकी बीमारी का पता चला तो वो अपने को सँभाल ही नहीं पाया था, अंशु सर से प्यार ही इतना था। अंशु में भी तो किसी को भी अपना बना लेने का गज़ब का जादू था। जहाँ जाते वहीं दोस्त बना लेते और अपनापन इतना कि कोई भी इनसे दूर न रह पाए। कम - ज़्यादा कभी सोचा ही नहीं। दिल इतना बड़ा और भावुक कि पहना हुआ स्वेटर तक ठंड में ठिठुरते को दे आए और मुझे कह दिया कहीं भूल गया हूँ। छात्रों को पढ़ाते हुए तो पक्के टीचर और वैसे खूब मस्ती, खाना - पीना दोस्तों की तरह। इतने प्रतिभावान अध्यापक कि छात्र बिना आवाज़ के भी बस इन्हीं से पढ़ना चाहते थे और इनके ठीक होने के लिए महीनों प्रतीक्षा करने को तैयार थे पर किसी और को अपना गुरु बनाने के लिए नहीं। क्या - क्या बोलूँ और इनके बारे में ....!!

ख़ैर! पीयूष से अपनी सर्जरी से पहले ही वादा ले लिया कि मैम के साथ रहियो। उस पर बहुत विश्वास था और जानते थे कि मुझे भी है उस पर। जब सब रुकने की बात कर रहे थे तब तक पीयूष आ चुका था।

"मैं रह जाऊँगा मैम के साथ। आप चिंता मत करो।" पीयूष ने कहा।

सब से विदा लेकर अब हम रात बिताने के लिए जगह ढूँढ़ रहे थे क्योंकि इतना मरीज़ था कि रिसेप्शन की सारी सतह, एक - एक बेंच, यहाँ तक कि फोल्डिंग कुर्सीनुमा बेड तक भरे हुए थे। लोग ज़मीन पर चद्दर - दरी तक

बिछाकर लेटे हुए थे। कहाँ जाए इंसान जब कोई अपना यहाँ हो ???... उफ्फ्फ्फ़ ...

हम ये सोच ही रहे थे कि कहाँ पर थोड़ी सी जगह लें (क्योंकि आई सी यू एरिया के पास रहने और सोने का नियम नहीं था) इतने में समीर सर का फ़ोन बज गया।

"मैम, मिल आए सर से? सर्जरी ठीक हो गई, मुझे पता लग गया था।"

"जी सर ! आए थे ये थोड़ा होश में।"

"कहाँ हैं आप मैम?"

"सर रिसेप्शन एरिया में। ऊपर तो रहने नहीं देते। पर यहाँ भी कोई जगह नहीं है।"

"वेट करो आप, मैं आता हूँ।" कहकर उन्होंने फ़ोन काट दिया और दो - तीन मिनट में ही वो हमारे सामने थे।

"मैम, मैं बेड का इंतज़ाम करता हूँ। आपको दो बेड चाहिएँ ना?"

और बस दस - पंद्रह मिनट में ही वार्डबॉय ने जगह ढूँढ़कर दो फोल्डिंग बेड लगा दिए।

"थैंक यू सर ! आपको तकलीफ़ दे रही हूँ।"

मेरे कहते ही उन्होंने हाथ जोड़ते हुए कहा, "मैम प्लीज़, ऐसा मत बोलिए।"

पर सच उस समय आपके लिए ऐसी सहायता भी बहुत महत्त्व रखती है। ये तब ही समझ आता है जब हम परिस्थिति से जूझ रहे होते हैं।

अब फिर मन आई सी यू में एक चक्कर लगा आने को मँडराने लगा। पीयूष को नीचे ही छोड़कर फिर तीसरी मंज़िल पर आई सी यू के बाहर पहुँच गई।

द्वारपाल वो नहीं था जो दिन में था। ड्यूटी बदल गई थी। उससे कहा कि एक बार पेशेंट को देखना हैं। जब वो नहीं माना तो कहा कि सिस्टर से पूछ कर बता दो कि बेड 8 का पेशेंट ठीक हैं न ? उसने मेरे बार - बार कहने पर एक नर्स को दरवाज़े पर बुला दिया।

"प्लीज़ एक बार बेड 8 के पेशेंट को देखना है। "

"मैम, वो ठीक हैं, सोये हुए हैं। ज़रुरत होगी तो कॉल कर देंगे। ठीक हैं वो।" नर्स कहकर चली गई।

असल में जिसका अपना अंदर होता है वो तो बाहर बेचैन रहता ही है। बार - बार देखकर तसल्ली करने को मन करता है। पर अस्पताल के कर्मचारियों

की ड्यूटी भी तो कम मुश्किल नहीं। यदि हर मरीज़ के घरवालों की बात मानेंगे तो भीड़ ही लग जाएगी। उन्हें सख़्त भी होना पड़ता है और नर्म भी। मैंने फिर एक बार अपना फ़ोन नंबर लिखवा दिया कि जैसे ही कोई बात बतानी हो इस पर फ़ोन कर देना।

नीचे रिसेप्शन एरिया में आ गई और देर रात तक पीयूष से अंशु और अपने उन दिनों, पलों और छोटी - छोटी खुशनुमा घटनाओं के बारे में बातें करती रही जिसे उस समय कभी इतना महत्वपूर्ण समझा ही नहीं था जब वो समय था।

जब परिस्थितियाँ अनुकूल होती है तो हम जीवन की छोटी - छोटी खुशियों, पलों को आम सा समझ कर उनका मूल्य ही नहीं आँक पाते और जब किसी कारणवश वो हाथ से निकल जाता है तब हमें उनकी कीमत *और* अहमियत पता चलती है। *समय की रेत कब हाथ से फिसल जाए क्या पता लगता है !!* अंशु का काम से आते ही सोसाइटी के गेट से मुझे फ़ोन करके नीचे बुलाना कि चल नार्थ एक्स मॉल चलकर वहाँ पटरी पर बैठकर चाय पीएँगे, या फिर अचानक ही फ़िल्म की टिकट ले आना या अचानक गाड़ी में बैठाना और लॉन्ग ड्राइव। कभी - कभी मेरा इन सब से खीझना कि इतना काम पड़ा है और तुम एकदम ही कार्यक्रम बना लेते हो ......पर सच कितने सुनहरे लम्हे होते हैं वो जिनको हम तूल नहीं देते।

आज समझ आ रहा था कि *सचमुच ज़िंदगी के जो पल अपनों के साथ बटोर सको, बटोर लो। न जाने समय और किस्मत कब रंग दिखा दे।* कभी सोचा था कि बीमारी की इतनी ऊँची लहर उठेगी कि सुकून और खुशियाँ सब अपने साथ बहा ले जाएगी। बस इन्हीं बातों और सोच में न जाने कब रात बीत गई। कुछ दिल की बातें मैंने कहीं और अंशु के साथ बिताए कुछ मस्ती के लम्हों की तस्वीर पीयूष ने खींची।

सुबह 6 बजे ही मैं फिर आई सी यू के द्वार पर खड़ी थी और अंदर जाने की फिर कोशिश कर रही थी। पर मुझे ख़ास कोशिश नहीं करनी पड़ी। गेटकीपर ने कहते ही हाँ कह दी। "जल्दी आ जाइएगा मैम।" बस यही कहा।

सिस्टर अंशु के स्टैंड पर लगी दवाई की बोतल बदल रही थी और अंशु की आँखें बंद ही थी।

"सिस्टर ये होश में नहीं आए एक बार भी।"

"मैम होश में ही हैं। दवाइयों का नशा है। पेनकिलर जा रहे हैं तो नींद में हैं। आप कुछ बोलो उनसे रेस्पॉन्स देंगे।"

मैं अंशु के करीब जाकर खड़ी हो गई। "अंशु - अंशु!!" हल्की सी पलकें हिलीं। पर आँखें नहीं खोलीं।

झूठ नहीं बोलूँगी उस समय मन किया कि बस अंशु उठ जाए जल्दी और मुझे गले लगा ले। पर कैसे????

दस-पंद्रह मिनट बस ऐसे ही अंशु के पास खड़ी रही। हाथ पकड़ा, लगातार देखती रही, न जाने क्या हो रहा था मुझे। शायद अंशु कितनी तकलीफ़ में होगा इसका एहसास तंग कर रहा था।

इतने में पीयूष का फोन बजा तो मैं बाहर आ गई क्योंकि उसे सोते हुए नीचे छोड़ आई थी। वो भी अब आई सी यू के वेटिंग एरिया में ही आ गया।

हाथ में दो चाय और बिस्कुट लिए। "मैम कैसे हैं सर?" चाय पकड़ाते हुए पूछा।

"नशे में ही हैं। आठ से नौ विज़िटिंग टाइम है। मिल लेना तुम।"

थोड़ी देर में ही मम्मी-पापा, किशोर भैया और निक्की भी आ गए।

मेरे लिए यह दिन और भी भारी था क्योंकि जिस इंसान से मिलकर हिम्मत मिलती थी और विश्वास आता था, आज उनसे मिल नहीं पाऊँगी.....डॉक्टर डबास। आज रविवार था और उनकी छुट्टी थी।

वही आवाज़ 'अंशु भाटिया' एक बार फिर आई और मैं आई सी यू की तरफ फिर भागी। कावेरी भी मेरे साथ थी।

"आपको अंदर बुला रहे हैं, डॉक्टर आएँ हैं।" गेटकीपर के कहते ही मैं और कावेरी अंदर चले गए।

डॉक्टर अश्विनी, डॉक्टर सुबोध और उनकी टीम के एक - दो और डॉक्टर खड़े थे जो नर्स को कुछ बता रहे थे।

डॉक्टर अश्विनी अंशु के पास खड़े बोल रहे थे, "कैसा फील हो रहा है आपको ? ठीक हो न ?" अंशु ने तब पलकें झपकाईं और मेरी तरफ भी देखा। पर एक पल में ही आँखें बार - बार बंद हो रही थीं।

"मैम ठीक हैं वैसे। अभी एक - दो दिन तो यहीं रखेंगे। जब ये थोड़ी मोटी वाली पाइप निकाल देंगे तब शिफ्ट करेंगे रूम में। "

"जी सर ! सर वो टेस्टिंग के लिए भेज दिए जो नोड्यूल्स निकाले थे?"

"जी मैम, पर उसकी रिपोर्ट वन वीक में आएगी। कल डबास सर आ जाएँगे तो फिर इनकी कंडीशन देखकर बताते हैं कब शिफ्ट करेंगे रूम में। "

"ओके सर ! थैंक यू !"

डॉक्टर नर्स को कुछ दवाइयों की हिदायत देते हुए अगले मरीज़ की ओर चले गए।

कावेरी ने जाकर अपने पापा का हाथ पकड़ लिया और चुपचाप खड़ी हो गई। *भाव शब्दों के मोहताज़ नहीं होते।* मैं जानती थी कि अपने पापा की इस हालत से छटपटा रही है।

"ये दवाइयाँ ला दीजिए।" सिस्टर ने पर्चा हाथ में थमा दिया।

बाहर आए। किशोर और पीयूष दवाइयाँ लेने चले गए और हम फिर वहीं बैठ गए। तब तक और रिश्तेदार भी आने लगे क्योंकि आठ - नौ बजे के बीच सब अंशु को देखना और मिलना चाहते थे।

विज़िटिंग ऑवर शुरू होते ही कल वाली आवागमन की प्रक्रिया आरंभ हो गई। सारा दिन आई सी यू के आसपास मँडराते, वेटिंग एरिया में बैठकर और पाँच- छह बार किसी न किसी बहाने से अंशु को देखने की लिए आई सी यू में जाते हुए दिन गुज़र गया। पूरे दिन में दो बार ऐसा वक़्त आया जब अंशु ने आँखें खोलकर मुझे देखा और एक बार फ़ीकी सी मुस्कान भी दिखी होंठों पर।

पापा ने जाते हुए कहा, "कबीर भी ज़िद्द कर रहा है अंशु को देखने की।"

"नहीं पापा, आई सी यू में नहीं। जब रूम में शिफ्ट होंगे तब मिलाऊँगी।" कैसे मिलने देती उसे ?? अंशु के गले में न जाने कितनी पाइपें, ऑक्सीजन मास्क, गले में इतनी पट्टियाँ ..... नहीं देख पाता। बच्चे के नाजुक दिमाग से ऐसी चीज़ो की छाप नहीं जाती। तो उसे न मिलाने का निर्णय ही सही था।

दो रातें आई सी यू में रहने के उपरांत तीसरी सुबह डॉक्टर डबास ने अंशु को कमरे में भेज देने का निर्णय लिया।

अंशु का आई सी यू से रूम में शिफ्ट होना ... सच बताऊँ तो मन दो हिस्सों में बँट गया था। एक मन खुशी से उछल रहा था कि ये सर्जरी, आई सी यू की कठिन और पीड़ादायक यात्रा से निकल कर हमारे पास आ रहे हैं और एक तरफ आशंका, डर की चपेटें थीं कि अंशु की क्या प्रतिक्रिया होगी ? उन्हें कैसा लगेगा बिना आवाज़ के, गले में होल देखकर ??? कहीं वो डिप्रेशन में तो नहीं चले जाएँगे ??

पर आई सी यू के दरवाज़े के बाहर मैं मुस्कुराता हुआ चेहरा लिए इनके स्वागत के लिए खड़ी थी। बच्चों के चेहरों पर भी सुकून और शांति सी दिख रही थी। जैसे ही इनका स्ट्रेचर बाहर आया अंशु ने भी मुस्कुराकर हम सब को देखा और "कैसे हो?" पूछते ही उन्होंने 'बढ़िया हूँ ' को अपना अँगूठा ऊपर करते हुए बताया। इस हालत में भी इस तरह की प्रतिक्रिया देना, अंशु जैसा हिम्मतवाला ही दे सकता था। आज भी कुछ पाइपें और यूरिन बैग तो लगा ही हुआ था बस वो मोटी पाइप हट गई थी और ऑक्सीजन मास्क भी। हमारे लिए ये बदलाव ही बहुत से ज़्यादा था और शायद अंशु के लिए भी। आज अंशु के चेहरे पर ऐसा विश्वास था कि जैसे उन्होंने ज़िंदगी की एक बड़ी जंग जीती है और जीती भी तो थी. इतने बड़े ऑपरेशन के बाद आज उनकी मुस्कुराहट हमारे साथ है, इससे बड़ी जीत क्या होगी!!!

हम स्ट्रेचर के साथ चलते - चलते कमरा नंबर 105 के बाहर पहुँच गए . सैमी प्राइवेट रूम के दरवाज़े पर '105-A - MR ANSHU BHATIA ' की स्लिप लगी हुई थी। 105-B के बिस्तर पर एक लगभग 60 साल की औरत, जिसे नर्स इंजेक्शन दे रही थी, पहले से ही थीं। आई सी यू की नर्स भी हमारे साथ ही आई थी। इन्हें बहुत ध्यानपूर्वक बिस्तर पर लेटाया गया और नर्स ने तरीके से पाइप, स्टैंड आदि लगाकर और रूम में जिस नर्स की ड्यूटी थी उसे सब बातें समझाकर, अंशु को 'गेट वेल सून ' कहकर विदा ली। पर शरीर इतना कमज़ोर हो गया था कि इस प्रक्रिया में ही अंशु इतना निढाल हो गए और फिर गहरी नींद में चले गए। कितना सह रहे थे ! उफ्फ्फ्फ़ !! शायद ये ही भाव हम सबको तंग कर रहा था इसलिए हम तीनों (मैं, कावेरी, प्राची) की आँखों से पानी खुद -बा - खुद निकल रहा था। पापा बेचारे लाचार से होकर कुर्सी पर बैठ गए और किशोर भैया कमरे में ज़रूरी सामान रखने लगे। तभी डॉक्टर डबास अपनी टीम के दो डॉक्टरों के साथ दाखिल हुए।

उनके मुस्कुराते चेहरे में सचमुच पेनकिल्लर जैसी शक्ति थी। "खुश हो मैम! आ गए ये रूम में !" और कहते - कहते अंशु का हाथ पकड़ के बोले -"अंशु, कैसे हो ?"

अंशु ने आँखें खोल लीं। उनकी आवाज़ में सकारात्मकता की खनक ऐसी थी कि क्या बताऊँ!!

अंशु ने फिर मुस्कुराते हुए 'थम्ब्स अप' किया।

"शाबाश ! तुम बहुत ब्रेव हो। सर्जरी में भी तुम्हारी बॉडी ने बहुत अच्छा रेस्पॉन्ड किया। तुम्हारी विल पावर ने ही सर्जरी को इतना सक्सेसफुल बनाया।"

अंशु ने मेरी तरफ इशारा किया तो डबास सर ने हँसते हुए कहा -"ओके, शी इज़ योर विल पावर !"

अंशु ने हाँ में गर्दन हिला दी और मुझे पेपर - पेन देने का इशारा किया। छोटा सा नोटपैड और पेन मैंने पहले से ही अपने पर्स में रखा हुआ था, जानती थी अब यही इनकी आवाज़ है।

लेटे- लेटे काँपते हाथों से अंशु ने दो शब्द लिखे और डबास सर के आगे कर दिए "थैंक यू !"

सर ने फिर कसकर अंशु का हाथ थाम लिया और मुस्कुरा दिए।

"तुम बहुत जल्दी ठीक होगे। अभी आराम करो।"

बच्चों को भी सहारा देने वाली मुस्कान देते हुए और पापा की ओर देखकर बोलते हुए "अंकल ! आप घर जाओ। यहाँ हैं सब। आप परेशान मत हो।" बाहर की तरफ निकल गए और मैं उनके पीछे -पीछे।

"सर!"

बिना कुछ कहे ही समझ लेने वाले जादूगर थे वो। जानते थे मेरी मनः स्थिति।

"मैम ! ठीक हैं। दस-बारह दिन रखेंगे। अभी दो-तीन दिन ग्लूकोज़ ही फिर लिक्विड डाइट। कैंसर फ्री हैं अब, डोंट वरी।"

उनकी आँखों की चमक और शब्दों में अपनेपन के वज़न ने मेरे डर को फिर थपकी देकर सुला दिया। अंशु ने पहले दिन बहुत कम देर ही आँखें खोलीं, ज़्यादातर नींद में ही रहे। दिन में तीन - चार बार नर्स आकर दवाइयों की पर्चियाँ थमा गई और शाम को तो मिलने वालों का ताँता सा लगा रहा। पर अंशु पर दवाइयों का नशा और शरीर की कमज़ोरी इतनी थी कि लोग आते और इन्हें देखकर चले जाते। और सच पूछो तो मेरा भी दिमाग थक गया था सबको एक ही तरह के सवालों के जवाब देते - देते।

दो- तीन दिन तो अंशु ग्लूकोज़ पर ही रहे और धीरे - धीरे नींद का दायरा कम होने लगा और जागने का बढ़ने लगा।

बीच - बीच में थोड़ा बेड ऊँचा करके बैठाती, उनसे आँखों -आँखों में बातें करती। बच्चे सुबह - सुबह ही नाश्ता - खाना लेकर शाम तक के लिए आ जाते।

कावेरी ने दस दिन की छुट्टी ले ली। "मन नहीं लगता काम में मम्मी। पापा के साथ रहना है।" उसके इन शब्दों ने मुझे चुप करा दिया था।

दूसरे दिन कबीर भी दीदियों के साथ आ गया। उसे तभी तो मिलाना था अपने पापा से जब थोड़ा होश में होते क्योंकि छोटा सा कोमल मन था उसका। पापा को हँसते देखेगा तभी खिल पाएगा वो भी, मैं जानती थी।

कबीर को देखते ही अंशु ने फ्लाइंग किस्स की।

"कैसे हो पापा ?" अंशु ने बड़ी हिम्मत और मज़बूती से अपना वही अँगूठा ऊपर करके दिखाया और कबीर के सिर पर हाथ फेर दिया। एक मज़बूत पिता की छवि ही दिखाना चाहते थे अपने बेटे को ताकि वो टूटे नहीं, विश्वास डोले नहीं।

थोड़ी देर के लिए तीनों बच्चों के हँसी- मज़ाक और बातों ने अंशु के चेहरे और आँखों में हँसी की लाली ला दी पर न जाने एकदम क्यों उनकी आँखों में पानी तैरता हुआ साफ़ दिख रहा था।

"क्या हुआ अंशु ? ठीक हो न ?"

"पापा, तबीयत ठीक है न ?" कावेरी के बोलते ही फिर लिखने का इशारा किया और मैंने डायरी पकड़ ली और पेन अंशु को दे दिया।

'तुम सबके साथ ही रहना है मुझे। लव यू आल !' मैंने पढ़कर डायरी आगे बच्चों को पकड़ा दी और अंशु के सिर को अपने साथ चिपटा लिया।

"आप हमारे साथ ही तो हो और बिल्कुल ठीक हो अब आप पापा।" गिन्नी ने बहुत प्यार के साथ बोला।

"वुई लव यू " कहकर तीनों बच्चों ने फ्लाइंग किस्स दी।

इसी तरह भावों के हिंडोले में दिन बीते। डॉक्टर डबास लगभग रोज़ ही इन्हें देखने आते और उनके आते ही अंशु ही नहीं हम सब में भी एक नए रूप में जीवन को शुरू करने की भावना, विश्वास और जोश का संचार हो जाता। एक दिन ऐसा हुआ जिस दिन डबास सर की जगह दूसरे बड़े डॉक्टर देखने आ गए। पूरे दिन अंशु का व्यवहार बहुत उखड़ा सा, नकारात्मक सा रहा। बार - बार 'सर को फ़ोन कर', 'सर कब आएँगे' कभी लिखकर तो कभी आँखों से कहते ही रहे। सचमुच कुछ अलग ही बात थी उनमें। पूरे दिन में उनका पाँच-दस मिनट आना ही जीवन जीने, परिस्थितियों को स्वीकार कर लेने के लिए तैयार कर जाता था। उनको देख लेना ही अंशु के लिए काफ़ी हद तक बीमारी की विशेष 'डोज़' थी।

अब वो दिन भी आ गया जब अंशु का शरीर कुछ आहार लेने के लिए तैयार था। पर उसे लेना इतना आसान न था। फूड बैग के रास्ते तरल पदार्थों को शरीर में पहुँचाना था और उसके लिए मुँह से नहीं नाक से रास्ता बनाना था। इस सर्जरी ने अंशु को नई ज़िंदगी तो दी पर एक बहुत बड़े बदलाव के साथ। अंशु की फूड पाइप का रास्ता बदल गया था क्योंकि अब इनकी साँस का रास्ता नाक या मुँह नहीं बल्कि गले में हुआ वो गोलाकार होल था। वही था उनकी साँस का ज़रिया अब। और जब एक दिन अस्पताल में अंशु ने एकदम ये शब्द लिखे, 'मुझे शीशा देखना है' तब समझ नहीं आया क्या जवाब दूँ ! जानती थी कि अपने गले की हालत देखना चाहते हैं जिसे शायद अभी वो सहन और स्वीकार नहीं कर पाएँगे।

"अंशु, अभी शीशा नहीं है मेरे पास. हॉस्पिटल में ज़रुरत ही नहीं थी उसकी।" बहाना करके बहला दिया। पर बहलाया तो बच्चों को जाता है और वो तो कुछ ज़्यादा ही तीक्ष्ण बुद्धिवाले थे। मेरे जवाब को उन्होंने भी सच समझने का नाटक बख़ूबी निभाया।

आज गले की वजह से नाक में से खाना पेट तक पहुँचाना था इसलिए नाक में पाइप लगानी ही पड़ेगी। इस बात को सुनते ही अंशु का चेहरा डर से सफ़ेद पड़ गया और 'नहीं लगवाऊँगा' में ही गर्दन हिलाए जा रहे थे। फिर बहुत समझाने और अपने प्यार का वास्ता देकर राज़ी किया पर अब रट थी कि डबास सर से ही लगवाऊँगा। शायद हर मरीज़ ऐसी स्थिति में डॉक्टर पर पूर्ण रूप से आश्रित हो जाता है और सिर्फ़ डॉक्टर ही उसको आश्वस्त कर सकता है पर इतने व्यस्त डॉक्टर को हर बात के लिए फ़ोन करना, बुलाना, मुझे थोड़ी हिचकिचाहट होती थी पर ये भी सच है कि फ़ोन तो करती थी और वो भी बहुत। इस बार भी फ़ोन किया और अंशु की ज़िद्द भी बताई। सर ऑपरेशन थिएटर में थे, तब भी बोले कि अंशु के कान पर फ़ोन लगाओ और मैंने वही किया। जैसे ही अंशु ने गर्दन 'हाँ ' में हिलाई, मैंने फ़ोन अपने कान पर लगाकर 'हैलो' बोला।

"मैम, अपनी टीम के डॉक्टर को भेज रहा हूँ, वो लगा देंगे। रहने दो नर्स से।"

अपनी आवाज़ से ही अपने साथ होने का अहसास कराने का जादू डबास सर में ही था और अंशु के मन में उनके लिए आस्था और प्यार का स्तर पल - पल बढ़ते दिख रहा था। अपना सा बना लिया था उन्होंने अंशु को या शायद

अंशु जैसी हालत में कोई भी बन जाता ???....... और भी तो कितने डॉक्टरों के संपर्क में आए थे पर डबास सर सचमुच कुछ अलग थे।

अब रोज़ उस पाइप से जूस, दाल का पानी, पतला दूध आदि उनके अंदर जाने लगा। शुरू में नर्स ही लगा कर जाती पर फिर ये सब मैंने सीख लिया क्योंकि घर जाकर भी कुछ दिन इससे ही खाना देना था और यदि आहार तेज़ी से जाता तो खाँसी उठती, कभी इनके हिलने - डुलने से पाइप मुड़ जाती तो खाना जाना रुक जाता, कभी इतना धीरे जाता कि अंशु खीझ जाते। तो इन सब परिस्थितियों में पाइप को कैसे नियंत्रित करना है, नर्स ने मुझे सिखा दिया और अब मैं ही इनकी नर्स बन गई। हर बार आहार के बाद पैंट्री में जाकर फूड बैग अच्छी तरह धोना ताकि पाइप में कोई रुकावट न आए, नित क्रम बन गया था।

कभी कोई दिन कुछ आसानी से गुज़र जाता तो कभी बहुत जूझता हुआ सा। कभी मुस्कान बिखरती तो कभी दूजे ही पल आँसू। कभी ताकत और संकल्प शक्ति ज़ोर लगाती तो कभी डर और आशंका घेर लेते। एक शाम अंशु की आँख लग गई पर तभी अचानक उन्हें खाँसी उठी। उनकी नींद खुल गई और उन्होंने पलंग ऊँचा उठाने का इशारा किया। पर उनके चेहरे पर असामान्यता, घबराहट, बेचैनी साफ़ दिख रही थी। मैंने एकदम उनकी छाती मलते हुए पूछा, "कुछ हो रहा है क्या?" मुँह खोलकर और साँस बहुत तेज़ी से ऊपर - नीचे करते हुए हाथों से समझाया कि साँस नहीं आ रही। मैंने एकदम नर्सिंग स्टेशन की घंटी बजा दी, फिर भी निक्की भाग कर नर्स को बुलाने चली गई। नर्स बॉय ने आते ही उनके गले में लगे बिब को हटाया जो मॉइस्चराइज़ रखने के लिए बाँधना ही पड़ता है और हमेशा बाँधना पड़ेगा। उसमें से म्यूकस निकल रहा था और अंशु बहुत ही बेचैन थे। तब उसने वहाँ लगी एक सक्शन मशीन की पाइप गले में डालकर म्यूकस निकालना शुरू किया। म्यूकस के साथ ब्लड भी आया थोड़ा. अंशु का चेहरे पर दर्द साफ़ दिख रहा था, दिख रहा था कि वो कितना परेशान हो रहे हैं। कितना सहेंगे ये ?? मन रोता था देखकर पर आँसू पीकर मज़बूत रहना पड़ता इनके सामने .....जब म्यूकस पूरा निकल गया तब जाकर इन्हें साँस लेने में राहत आई।

"मैम, म्यूकस भर गया था इसलिए ब्रीथिंग हैवी हो गई थी।"

"म्यूकस हमेशा इतना ही आएगा?" मैंने उससे पूछा।

"नहीं मैम ! टाइम के साथ - साथ म्यूकस बनना कम होता जाएगा।"

"घर में कभी ऐसा हो गया तो ? ये मशीन तो होगी नहीं !"

"मैम एक ब्रश बताएँगे डॉक्टर। आप उससे निकाल सकोगे। पर अभी सर्जरी हुई है इसलिए इतना ज़्यादा है, धीरे- धीरे कम होता जाएगा।"

अंशु इतने में ही निढाल हो चुके थे। सचमुच कितनी परीक्षा लेनी है भगवान ने इनकी। 'मेरे अंशु की क्या हालत हो गई है ??' विचार बहुत सताता था, घुटन भी होती पर मुझे तो इनके सामने चट्टान सा मज़बूत रहना था बस।

जब तक ये अस्पताल रहे बच्चे तो हर सुबह आ ही जाते और पापा भी लगभग रोज़ पर रिश्ते - नातेदारों का, दोस्तों का, जानकारों के आवागमन का सिलसिला भी लगातार चलता रहा। कुछ लोग दिल से जुड़े होने के कारण आते तो कुछ सिर्फ़ रिश्ते के रजिस्टर में हाज़िरी लगाने। मेरे चाचा, कविता मैम जैसे लोग आकर इनका मनोबल बढ़ाते, तनेजा भैया जैसे दोस्त हँसी के गुब्बारे फुलाते, मंजू भाभीजी, सोनू- जीतू का आना इन्हें सुकून पहुँचाता, रिश्तेदारों का प्यार अपनेपन का अहसास दे जाता। नीर मैत्री और उनकी पत्नी भी दो - तीन बार आए जिनसे रिश्ता सर्जरी के डर ने जोड़ा और वो बेगाने होकर भी अपनों की तरह साथ निभा रहे थे। कुछ रिश्ते जन्म के होते हैं, कुछ प्यार के और कुछ परिस्थितियों में बन जाते हैं। ऐसे ही अस्पताल के उस सेमी प्राइवेट रूम में दिन बीत रहे थे। बच्चे जब खाना लेकर आते तो खाने के वक़्त का इंतज़ार अंशु को सबसे ज़्यादा रहता क्योंकि उन्हें बच्चों को खाते देखना बहुत अच्छा लगता। उन्होंने लिखा भी, 'जब ये खाते हैं तो मुझे लगता है मुझे स्वाद आ रहा है।' स्वादिष्ट खाने के शौकीन को आज वक़्त ने इतना मज़बूर कर दिया ...उफ्फ्फ। ये अहसास जितना उन्हें दुखी करता उतना मुझे भी। ऐसी हालत में इनके सामने कुछ खाने का मन ही न करता पर न खाती तो इनका दिल दुखता और खाती तो मेरा। अपना दिल दुखाना ही बेहतर विकल्प था।

अस्पताल में सातवाँ या आठवाँ दिन था और सूरज की खिलखिलाती किरणों के साथ डबास सर भी खिलखिलाते हुए दाखिल हुए। अंशु का बेड मैंने थोड़ा ऊँचा किया हुआ था क्योंकि ये बैठना चाहते थे। सर के आते ही मैं इनको नोटपैड और पेन पकड़ा देती थी ताकि अपनी सोच और मन को हल्का कर सकें।

"वेल डन अंशु ! तुम्हारी रिकवरी की स्पीड मेरी एक्सपेक्टेशन से कहीं अच्छी है। कीप अप योर विल पावर। और गुड न्यूज़ है, रिपोर्ट भी सही आई है। जो नोड्यूल्स भेजे थे वो कैंसरस नहीं हैं।

डबास सर के कहते ही अंशु के चेहरे पर खुशी की लहर दौड़ गई। उनकी इसी प्रकार की सकारात्मकता ही तो उनकी सबसे बड़ी खूबी है जो दिल जीत लेती है।

"मैं कब तक घर जा पाऊँगा? बोलूँगा कब से? अंशु ने लिखा।

"जैसे ही यूरिन बैग हटा पाएँगे तभी भेज देंगे। तीन - चार दिन रुको। बोलोगे भी पर अभी नहीं। शरीर में थोड़ी ताकत आने दो फिर करवाएँगे स्पीच थेरेपी। डोंट वरी, तुम जल्दी ठीक हो रहे हो।"

सर के बोलते ही अंशु मुस्कुराए तो सही पर एकदम उनका हाथ पकड़ लिया और डायरी मेँ जो लिखा उसने एक पिता की मनः स्थिति का पूरा ब्यौरा बयान कर दिया। 'सर ! कुछ साल दे दो। कबीर को पढ़ाना है।'

"कुछ नहीं, बहुत साल हैं तुम्हारे पास। तुम बिल्कुल ठीक हो अब, कैंसर फ्री। कबीर को खूब पढ़ाना किसने रोका है और बेटियों की शादी भी तो करनी है।" मुस्कुराहट के साथ कहते हुए और इन्हें भी मुस्कान देकर सर चले गए।

रात को ये तो कमज़ोरी और दवाइयों के असर से नींद में चले गए पर मुझे पूरे दिन के थकान भरे दिन के बावज़ूद भी नींद नहीं आ रही थी। अजीब सी उथल - पुथल मची हुई थी दिमाग में। 'समझौता ' शब्द हज़ारों बार सुना और पढ़ा था पर आज पहली बार उसे महसूस कर रही थी। जो अंशु अपनी आवाज़ को जान से भी ऊपर रख रहे थे, आवाज़ बचाने की लिए डॉक्टरों से भागे - भागे फिर रहे थे, आज वही डॉक्टर उनके लिए भगवान हैं और 'आवाज़ दे दो ' की जगह 'कुछ साल दे दो ' ने ले ली है क्योंकि बच्चों के मोह ने ये समझौता करना सिखा दिया है और अपनों की ज़िम्मेदारी के अहसास ने आवाज़ से ऊपर ज़िंदगी को ला दिया है। अंशु के लिए बच्चे और खासतौर पर कबीर बहुत नायाब है। निक्की - गिन्नी को तो वो अपने पैरों पर खड़ा कर चुके थे फिर भी, पर कबीर, उसे तो अभी काबिल बनाना था। जानती हूँ अंशु को ये बात खाए जा रही है कि सैंकड़ों बच्चों को मैथ्स पढ़ाकर उनका मुक़ाम हासिल कराया है और अब जब अपने बेटे की बारी आई है तो ये सब ?? वैसे भी कबीर ही चढ़ा रहता था इनके मुँह पर हमेशा। एक पिता के मन की दशा का अहसास था मुझे।

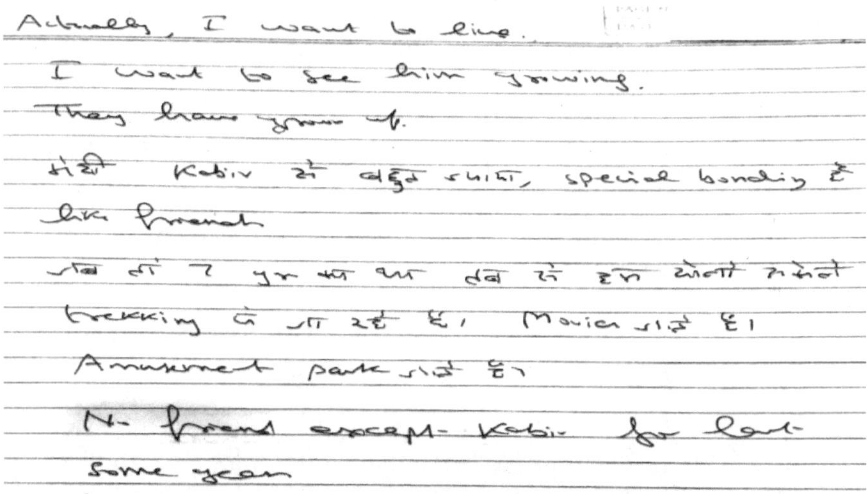

Actually, I want to live . I want see him growing. They have grown up. मेरी Kabir से बहुत ज्यादा special bonding है like friends

जब वो 7 yrs का था तब से हम दोनों अकेले trekking पे जा रहे हैं। Movies जाते हैं। Amusement park जाते हैं।

No friend except Kabir for last some years

अस्पताल की मरीज़ों वाली पोशाक इन्हें कतई न भाती। जब भी सुबह वार्डबॉय आकर बेडिंग बदलता, इनका स्पॉन्च करता और फिर अस्पताल की नई धुली पोशाक लाता, ये मेरी तरफ देखकर आँखों से ही कह देते 'नहीं पहननी ये।' और मैं यही कहती 'थोड़े दिन की बात है बस, फिर तो घर ही जाना है।' और अंशु लाचार होकर सब मान लेते। रास्ता ही क्या था उनके पास।

पर आज अंशु बहुत खुश थे। होते भी कैसे नहीं, डबास सर ने आज बात ही ऐसी कही थी!

रोज़ अंशु का यूरिन बैग काफी भर जाता था क्योंकि सर्जरी के बाद से पेट की वेस्ट (गंदगी), लिक्विड के रूप में निकल रही थी जिसे रोज़ सुबह मापा जाता था।

"अंशु !आज तुम्हारा यूरिन बैग उतार कर देखते हैं क्योंकि पिछले दो दिनों से लिक्विड की मात्रा काफी कम है और आज तो न के बराबर निकली है। उतारकर देखते हैं तुम कैसा फील करते हो? यदि सब ठीक रहा तो कल डिस्चार्ज कर देंगे। जाना है न घर ?"

इस दिन का इंतज़ार तो हम सब बेसब्री से कर रहे थे। कैंसर फ्री होकर अंशु का घर जाना हमारे लिए किसी त्योहार से कम न था।

डॉक्टर डबास की इस बात के कहते ही मैंने मम्मी को घर पर फ़ोन करके बच्चों के हाथ हलवा बनाकर भेजने को कहा ताकि ये प्रसाद बाँटकर उन सभी को धन्यवाद कर सकूँ जिन्होंने बारह दिन तक अपनी सेवा, सहयोग और आशीर्वाद से अंशु को इस काबिल कर दिया है कि आज मैं उन्हें सही सलामत घर ले जा सकती हूँ।

अंशु ने भी पूरे दिन में डायरी के दो - तीन पेज तो भर ही दिए जिसमें प्रश्नों की सूची थी कि जब डॉक्टर डबास शाम को आएँगे तो ये सब उनसे पूछना है। अंशु नाक में लगी फूड पाइप के साथ घर नहीं जाना चाहते थे। 'कबीर को मुझे इसमें देखकर कैसा लगेगा ??'

मेरी दवाइयाँ, मेरी देखभाल कैसे करनी होगी ? मेरी डाइट ? नेक्स्ट विजिट कब होगी ? रेडिएशन या कीमो भी करनी पड़ेगी आदि अनेक सवाल कतार में लिखे बैठे थे ये। पर जब शाम पाँच बजे डबास सर की जगह उनकी टीम के कोई और दो डॉक्टर आ गए तो अंशु का मुँह ऐसे उतर गया जैसे बादल देखकर मोर ने प्रसन्नता में पंख फैलाए हुए हों और एकदम सूरज की तेज़ किरणों ने आकर खुले पंखों को समेट दिया हो।

' सर नहीं आएँगे आज ?' अंशु ने लिखकर एक डॉक्टर से पूछा।

"बिज़ी हैं ऑपरेशन थिएटर में, एक केस में अटके हैं। कल आएँगे अब। शायद कल डिस्चार्ज कर दें। सर विल टेक डिसीज़न।"

पर अंशु को तो सर ही चाहिए थे। फिर सर को फ़ोन करने की वही ज़िद्द। विनती कर कि आ जाएँ एक बार।

मैंने और बच्चों ने समझाने की कोशिश की कि उन्हें फ़ोन करके बार - बार तंग करना ठीक नहीं लगता पर अंशु .... हारकर मुझे उन्हें फ़ोन करना ही पड़ा।

"जी मैम बोलिए !"

"सर वो आप बिज़ी हैं क्या? आप आएँगे रूम में?"

"कल आता हूँ मैम। आज किसी केस में हूँ। लेट हो जाऊँगा। कल कर देंगे डिस्चार्ज।"

"ओके सर! ये याद कर रहे हैं आपको। आपको नहीं देखते तो रेस्टलेस हो जाते हैं।" फ़ोन रखते - रखते मैंने ये बोल ही दिया।

डबास सर हँस पड़े "मैम कोशिश करता हूँ आ पाया तो, वरना मॉर्निंग में पक्का।"

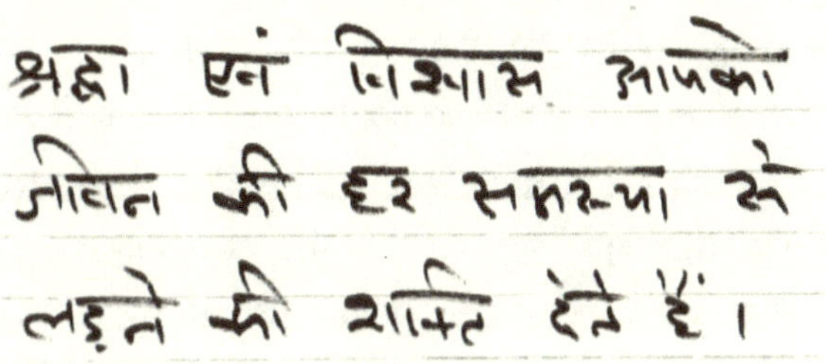

श्रद्धा और विश्वास आपको जीवन की हर समस्या से लड़ने की शक्ति देते हैं।

इतने बिज़ी डॉक्टर हैं पर फिर भी फ़ोन उठा लेते हैं, ये ही क्या कम था? पर मरीज़ भी क्या करें ?? बीमारी में जो मन को सुकून देता है, जिस पर पूरा विश्वास जम जाता है, उसी पर मन पूरी तरह झुक जाता है और अंशु के लिए डबास सर की मुस्कान और उनकी उपस्थिति ही सबसे असरदार दवा थी। पर उम्मीद नहीं थी कि आज वो दवा अंशु को मिले क्योंकि सर सचमुच बहुत बिज़ी थे आज।

"अंशु, सुना है याद कर रहे थे मुझे।" कहते हुए रात आठ बजे के करीब डबास सर दाखिल हुए।

उन्हें देखते ही अंशु ने उनका हाथ ऐसे पकड़ लिया जैसे कोई खज़ाना मिल गया हो।

"कैसे हो ? घर जा रहा था तो आ गया मिलने।"

'सर, कहाँ रहते हैं आप?' अंशु ने डायरी में लिखा।

"रोहिणी, सेक्टर 13।"

"सर, हम भी वहीं रहते हैं झंग सोसाइटी में।"

मेरे बोलते ही सर हँस पड़े। "पडोसी हो आप हमारे। मैं विक्रांत सोसाइटी में रहता हूँ, आपके सामने वाली सोसाइटी में।"

हम दोनों ही कितने खुश थे ये सुनकर। अंधा क्या चाहे दो आँखें।

अंशु ने मुझे इशारा करके डबास सर को हलवा खिलाने के लिए कहा। मैं झिझक रही थी पर सर ने खुशी के साथ दो - तीन चम्मच खा लिया और सुबह आने का वादा करके चले गए।

इतने बड़े डॉक्टर, पर ज़रा भी अकड़ नहीं, अपनापन कूट - कूट कर भरा था, भावनाओं की कद्र करना भी बखूबी आता था और निष्प्राण में प्राण फूँक देने की कला में तो माहिर थे ही डबास सर। जितने अच्छे डॉक्टर हैं उतने ही अच्छे इंसान भी और उनके लिए ये सोच समय के साथ - साथ और पुख़्ता होती गई।

अब वो सुबह आ गई थी जब मैं अपने अंशु को घर ले जाऊँगी। आज तेहरवें दिन मैं और ये घर जाएँगे। पापा और निक्की भी पहुँच गए सुबह - सुबह ही। गिन्नी और कबीर पापा के आने की तैयारी घर पर कर रहे थे। अब प्रतीक्षा थी तो बस उस मुस्कुराते चेहरे की जो आकर इनके डिस्चार्ज पेपर्स पर हस्ताक्षर का ठप्पा लगाएँगे, जी हाँ डॉक्टर सुरेंद्र डबास।

लगभग दस बजे डबास सर अपनी टीम के चार डॉक्टरों और नर्स के साथ जैसे ही कमरे में आए अंशु को देखते ही बोले -" लुकिंग वैरी फ्रेश, गुड। घर जाना है आज ??"

अंशु ने मुस्कुराते हुए 'हाँ' में गर्दन हिलाई।

"कैसा फील हो रहा है वैसे? एनी वीकनेस और कुछ ??"

अंशु ने 'नहीं ' में गर्दन हिलाकर अपना वही 'थम्ब्स अप' दिखा दिया।

"यू आर रियल फाइटर। कर देते है आज डिस्चार्ज। अभी डाएटीशिएन आएँगी तो समझा देंगी कैसे और क्या फूड देना है ?" सर जाते - जाते बोले," बिब हमेशा लगाना है और थोड़ा गीला (WET) रखना है हमेशा।"

मैंने एकदम पूछा, "सर यहाँ तो म्यूकस मशीन से निकाल देते थे, घर पर हुआ तो कैसे निकालेंगे ?"

"मैम एक किट दी थी आपको जब सर्जरी हुई थी, वो दिखाना। उसमें एक ब्रश है।"

मैंने किट में से ब्रश निकाल कर उनके हाथ में दे दिया। मुझे इस चीज़ का आभास नहीं था कि आज मैं वो सीखूँगी जो मुझे हमेशा करना है अब। ब्रश से म्यूकस को निकालना।

सर ने अंशु का बिब हटाकर गले के होल में उस ब्रश को धीरे - धीरे घुमाकर बाहर निकाला और म्यूकस निकला।

"मैम, ऐसे आप निकाल दिया करो। दिन में दो-तीन बार कर ही देना अभी कुछ दिन तो ताकि ये साफ़ ही रहे। पर अब चलाकर दिखाओ क्योंकि गलत या हार्ड चला दिया तो अंदर की लेयर छिल जाएगी।" सर ने मेरे सामने ब्रश कर दिया।

मैंने ब्रश पकड़ तो लिया पर हिम्मत नहीं जुटा पा रही थी अंशु के गले के उस छेद में डालने की।

"मैम, कुछ नहीं होगा।" सर ने हिम्मत देते हुए कहा और सर के कहे अनुसार उसे गले के होल में डाला और धीरे - धीरे चलाया। ठीक से प्रयोग करना तो सीख लिया मैंने पर उस समय अंशु के आत्मविश्वास के टुकड़े होते भी चेहरे पर साफ़ देख लिए। सर के जाते ही अंशु ने मुझे बहुत उदास आँखों से देखा।

"क्या हुआ अंशु ? आज तो खुशी का दिन है, हम घर जा रहे हैं।" कहते-कहते उनका हाथ पकड़ लिया। जानती थी अंशु के अंदर क्या चल रहा है पर बस उन्हें उस कमज़ोर करने वाली सोच से दूर ले जाना चाहती थी इसलिए बात बदल दी।

'मैं तुझ पर बोझ बनकर जीने वाला हूँ अब।' डायरी में उनके लिखे ये शब्द पढ़ते ही उनका माथा चूम लिया। अंशु पर बहुत प्यार आ रहा था पर उनकी बेबसी पर दुःख हो रहा था। ख़ुद्दार थे वो हमेशा से ही तो ऐसा लगना स्वाभाविक था।

"पागल हो क्या ?? आई लव यू, तुम मेरे साथ हो और मैं तुम्हारे। बोझ की बात कहाँ से आ गई?? मैं तुम्हारी जगह होती तो क्या मैं बोझ होती तुम पर ? कैसी बातें करते हो यार !! "

माहौल को हल्का करने के लिए निक्की ने एकदम बोला," पापा पता है आपको घर जाकर सरप्राइज मिलने वाला है, तैयारी हो रही है उसकी।" उसकी ये कोशिश सफल रही और अंशु के होठों पर मुस्कान आ गई।

बकाया बिल का भुगतान, घर में जो अंशु को दवाइयाँ देनी थीं उसकी खरीद, बची हुई दवाइयों का रिफंड लेने आदि कामों के लिए ऊपर - नीचे चक्कर लगाते हुए सुबह से दोपहर हो गई। कैब अस्पताल के रिसेप्शन के बाहर खड़ी थी। वार्डबॉय नीचे तक ले जाने के लिए व्हील चेयर ले आया। अंशु ने इशारे से उस पर न बैठने का संकेत किया और समझाया मैं चलकर जाऊँगा, बिल्कुल ठीक हूँ। अंशु सचमुच बहुत हिम्मती थे, इच्छा शक्ति बहुत प्रबल थी। "अंशु पता है कि तुम ठीक हो अब, पर अभी इस पर ही चल लो, थक सकते हो और घर जाकर भी तो सीढ़ियाँ चढ़नी पड़ेंगी।" मेरे कहते ही मान गए। शायद अपने आप को ये भरोसा देना चाहते थे कि वो अधूरे नहीं, मरीज़ नहीं। इसलिए ऐसा कहकर अच्छा महसूस कर रहे थे।

दरवाज़े पर ही मम्मी ने लोटे में पानी को तीन बार घुमाकर इनकी नज़र उतारी और घर में दाखिल होते ही ड्राइंग रूम की दीवार पर रंग - बिरंगे झालर से 'WELCOME PAPA ' ने अंशु की आँखें नम कर दीं। बच्चों को एकदम गले लगाना चाहते थे पर अस्पताल से साथ आए कीटाणुओं को बच्चों को कैसे दे सकते थे?? हाथ -मुँह धोकर और कपड़े बदलकर ही बच्चों के पास आएँगे ये और मैं भी। मैं भी तो कबीर को गले लगाने की लिए तड़प रही थी। कितने दिनों से उससे दूर थी और वो भी उतना ही बेचैन था।

जैसे ही हम अपने बेड रूम में घुसे बेड पर एक बड़ा सा कार्ड पड़ा था 'LOVE YOU PAPA' का। पर बस यही नहीं था, भावुक करने के लिए बच्चों ने ऐसा काम किया था जिसका मुझे भी रत्ती भर अंदाज़ा नहीं था। बेड के सामने बने कबर्ड पर एक नया टीवी रखा हुआ था।

"पापा, ये आपके लिए लाएँ हैं। अब आप आराम करना और मज़े से टीवी देखना।" गिन्नी के बोलते ही मैं अपने आँसू रोक नहीं पाई और अगले पल ही अंशु के गाल भी गीले थे। अंशु की बीमारी के दौरान ही टीवी बिल्कुल ख़राब हो गया था और ठीक कराने की हालत में नहीं था, कितना पुराना भी तो था। तो निक्की ने अपनी तनख़्वाह से ये ख़रीदा था ताकि पापा वापिस आकर बोर न हों।

पैसों से चीज़ तो खरीदी जा सकती है पर संवेदनाएँ नहीं। ये टीवी मात्र वस्तु नहीं बच्चों का लगाव, स्नेहमयी भाव और अपने पापा के लिए अगाध प्रेम का खज़ाना था जिस खज़ाने ने आँखों को खुशी के आँसुओं से और मन को सुकून के मर्म से भर दिया था।

परिवार में एक टूटे तो परिवार के सभी सदस्य बिखर जाते हैं और यदि एक भी खिलखिलाए तो सभी निखर जाते हैं। आज मेरे बच्चों के मुरझाए चेहरे खिलखिला रहे थे और उन्हें देखकर अंशु के चेहरे पर भी सुख दिखाई दे रहा था और मैं इन सब को देखकर जी सी उठी थी। अंशु को नया जीवन मिला था और हमें भी।

अंशु ने बच्चों को खाना खाने के लिए अपने पास ही पलंग पर बैठाया हुआ था। कबीर राजमा - चावल खा रहा था और अंशु बार- बार उसके सिर पर हाथ फेर रहे थे जैसे उसे खाते देखकर अनंत शांति मिल रही हो उनको। अंशु के सबसे पसंदीदा राजमा - चावल ....आह्ह्ह! याद आता है जब मैं राजमा का मसाला बनाती थी तो उसकी खुशबू से ही रसोई में भागे आते और बनते ही सबसे पहले टेस्ट करने का शौक..ओह्ह्ह .... कैंसर ने कितना कुछ छीन लिया था। सर्जरी से आवाज़ तो गई ही स्वाद और सुगंध भी चले गए थे। डबास सर कहते है कि कुछ महीनों में आ जाएगी सुगंध और स्वाद भी। पर ज़िंदगी के सामने ये सब बहुत मामूली चीज़ें हैं. अंशु को समझाने से पहले खुद को समझाती। स्वाद और खुशबू को हम अपने जीवन में कितनी साधारण सी बात समझते है क्योंकि ये तो सबके पास ही होता है।पर जब कुछ छूट जाता है, दूर चला जाता है तभी उसकी अहमियत और मूल्य पता चलता है।

दीवार पर जहाँ मेरी छात्रा द्वारा उपहार में दिया गया मेरा स्केच टँगा था उसी कील पर अब अंशु का फूड बैग टाँगा गया। डाएटीशीयन के कहे अनुसार दाल, चावल, खिचड़ी, दूध आदि उसमें डालकर अंशु को देती, यहाँ तक की सभी दवाइयाँ भी पीसकर और पानी में मिलाकर उसी बैग से देनी थीं और मम्मी को भी उसके द्वारा देना सिखाया क्योंकि कब तक स्कूल न जाती। घर भी तो चलाना था और इनका इलाज़ भी कराना था। मात्र पाँच लाख की मेडिकल इंश्योरैंस में कैंसर जैसी बीमारी का इलाज़ कराना असंभव था। चार लाख तो सर्जरी में चले गए थे और इंश्योरैंस भी कैशलेस कहाँ थी, जब पूरा पोथा बनाकर इंश्योरैंस कंपनी को दूँगी तब वो जायज़ा करके पूरी तसल्ली होने

पर ही देंगे। और जब कोई अपना ऐसी हालत में हो तो इंसान उसकी ओर ध्यान दे या कागज़ पत्रों के झमेलों में फँसे। ज़िंदगी के किसी भी मोड़ पर खड़े हो पर ज़िम्मेदारियाँ पीछा कहाँ छोड़ती हैं। पर ये सोचकर ही मन घबरा रहा था कि इन्हें छोड़कर कैसे जा पाऊँगी स्कूल ?? पर सच्चाई ये भी थी कि पैसों की सख़्त ज़रूरत थी इस समय और कविता मैम ने बहुत साथ दिया पर मुझे ऐसा लगता था कि कहीं न कहीं वो भी तो छात्रों तथा स्कूल के लिए जवाबदेह होंगी।

स्कूल तो ज़रूर चली गई पर मन और फ़ोन के तार घर से ही बँधे हुए थे। सुबह आठ बजे से दो बजे तक बीस - तीस मैसेज अंशु के आते और मैं भी जब मौका लगता मैसेज का जवाब देने की कोशिश करती पर काम की जगह थी, काम भी तो करना था। प्रिंसिपल मैम से अपने फ्री पीरियड में एक बार घर जाने की अनुमति पहले ही ले चुकी थी क्योंकि अंशु का वो होल एक बार साफ़ करना ही पड़ता था सुबह, नहीं तो म्यूकस भर जाने से अंशु को साँस लेना भारी हो जाता। 45 मिनट के अंतराल में नित 11 या 12 बजे घर आती, ब्रश से म्यूकस निकालती, इन्हें स्पंच कराती और पुनः स्कूल पहुँच जाती। जबकि अंशु हमेशा एक ही वाक्य लिखते या अपने हाव- भाव से जता देते जब भी मैं म्यूकस निकालती कि उन्हें मुझसे ऐसा कराने में बहुत हीन भावना आती है, बहुत शर्मिंदगी और बुरा लगता है। जानती हूँ ऐसा क्यों सोचते थे क्योंकि *जब स्वाभिमान* चूर- *चूर होता है तो 'आह' की आवाज़ तो आती ही है।* उन्हें लाचारी का अहसास नोच रहा था।

रोज़ एक नई चुनौती इम्तिहान लेती ।कभी रात को तेज़ खाँसी उठती और इन्हें घुटन सी लगती, फिर कभी म्यूकस निकलता रहता, कभी अंदर जमकर सख्त पपड़ी सा बन जाता जिसे निकालना और बड़ी चुनौती होता और तकलीफ़देह भी। कभी अपने गूँगेपन को कोसते, कभी गले के बिगड़े हुए रूप पर खीझते, कभी भावात्मक रूप से टूटते तो कभी शारीरिक रूप से बिखर जाते। ऐसे क्षणों से इन्हें उभारना मेरे लिए भी कम चुनौतीपूर्ण न होता। उनकी मनोदशा मुझे भी घाव देती पर मैं तो घाव दिखा भी नहीं सकती थी।

आज हमें डॉक्टर डबास के पास नियमित जाँच के लिए जाना था। 'आज तो नाक से पाइप उतार ही देंगे ' अंशु इसी उम्मीद पर खुश थे पर साथ ही साथ कई प्रश्नों की सूची बनाकर अपनी पॉकेट डायरी में रख ली थी।

आज हम फिर उसी दरवाज़े के बाहर खड़े थे जहाँ पहली बार उस इंसान से मुलाकात हुई थी जिसने अंशु को नया जीवन दिया है। अंशु को वहाँ बैठाकर मैं ओ पी डी कार्ड बनवाने चली गई और आकर वो कार्ड नर्स को पकड़ा दिया। मंदिर में भगवान के दर्शनों के लिए श्रद्धालुओं का ताँता लगा हुआ होता है और यहाँ भी भगवान स्वरुप डॉक्टर के दर्शन के अभिलाषी मज़बूर मरीज़ों का ताँता लगा था। पूरा अस्पताल खचाखच भरा हुआ था। एक आम आदमी को ये अंदाज़ा भी नहीं होता कि कैंसर जैसी घातक जानलेवा बीमारी से कितनी आबादी जूझ रही है, हमें भी कहाँ पता था जब तक इस के चंगुल में नहीं आए थे। वहाँ बैठे -बैठे अहसास हुआ कि जीवन की छोटी -छोटी परेशानियों से घबरा जाते हैं और जो हमारे पास होता है हमें हमेशा कम ही लगता है, असंतुष्टि का भाव रहता है पर यदि यहाँ देखें तो पता चले कि वास्तविक जंग और परेशानी क्या होती है। भगवान न करे किसी को यहाँ आना पड़े। *वक़्त बीतने के बाद ही अक्सर ये अहसास होता है जो छूट गया वो लम्हा ही बेहतर था।*

सर के कमरे से एक बहुत बेढब मुँह वाला आदमी निकला जिसकी शक़्ल का आकार यक़ीनन इस बीमारी ने बिगाड़ दिया था। मुँह के कैंसर ने ये दशा कर दी थी।

"अंशु ! ग्रैटिट्यूड इज़ वैरी इम्पोर्टेन्ट। हमें सच में भगवान का और डबास सर का थैंकफुल होना चाहिए।"

अंशु ने 'हाँ ' में गर्दन हिलाई। सच ही सुना है 'दूसरे के दुःख देखकर ही अपने दुःख को झेलने की ताकत मिलती है और ये भाव आता है 'दुनिया में कितना गम है, मेरा गम कितना कम है।'

इतने में नर्स ने इशारा करके हमें अंदर आने को कहा। डबास सर फ़ोन पर बात कर रहे थे और अंशु का ओ पी डी कार्ड सामने था। हम सामने बैठ गए। फ़ोन रखते ही बोले," मैम ओ पी डी कार्ड की ज़रूरत नहीं, सीधा आ जाया करो फ़ोन करके।"

"जी सर !" मैंने कहा।

"वाह अंशु !स्मार्ट लग रहे हो। अच्छा लगा होगा घर जाकर ?" अंशु ने मुस्कुराकर 'हाँ' कर दिया।

"कोई दिक्कत तो नहीं लग रही अंशु ?" सर अपने पास के स्टूल पर बैठने का संकेत करते हुए बोले।

बिब उठाकर गले की जाँच की, टिशू से बहता हुआ म्यूकस साफ़ किया।" ठीक है ये सब तो।"

"सर ये फूड पाइप कब तक हटेगी ?" मैंने पूछा।

"मैम, बेटर है चार-पाँच दिन और लगी रहे क्योंकि अभी गले के स्टिचिस कच्चे हैं। वैसे तो खुद ही डिज़ोल्व हो जाएँगे पर अगली विजिट में स्टिचिस देख लेंगे एक बार, फिर हटा देंगे पाइप।"

अंशु के चेहरे पर हताशा का भाव आ गया। अब अंशु ने अपनी पॉकेट से डायरी निकाली और सवालों की सूची सर के सामने रख दी। सर एक - एक करके जवाब देने लगे।

"तुम बोलोगे अंशु पर अभी शरीर में थोड़ी ताकत आने दो फिर कराएँगे स्पीच थेरेपी। म्यूकस टाइम के साथ - साथ कम होता जाएगा। सितंबर के दूसरे हफते के बाद जब तुम्हारे स्टिचिस पूरी तरह पक्के हो जाएँगे तब रेडिएशन्स होंगी।

"रेडिएशन्स में क्या होता है सर ?"

"मैम, सिकाई है। मशीन से हीट देते हैं उस पार्ट पर जहाँ कैंसर था ताकि यदि सर्जरी में छोटे - छोटे कोई पार्टिकल्स रह भी गए हों तो वो भी जड़ से ख़त्म हों जाएँ। ये आफ्टर सर्जरी होती है ताकि पूरी तसल्ली हो जाए।"

'कब तक चलेंगी रेडिएशन्स? पेनफुल होती हैं ?' अंशु ने लिखा।

"35 -40 के बीच होंगी। सवा -डेढ़ महीना चलेंगी। नहीं अंशु, पेनफुल तो नहीं होतीं पर कुछ थोड़े बहुत साइड इफेक्ट्स आते हैं। घबराओ मत, सब ठीक होगा। पर ये कराना ज़रूरी है।"

अंशु ने सर से ऐसे ही कितने सवाल किए और जैसे ही बाहर निकलने के लिए उठने लगे डबास सर ने एकदम अंशु का हाथ पकड़ कर कहा, " डोंट वोर्री ! मैं हूँ न ! तुम्हें टोटली फिट करूँगा।" और मुस्कुरा दिए। शायद अंशु के डूबते दिल और कमज़ोर भावों को भाँप गए थे क्योंकि रेडिएशन के नाम के बाद अंशु विचलित हो गए थे। सर के बोलते ही अंशु ने जो लिखा तो मैं अपने आँसुओं को बाँध न सकी।

'सर ! कैन आई हग यू ?" मैंने अंशु को कभी इतना असहाय सा नहीं देखा था। शायद सच में उसे उस समय जादू की झप्पी की सख़्त ज़रुरत थी।

सर खड़े हो गए और अंशु को गले से लगा लिया। कुछ क्षणों को शब्द नहीं बुन पाते, सिर्फ़ अहसास ही पिरोते हैं।

कमरे में नर्स, दो डॉक्टर और दो लोग और थे पर तब भी डॉक्टर डबास ने अंशु को खुले दिल से वो दिया जिसने भले ही उसकी आँखें आँसुओं से भर दीं पर मन का बोझ हल्का कर दिया। डबास सर सचमुच एक काबिल डॉक्टर ही नहीं, एक महान इंसान भी हैं।

अंशु ने घर आते ही गूगल पर रेडिएशन की जानकारी एकत्रित करनी शुरू कर दी।कभी उसकी प्रक्रिया पढ़ते, कभी साइड इफ़ेक्ट और कभी बीमारी को कम करने में रेडिएशन की भूमिका। डबास सर ने एक बात कही थी जो सच में कितनी सटीक थी -'अनपढ़ मरीज़ को समझाना ज़्यादा आसान हैं परस्पद पढ़े- लिखे मरीज़ के क्योंकि वो हर चीज़ में तर्क लगाते हैं।'

अंशु भी ये सब पढ़ते और फिर ज़्यादा सोच - विचार करते और परेशान हो जाते। कभी लिखते -'ये भी क्या ज़िंदगी हैं ? ऐसे जीना पड़ेगा ?' कभी लिखते, 'वैसे इससे कैंसर सेल्स बिल्कुल जल जाते हैं।इसलिए ही करा रहे हैं सर।' कभी डरते, कभी बिखरते, कभी मन को मज़बूत बना लेते तो कभी खुद के आत्मविश्वास की धज्जियाँ उड़ा देते और फूड पाइप का लगा होना उन्हें और खीझ देता। पर फिर जब बच्चों को देखते ख़ासतौर पर कबीर को, तो लिखते- 'मैं सहूँगा यार, सब कुछ इनके लिए और लड़ूँगा इस कैंसर से। ठीक होकर ही रहूँगा पूरी तरह।'

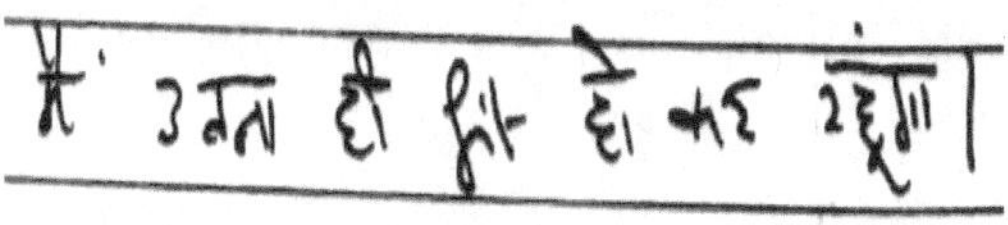

मैं उतना ही fit होकर रहूंगा।

इस दशा में भावों के बवंडरों का आना स्वाभाविक था। मैं और बच्चे समझते थे उनकी मानसिक उथल - पुथल को, उनके अंदर चलते महायुद्ध को, उनकी लाचारी और मज़बूरी को। ये सब सहने के लिए बहुत संकल्प शक्ति चाहिए होती हैं, आसान नहीं हिम्मत जुटा पाना पर अंशु की हिम्मत पर गर्व था

और विश्वास भी क्योंकि वो हार मानने वालों में से नहीं थे। मैं आधे दिन का स्कूल का काम निपटाकर घर आई और लगभग बारह बजे हम अस्पताल पहुँच गए क्योंकि आज इनकी फूड पाइप निकालनी थी और स्टिचेस की जाँच करनी थी। डबास सर को फ़ोन पर आने की सूचना दे दी और वेटिंग एरिया में बैठ गए। हमेशा की तरह सर के कमरे के बाहर का वही दृश्य था, मरीज़ों की उमड़ती भीड़ का। इतने में डॉक्टर अश्विनी और डॉक्टर अरुण आते दिखाई दिए जो सर की टीम के ही थे।

"आप इस सामने वाले रूम में आ जाइए।" डॉक्टर अश्विनी के कहते ही हम उनके पीछे चल पड़े। डॉक्टर अश्विनी ने अंशु के होल की जाँच की, म्यूकस बहुत गाढ़ा था तो उन्होंने एक पाइप से उसे साफ़ किया और टाँके निकाले। गले से थोड़ा रक्त बहने लगा जो शायद इस प्रक्रिया में आता ही है। डॉक्टरों के लिए ये सब साधारण बात होती है पर आम आदमी के लिए ये सब देखना सरल और साधारण नहीं होता। अंशु घबरा गए कि कहीं कुछ गलत तो नहीं हो गया सर्जरी में और फिर डबास सर को बुलाने का इशारा करने लगे। डॉक्टर अरुण इनका इशारा समझते हुए इनका हाथ थाम कर बोले," घबराइए मत, ये नार्मल है। सब ठीक है। सर अभी मिलेंगे आपसे पर पहले ये प्रोसेस कर लें।"

आज लगभग एक महीने के बाद फूड पाइप उतरनी थी और मुँह से कुछ देकर जाँचना था कि कही कोई रिसाव (लीकेज) तो नहीं ?

"मैम आप कुछ जूस, फ्रूटी वगैरह लाई हैं ? थोड़ा थिक पिलाकर देखेंगे इनको।"

"अश्विनी सर मुझे पता नहीं था, मैं अभी कैंटीन से ले आती हूँ।" और उनके कहते ही मैं कैंटीन से जूस ले आई।

अंशु पहले ही गले से आए खून को देखकर घबरा चुके थे। अश्विनी सर को लिखकर बोले -'डबास सर के सामने फूड पाइप रिमूव कर लें प्लीज़?'

"ओके, वेट कीजिए। चेक करता हूँ सर कब तक आ पाएँगे? आज सर्जरी और ओ पी डी दोनों हैं तो सर बिज़ी हैं ज़्यादा।"

दोनों डॉक्टर चले गए और लगभग आधे घंटे के बाद डबास सर के साथ दोनों डॉक्टर फिर दाखिल हुए।

"हाँ अंशु ! चलो पाइप निकाल कर देखते हैं। डॉक्टर अरुण निकालो जरा पाइप।"

डॉक्टर अरुण ने नाक से पाइप निकाली।

"अंशु, अब ये पानी बहुत छोटे -छोटे सिप लेकर पियो।" अंशु के हाथ में पानी का गिलास थमाते हुए डबास सर बोले।

अंशु ने सर्जरी के दिन से अब तक पानी का स्वाद तक नहीं चखा था। पानी तक फूड पाइप से गया था वो भी बहुत कम।

अंशु ने जैसे ही पानी का घूँट अंदर लिया वो गले के होल से बाहर आ गया और तेज़ खाँसी उठी।

"छोड़ दो अंशु ! तुम अब ये जूस ट्राय करो। बहुत ही छोटे सिप और धीरे - धीरे लेना।"

डबास सर के कहे अनुसार अंशु ने स्ट्रॉ से जूस का एक घूँट लिया, तब न खाँसी उठी, न बाहर निकला। फिर एक और घूँट लिया। पर तब भी बाहर नहीं निकला।

"मैम, इनको थोड़ी गाढ़ी चीज़े देनी है जैसे गाढ़ी दाल, चावल, खिचड़ी, दूध - ब्रेड पर सब मिक्सी में करके, कोई हार्ड दाना न आए। दवाइयाँ भी पीसकर जूस में ही देनी हैं। पानी नहीं देना, जब प्यास फील हो जूस देना है वो भी जो थिक हो जैसे गुआवा (अमरुद) का जूस।"

"पर सर ये लीकेज क्यों है ?" मैंने पूछा और अंशु के चेहरे पर भी यही प्रश्न था।

"अभी फूड का रास्ता थोड़ा चेंज हुआ है तो सेटल होने में थोड़ा टाइम लगेगा। अगले हफ़्ते तक फ़र्क आ जाएगा। शायद प्रॉपर फूड खा पाएँगे। अभी इसी से स्टार्ट करो, जूसिस एंड थिक चीज़ें। नमक न के बराबर देना है, मिर्च - मसाले कतई नहीं।"

"ठीक है सर।" मेरे बोलते ही अंशु की तरफ रुख करके बोले -"यहाँ तक आए हो न। आगे भी सब ठीक होता जाएगा। नेक्स्ट विजिट में रेडिएशन के डॉक्टर से बात कराएँगे। अभी थोड़ी डाइट लेकर ताकत बढ़ाओ।"

"सर ये नहा सकते हैं ?" मेरे कहते ही सर ने "ऑफ कोर्स" कहा और उनका फ़ोन बज गया जो ऑपरेशन थिएटर से था और वो बाय का हाथ हिलाते हुए निकल गए।

अंशु ने लिखकर डॉक्टर अश्विनी से पूछा, 'नहाते हुए अगर पानी होल में चला गया तो ?'

"नहीं ऐसा बिल्कुल नहीं होगा। आप आराम से नहाना।" कहते हुए उन्होंने दो- तीन दवाइयाँ और लिख दीं और हम वहाँ से घर आ गए। पर मैं जानती थी कि अंशु के अंदर सवालों का तूफ़ान उठ रहा है क्योंकि वो सवाल मुझे भी परेशान कर रहे थे।

क्या ऑपरेशन में कोई कमी रह गई जो पानी लीक कर रहा है?? क्या पानी कभी नहीं पी पाएँगे?? रोटी - सब्ज़ी पूरा खाना कब तक नहीं खाना ?? स्वाद आएगा कभी ??आदि - आदि। उन्होंने घर पहुँचते ही ये सब सवाल लिखकर मेरे आगे रख दिए। मेरे पास यही जवाब था -" सब होगा अंशु! थोड़ा टाइम लगेगा। देखो यहाँ तक आ गए हैं न, पाइप उतर गई। धीरे- धीरे सब कर पाओगे, कहा न डबास सर ने।

'और पानी ?? उसके बिना कैसे रहूँगा??' इशारे से बात पूछी।

"देखो पानी तो दाल, चावल, खिचड़ी आदि में होता ही है, बॉडी को मिल ही जाएगा और प्यास लगी तो जूस ले लेना। यार थोड़े टाइम की ही तो बात है। बाद में तो पानी भी शुरू कर देंगे देना।"

इन्हें तो दलीलों से समझा - बुझाकर थोड़ा चुप करा दिया पर जानती थी पूरी तरह संतुष्ट नहीं कर पाई, वैसे स्वयं भी तो कहाँ संतुष्ट थी अपनी दलीलों से। पर सर की बातों पर भरोसा करने के अलावा और विकल्प भी क्या था? और मन को सर पर विश्वास था भी।

"कैसा लग रहा है पापा इतने दिनों बाद मुँह से खाकर?" निक्की ने तब पूछा जब शाम को पहली बार अंशु ने मिक्सी में पिसी खिचड़ी खाई।

अंशु ने हाथ हिलाकर और हाव- भाव से ये समझा दिया कि कोई स्वाद नहीं आ रहा, पता नहीं मीठा खा रहा हूँ या नमकीन ?? बहुत धीरे - धीरे खा रहे थे पर तब भी बीच में तेज़ खाँसी उठी और खिचड़ी के कुछ कण गले के रास्ते बाहर के तरफ उड़ते हुए से निकले और सामने बैठी गिन्नी के मुँह पर आ गए क्योंकि तब अंशु ने बिब नहीं लगाया हुआ था।

अंशु के चेहरे पर शर्मिंदगी का ऐसा भाव आया कि दिल रो पड़ा। जैसे अपराधी सबसे आँखें चुराता फिरता है, अंशु की हालत भी वैसी ही थी। उन्हें ऐसा लग रहा था जैसे उनसे घिनौना गुनाह हो गया हो।

"कोई बात नहीं पापा, ऐसा कुछ नहीं हुआ। आप आराम से खाओ।" ये कहकर गिन्नी अपना चेहरा और हाथ धोने चली गई क्योंकि ये सब अनायास ही

हुआ था। किसी को अंदाज़ा भी नहीं था कि ऐसा कुछ भी हो सकता है। पर अंशु की हालत ऐसी थी जैसे अभी रो देंगे। अपना मुँह छिपा लेना चाहते थे।

हमारे लाख कहने पर भी उन्होंने और नहीं खाया और फ़ौरन बिब पहन लिया।

गिन्नी के पास डायरी लेकर गए 'सॉरी बेटा ! शर्म आ रही है अपने आप पर। मैं किसी लायक नहीं रहा अब। माफ़ कर दे बेटा।' और हाथ जोड़ने लगे।

उनकी ऐसी दशा हम सब के लिए असहनीय थी। बच्चों के लिए वो आज भी वही पापा थे जो हर परिस्थिति में ये कहते थे "मैं हूँ न" और हम सब निश्चिंत हो जाते। आज अपने पापा को इस बेबसी में देखकर बच्चों की आँखें भर आईं और मुझे तो लग रहा था कि मैं धरती में ही समा जाऊँगी। पर हिम्मत करके बोली," अंशु! हम सब की जान हो तुम। यू आर ऑलवेज हीरो फॉर अस।"

"हाँ पापा, ऐसा क्या हुआ है? खाँसी आने पर तो ऐसा ही होता है। प्लीज़ आप ऐसे परेशान मत हो।" निक्की के बोलते ही प्राची - कबीर अंशु से लिपट गए तथा मैं और निक्की अपने आँसुओं को समेटने लगे।

पहला वार अप्रत्याशित होने के कारण हमेशा अधिक घातक और पीड़ादायक होता है क्योंकि हमारे लिए उसका अनुभव पहला होता है। फिर हम शायद उसके लिए तैयार हो जाते हैं और उसकी तीव्रता को महसूस कर चुके होते हैं इसलिए सहने की शक्ति आ जाती है। उसी प्रकार ऐसी घटनाएँ नित क्रम में हो ही जातीं, खाँसी आती तो रिसाव होता, यदि प्यास लगने पर अमरुद के जूस के अलावा किसी और फल का जूस दे देती तो थोड़ा बाहर आता ही, पर समय के साथ -साथ इन सब परिस्थितियों से निपटना, इनका सामना करना और सहन करना आने लगा। जब पहली बार अंशु नहाए तो कितना डर रहे थे जैसे बच्चा पहली - पहली बार स्कूल जाने पर भयभीत होता है बिल्कुल वैसे ही। मैंने धीरे - धीरे पानी डाला और जब सरलता से ये प्रक्रिया संपन्न हो गई तो दो- तीन दिन बाद ही अंशु खुद ही नहाने लगे। तभी कहते हैं *-'समय और परिस्थिति सबसे बड़ी गुरु होती है।'*

अंशु का डबास सर को व्हाट्सएप्प पर 'गुड मॉर्निंग' भेजना नियमित हो गया और वो भी समय लगते ही उसका जवाब ज़रूर देते। और यहाँ तक की धीरे - धीरे अपने मन में उठने वाले प्रश्नों के उत्तर भी उनसे व्हाट्सएप्प पर साँझा होने लगे।

कोई न कोई रिश्तेदार लगभग रोज़ ही हालचाल पूछने आता और अंशु की डायरी की बातचीत में डबास सर की प्रशंसा में कुछ न लिखा हो, असंभव था। विश्वास से ऊपर की सीढ़ी आस्था होती है, और अंशु की सर के प्रति आस्था उत्पन्न हो गई थी।

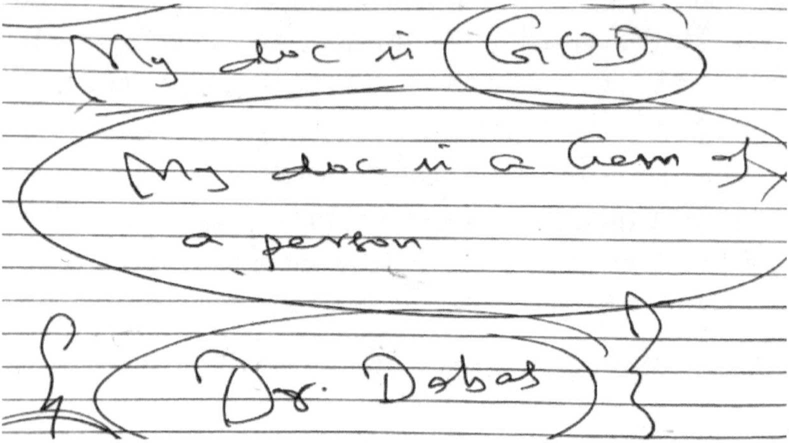

My doc is GOD My doc is a Gem of a person Dr. Dabas

तेरह अगस्त को इनकी सर्जरी हुई और यह बात दस या ग्यारह सितंबर की है जब मैं अंशु के पास बैठी इनका सिर सहला रही थी। अंशु ने एकदम डायरी उठाई और लिखने लगे। लगभग दो मिनट बाद डायरी मेरे आगे रख दी।

'मुझे डबास सर के घर जाकर उनको थैंक्स करना है। मैंने व्हाट्सप्प पर उनका फ्लैट नंबर ले लिया है। मैं सर को कुछ देना चाहता हूँ, एज़ अ टोकन ऑफ़ लव। प्लीज़ उनके लिए जाकर कुछ अच्छी सी चीज़ ले आ। शर्ट या वॉच जैसा कुछ भी।' अंशु ने डायरी में ये लिखा था। सर ने जो किया था उसका ऋण मैं भी जीवन भर नहीं उतार सकती थी. वही थे जिन्होंने अंशु की ऑपरेशन न कराने की ज़िद्द को तोड़ा, उसे सँभाला, उसकी सफल सर्जरी करके हम सब को नया जीवन दिया और अंशु को मानसिक रूप से शक्ति और सकारात्मकता दी। पर उनके घर जाने का निर्णय लेना मुझे असमंजस में डाल रहा था। एक

प्रकार की झिझक, एक सीमा रेखा, एक दायरा रुकावट बन रहा था। पर अंशु तो ज़िद्द में ही थे और मेरे थोड़े न वाले रवैये को देखकर एकदम लिखा - 'मैं अकेला चला जाऊँगा, तू बस कुछ ला दे। इतना तो करेगी। प्लीज़ !!' मुझे नतमस्तक होना ही था।

अगले दिन रविवार की सुबह हमने उनके दरवाज़े की घंटी जैसे ही बजाई, डबास सर ने ही दरवाज़ा खोला जो शायद कुछ देर पहले ही उठे थे।

"आओ अंशु, नमस्ते मैम आइए। वेट ही कर रहा था तुम्हारी अंशु।"

दो - तीन कदम चलते ही ड्राइंग रूम में खिलौने और चटाई सी मैट पर बैठा एक बहुत ही प्यारा गोरा, गोल मुँह और अपने पापा जैसी मुस्कान वाला लगभग दो साल का बच्चा।

"ये हमारा छोटा हीरो अनिकेत। अन्नी! हैलो बोलो।" और उसने दिल को सुकून देने वाली मुस्कान के साथ हाथ हिलाया। इतने में दूसरे कमरे से डबास सर की पत्नी आई। पहली बार में कोई इतना अपना कैसे लग सकता है। उसने भी बहुत ही अपनत्व के साथ नमस्ते की जैसे हम कई बार मिल चुके हों।

"निम्मो, ये अनु मैम है, युवांश के स्कूल वाली, बताया था न। और ये अंशु है जिसकी सर्जरी की थी युवांश के बर्थडे के दो दिन बाद।

"हाँ ! कैसे हो आप भैया? मैम आप कब से हो इस स्कूल में ?"

अंशु ने 'ठीक हूँ' में गर्दन हिला दी और मैंने जवाब दिया, "मैं तो स्कूल के स्टार्टिंग ईयर से ही हूँ लगभग। युवांश तो फोर्थ में है न?"

जी मैम !"

युवांश को आवाज़ लगाकर नम्रता ने बुलाया जिसे सर ने प्यार से 'निम्मो' बुलाया था।

युवांश को मैंने पहले कभी स्कूल में देखा नहीं था क्योंकि मैं बड़ी कक्षाएँ पढ़ाती हूँ।

उसने नमस्ते की और मैं उससे स्कूल, क्लास टीचर आदि की बातें करने लगी। बातों - बातों में पता चला कि नम्रता भी डॉक्टर नम्रता है जो ई एस आई, रोहिणी अस्पताल में ऑर्थो विभाग में है, वो पहले राजीव गाँधी अस्पताल में ही थी।

अंशु डायरी में लिख - लिखकर सर से अपनी बीमारी से संबंधित शंकाओं के अलावा अपने शौक, अपनी काम की बातें करते रहे। मैं भी नम्रता के पास

रसोई में ही खड़ी हो गई जब वो चाय बनाने लगी और हम ऐसे बातें करने लगे जैसे रोज़ ही मिलते हों। और अन्नी से तो मुझे पहली नज़र में ही प्यार हो गया था। उसकी हँसी- किलकारी और अलग - अलग भावों की लुभावनी शक्लें बनाना, सचमुच बहुत ही ज़्यादा प्यारा।

हम चाय पी रहे रहे थे और अंशु को अमरुद का जूस ही दिया नम्रता ने। पर सर एकदम बोले-" चलो आज तुम्हें भी थोड़ी ठंडी करके चाय ही पिलाते हैं। बहुत पसंद है तुम्हें चाय अंशु, मैम ने बताया था।"

अंशु आश्चर्य से देखने लगे कि कहीं गले से बह गई तो ....

"पियो मेरे सामने, कुछ नहीं होगा अंशु। पियो बहुत छोटा सा घूँट।"

सच में जादूगर हैं वो। अंशु ने चाय पी भले ही दो - तीन घूँट पर नहीं निकली। वो क्षण अंशु के लिए अनोखा था। सर की ऐसी बातों से ही तो इनका प्यार और सम्मान सर के लिए दिनोंदिन बढ़ रहा था और मेरे मन में भी।

फिर सर ने नम्रता की तरफ हँसकर बोलते हुए देखा और बोले, " पूछ ले मैम से। ये थोड़े न बताएँगी किसी को??"

"क्या हुआ सर? क्या बात है?" मैंने पूछा।

"मैम ! आपके स्कूल में कोई गीतिका नाम की टीचर पढ़ाती है ?" नम्रता ने हँसते हुए पूछा।

"हाँ, मेरे साथ ही है. सोशल साइंस पढ़ाती है। रोज़ ही साथ बैठते है स्टाफ रूम में। "

नम्रता बोली, "कैसी है वो ?"

"अच्छी है, थोड़ा कम बोलती है। बट शी इज़ नाइस। क्या हुआ ?" मैंने पूछा।

"मेरे भाई की शादी हो रही है उससे। नम्रता ने बताया।

"अरे वाह! दुनिया कितनी छोटी है। लगता है सारे वेंकटेश्वर के एक साथ ही जुड़ेंगे। हम सब हँस पड़े।

इस तरह सर और नम्रता ने अपनी शादी के किस्से और हमने अपनी शादी के और कई और बातें की। *पराए भी अपने नज़र आते हैं जब रिश्ते दिल से जुड़ जाते हैं* और हम में भी दोस्ती का ऐसा ही रिश्ता जुड़ गया पर ये पता नहीं था कि भविष्य में ये रिश्ता सभी रिश्तों को पार कर सबसे ऊपर हो जाएगा। सर और नम्रता से अपने घर आने का वादा लेकर हम चले आए।

घर आकर भी अंशु मम्मी- पापा, बच्चों को सर, नम्रता, युवांश - अन्नी की ही बातें बताते रहे। इतने बड़े डॉक्टर और इतनी सादगी - सरलता और अपनापन; सिर्फ़ सर में ही नहीं नम्रता में भी। दिल पर गहरी छाप बन गई थी।

तीन दिन बाद अस्पताल नियमित जाँच के लिए गए और डबास सर ने हमें रेडिएशन विभाग के डॉक्टर के पास भेजा। उन्होंने फ़ोन पर पहले ही डॉक्टर से बात कर ली थी।

वहाँ जाकर रेडिएशन विभाग के डॉक्टर ने अंशु के सी आर नंबर की फाइल मँगवाई और पूरी स्थिति को जाँचने के बाद तीन दिन बाद रेडिएशन शुरू करने के लिए कहा।

रेडिएशन विभाग के वेटिंग एरिया में कुछ लोगों के काले - जले से चेहरे, गला देखकर ही अंशु सहम गए थे। और वो खौफ़ उन्हें बेचैन कर रहा था जिसे मैं भलीभाँति महसूस कर पा रही थी और शायद डॉक्टर भी।

"डॉक्टर ! कितनी रेडिएशन होंगी और कब- कब?

"मैम डेली होगी, सिर्फ सैटरडे और संडे या कोई फेस्टिवल हॉलिडे को छोड़कर। रेडिएशन्स के दौरान पानी बहुत पीना है क्योंकि सिकाई से गला सूख जाता है।"

अंशु ने मेरी तरफ बहुत परेशान होकर देखा।

"पर इन्हें तो पानी मना है। लीक हो जाता है होल से, सिर्फ़ थिक जूस ही लेते हैं जब प्यास लगती है।"

"ओह्ह .... मैं पूछती हूँ डॉक्टर सुरेंद्र से। ड्रायनेस नहीं होनी चाहिए, फिर जूस ही दे देंगे ज़्यादा। और मिर्च - मसाले बिल्कुल भी नहीं। कल आना पड़ेगा आपको। रेडिएशन के लिए आपके फेस साइज का मास्क बनेगा जिसे बनने में भी दो दिन लग जाएँगे।

अंशु ने हैरानी से डॉक्टर को देखा और बोले मास्क ?? डॉक्टर ने उनके होंठो से बात समझ ली।

"जी, रेडिएशन के टाइम हीट सिर्फ उस पार्ट को ही लगे जिसे टारगेट करना है जैसे आपके केस में सिर्फ गले पर हीट जानी चाहिए। मास्क से फिर और पार्ट्स सेफ रहेंगे इसलिए ये इम्पोर्टेन्ट होता है। मैं कल के लिए टाइम पूछकर बता देती हूँ, आप उस टाइम ही आना।" डॉक्टर ने ऐसी ही कई

हिदायतें दीं और रक्त की जाँचें लिख दीं जो रेडिएशन शुरू होने के एक दिन पहले करवाकर रिपोर्ट दिखानी थी।

डॉक्टर के दिए समय के अनुसार हम अगले दिन दोपहर बारह बजे बेसमेंट के उस कमरे में पहुँच गए जहाँ एक आधुनिक तकनीकी मशीन द्वारा इनके मुँह से लगभग छाती तक का नाप लिया गया। वहाँ पड़े दो-तीन सफ़ेद रंग के मुखौटों को देखकर अंदाज़ा हो गया कि कैसा बड़ा सा मुखौटा बनेगा जो रेडिएशन शुरू होने से पहले हर बार पहनाया जाएगा।

अस्पताल से आने के बाद से अंशु कुछ उखड़े -उखड़े, निराश और हम सब से कटे - कटे से लग रहे थे। बहुत मुश्किल मैंने उन्हें थोड़ा सा केले का शेक पीने के लिए राज़ी किया। फिर रात की दवाई न खाने की ज़िद्द कर बैठे। अज़ीब सा चिड़चिड़ापन था उनके स्वभाव में तब। उनके दिमाग की किताब को पढ़ भी रही थी और समझ भी। रेडिएशन के दौरान और उसके बाद की अपनी दशा के बारे में बहुत आगे तक सोच रहे थे। हमेशा से ही अति वैचारिक (ओवर थिंकर) प्रवृति वाले रहे हैं ये और अब जब शारीरिक और मानसिक रूप से आत्मबल घायल है तो वो सोच और चोट दे रही है। मैंने बहुत प्रयास किया उनकी सोच का रास्ता भटकाने का पर मुझमें मनोवैज्ञानिक चिकित्सक की तरह का सामर्थ्य तो नहीं था न !! मैं भी लाचार थी, क्या कहकर इन्हें सांत्वना दूँ, समझ नहीं पा रही थी। इसी दिमागी द्वंद्व और पूरे दिन की शारीरिक थकावट के कारण मेरी आँख लग गई पर अंशु की नहीं। रात एक बजे उन्होंने मुझे हिलाकर उठाया और अपने सामने बैठा लिया। डायरी मेरे आगे कर दी जिस पर पहले से ही बहुत कुछ बड़े - बड़े अक्षरों में लिखा दिख रहा था। अंशु जब ज्यादा तनाव में होते तो अक्सर बड़े - बड़े अक्षर ही बनाते। ये उनकी तनावग्रस्त दशा को दर्शाता था। डायरी में लिखा था -' मैं ऐसे नहीं जी सकता। घिन्न आती है अपने से। कभी मेरा म्यूकस का गंद साफ़ करती है, कभी बच्चों पर मैं थूक देता हूँ ; भद्दा हो ही चुका हूँ, तेरे साथ खड़े होने लायक भी नहीं रहा। रेडिएशन और भी बदसूरत कर देगी। न पति वाला प्यार दे सकता हूँ, न पति वाली कोई ज़िम्मेदारी निभा सकता हूँ। लाखों रूपए सर्जरी में लग गए और अब रेडिएशन के फिर 70 -80 हज़ार और। इस लायक नहीं हूँ कि इतनी तकलीफ़ उठाओ तुम लोग मेरे लिए। कब तक मुझे ढोती रहेगी। नहीं करानी

रेडिएशन। जितना चल पाऊँगा ठीक है, फिर जाने देना मुझे। बोझ बन चुका हूँ तेरे पर।'

अंशु के चेहरे पर बहुत अशांति थी और खुद पर ही गुस्सा भी। आँखों में आँसू नहीं थे पर दिल में बाढ़ आई हुई थी। मैंने ये सब पढ़कर इनका हाथ पकड़ा जोकि अंशु ने झटक दिया पर मैंने फिर पकड़ लिया।

"अंशु ! तुम मुझसे बिल्कुल भी प्यार नहीं करते न? क्योंकि जो तुम मुझसे एक्सपेक्ट कर रहे हो कि मैं तुम्हें तुम्हारे हाल पर छोड़ दूँ और जाने दूँ यदि मेरे साथ ऐसा होता तो तुम भी यही करते। अगर मुझे ये बीमारी हो जाती, मैं भद्दी हो जाती, मेरी शक़्ल बिगड़ जाती तो तुम मुझसे नफरत करके छोड़ देते मुझे मरने के लिए। यही सोच है न तुम्हारी। तो साफ़ है कि प्यार तो नहीं करते तुम मुझसे।"

अंशु के चेहरे के भावों ने कहा -'पागलों जैसी बातें मत कर।'

"और तुम ऐसी पागलों वाली बातें करते रहो। यार ! तुम मेरे लिए वही अंशु हो जो कॉलेज के बाहर मेरा घंटों इंतज़ार करता था। बीमारी आई है तो लड़ेंगे साथ में। कितना बड़ा फेज तो पार कर ही लिया है, इतनी बड़ी सर्जरी से निकल आए, अब तो बस थोड़े दिन की ही बात है। फिर वही नार्मल लाइफ जीएँगे। घूमना - फिरना, खाना - पीना सब करेंगे यार। आई रियली लव यू और मेरे लिए तुम सबसे हैंडसम आदमी हो दुनिया के, मेरे अनिल कपूर।" मुस्कुरा कर कहते हुए इनके गालों पर हाथ फेर दिया।

'मैं इन्सेक्युर फील करता हूँ तुझे लेकर। तू बहुत सूंदर है, डर लगता है।' अंशु के लिखते ही मैं हँस पड़ी और इनसे लिपट गई। अंशु की उस वक़्त वो जकड़ जैसे मैं उनसे छिन न जाऊँ, मैं आज भी महसूस कर सकती हूँ।

ये भावनाएँ भी बहुत गज़ब की चीज़ होती हैं। करवट बदलती रहती हैं। एक करवट सुख देती हैं, तो दूसरी करवट दुःख और निराशा। कभी डरा देती है तो कभी ज़रा सा हाथ बढ़ाने पर मज़बूती से लिपट जाती हैं। अंशु का मेरे प्रति असुरक्षित होना उनके प्यार की पराकाष्ठा थी और मेरा उनको किसी भी तरह से ठीक करके ज़िंदा रखने की लड़ाई मेरे प्यार की। भाव एक ही था पर जताने के तरीके अलग -अलग। यही तो होती है भावों की खूबसूरती।

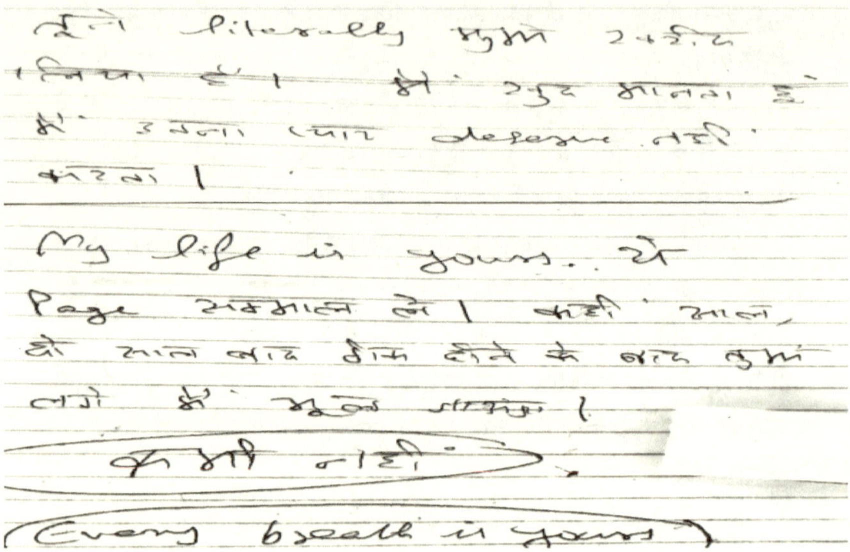
तूने literally मुझे खरीद लिया है। मैं खुद मानता हूं मैं इतना प्यार deserve नहीं करता।
My life is yours. ये Page सम्भाल ले। कहीं साल, दो साल बाद ठीक होने के बाद तुझे लगे मैं भूल जाऊंगा।
कभी नहीं।
(Every breath is yours)

तूने literally मुझे खरीद लिया है। मैं खुद मानता हूं मैं इतना प्यार deserve नहीं करता।

My life is yours. ये page सम्भाल ले। कहीं साल, दो साल बाद ठीक होने के बाद तुझे लगे मैं भूल जाऊंगा।

कभी नहीं

Every breath is yours

ऐसे ही कभी प्यार से कभी तकरार से सँभलते- सँभालते रेडिएशन का दिन नज़दीक आ गया। रेडिएशन से एक दिन पहले जो टेस्ट करवाया उसकी रिपोर्ट दिखाने और डॉक्टर डबास की नियमित जाँच के लिए हम फिर अस्पताल पहुँच गए। सबसे पहले अंशु के कदम डबास सर की ओर ही मुड़ते थे, उस दिन भी पहले डबास सर के कमरे में गए पर कमरा खाली था, कोई भी नहीं था वहाँ। अंशु विचलित हो गए और फ़ोन लगाने का इशारा किया।

"सर गुड आफ्टरनून! हम आए थे आज। आप कहाँ हैं ?"........."ओके ! वहीं जाते हैं हम।"

डबास सर ने फ़ोन पर कहा कि वो हमें रेडिएशन वाले डॉक्टर के रूम में ही मिल लेंगे। अभी ऑपरेशन थिएटर में हैं, आज मरीज़ भी वहीं देख रहे हैं। हमने रेडिएशन वाले डॉक्टर को रिपोर्ट दिखाई और रेडिएशन का समय, तरीका आदि पूछा। डॉक्टर ने मास्क तैयार हुआ है या नहीं ये भी निश्चित कर लिया।। मास्क तैयार हो गया था। हमने रेडिएशन करने का समय शाम का लिया क्योंकि दिन में स्कूल जाना होता था मुझे। हमें साढ़े तीन का टाइम दिया गया तथा डॉक्टर ने ये भी समझा दिया कि आप एक - सवा घंटा ऊपर मानकर ही आना क्योंकि मशीन खाली होने पर ही नंबर आता है और यह भी हिदायत दी गई कि यदि कभी समय बदलना होगा हमें तो रेडिएशन विभाग को एक दिन पहले सूचित करना होगा। ये सब बातें कर ही रहे थे कि डबास सर कमरे में दाखिल हुए। हाथ में लंच बैग जो घर से लेकर आए होंगे और चेहरे पर न थकावट, न कोई अकड़ बस एक सहज मुस्कान। सरलता आत्मा का दर्पण होती है और सच में डबास सर में सादगी और सरलता स्पष्ट झलकती थी।

"हैलो डॉक्टर अर्पिता ! फिर कब से करेंगे रेडिएशन शुरू ?" डबास सर ने अंदर आते ही डॉक्टर को संबोधित करते हुए पूछा।

"सर, कल से। इवनिंग का स्लॉट लिया है इन्होंने।" डॉक्टर अर्पिता ने बोला।

"ओके ! मैम को स्कूल भी तो जाना है, शाम का ही ठीक है। अभी जूस ही लेते रहेंगे ज़्यादा, पानी लेने में थोड़ी प्रॉब्लम है अभी। ठीक है न डॉक्टर अर्पिता?" सर के बोलते ही उन्होंने जवाब में "नो इश्यूज" कह दिया।

"ज़रा इनका ध्यान रखना अच्छे से। ख़ास हैं ये हमारे।" और सर अंशु को हँसकर देखने लगे।

"जी सर, श्योर! आप आज ही जा रहे हैं न ?"

"यस ! मिडनाइट की फ्लाइट है।"

डबास सर के इस जवाब ने अंशु की बेचैनी को इतना बढ़ा दिया कि वो खड़े ही हो गए। उन्होंने सर को हाथों से इशारा करके पूछा -'आप कहाँ जा रहे हैं ?'

"अंशु ! मैं दस दिन के लिए साउथ कोरिया जा रहा हूँ।कोई कॉन्फ्रेंस है और रोबोटिक सर्जरी भी।"

अंशु के चेहरे का रंग एकदम फीका पड़ गया। वैसे सच बोलूँ तो मैं भी थोड़ा परेशान हो गई थी। कमरे से बाहर निकलकर अंशु ने डबास सर के कंधे पर हाथ रखा और एकदम जेब से डायरी निकालकर लिखा- 'सर ! कल से रेडिएशन है और आप नहीं होंगे। मेरा क्या होगा ?? मैं नहीं करवाऊँगा आपके बिना।'

"अरे अंशु!! रेडिएशन का भी टाइम होता है सर्जरी के अकॉर्डिंग। डॉक्टर से कह दिया है न, वो ध्यान रखेंगे।" पर अंशु 'ना ' में गर्दन हिलाए जा रहे थे।

"सर यदि कोई ज़रुरत हुई तो किससे कंसल्ट करेंगे? आपको तो एकदम पूछ लेती थी फ़ोन करके। आप नहीं होंगे जब.....सर एक्चुअली मैं भी थोड़ा घबरा रही हूँ।"

मेरे बोलते ही सर ने कहा, " चलो मैं आपको रितेश से मिला देता हूँ। मेरी टीम का ही डॉक्टर है, समझ लो मेरी परछाई ही है। आपको उससे ही कंसल्ट करना है जब ज़रुरत लगे।" और हम सर के साथ चलते - चलते ओ पी डी रूम पहुँच गए।

मैंने डबास सर की टीम के लगभग सभी डॉक्टर देखे थे सर्जरी के दौरान पर ये चेहरा नया था मेरे लिए। एक 32 -33 साल का युवक ऑपरेशन थिएटर की पोशाक में।

"रितेश, ये अंशु भाटिया हैं। जब तुम पंद्रह दिन के लिए महाराष्ट्र गए हुए थे तब इनकी वोकल कॉर्ड वाली सर्जरी की थी। और ये मैडम है युवांश के स्कूल की।"

"जी सर, मैंने पढ़ी है फाइल इनकी।" उसने मुस्कुराते हुए सिर झुकाकर अभिवादन किया।

"तुम्हें मेरी एब्सेंस में इनका पूरा ध्यान रखना है। अपना फ़ोन नंबर दे दो और इनका भी ऐड कर लो अपने पास।" कहते हुए सर ने अंशु का हाथ पकड़कर कहा, "ये समझ लो ये मैं ही हूँ। बहुत बढ़िया बंदा है रितेश। कुछ भी लगे कॉल हिम।"

कहते है ओहरे का बहुत प्रभाव होता है और वो दिख रहा था। सच में रितेश भी सर की तरह सरल और सकारात्मक स्वभाव का ही लगा या यूँ कहें जिससे आप प्यार करते हैं या जिस पर आपका पूर्ण समर्पण भाव होता है, उससे जुड़ी बातें या उससे जुड़ी हर चीज़ खुद- बा- खुद अच्छी लगने लगती है।

अंशु भी कम तनावग्रस्त लगे अब, पर जानती हूँ सर का दस दिन न होना अंशु के लिए किसी सज़ा से कम न था और मेरे लिए भी चुनौती से भरा क्योंकि नया इलाज आरंभ होना था और अंशु का ऊर्जा स्रोत डबास सर पास नहीं होंगे।

सर ने ये तसल्ली दी कि वहाँ से भी अंशु को व्हाट्सएप्प पर गुड मॉर्निंग करेंगे और हालचाल पूछते रहेंगे। सर ने भी घर जल्दी पहुँचकर जाने की तैयारी करनी थी इसलिए हम उनके साथ ही उनकी गाड़ी में घर आए। अंशु को तो सर के साथ जितना अधिक से अधिक समय मिल पाए उसके लिए वो भी कम था।

निर्भरता, आत्मनिर्भरता और आत्मबल को क्षीण कर देती है। अंशु की पूर्ण निर्भरता डबास सर पर थी इसलिए उनकी अनुपस्थिति की खबर ने ही अंशु का आत्मबल थोड़ा गिरा दिया था। पर रात में बच्चे जब अपने पापा के पास आकर बैठे, उनसे दिल खोलकर बातें कीं, उनके साथ पुरानी यादें दोहराईं तो अंशु की हँसी लौट आई और बच्चों को लिखकर कहा -'जब मैं पूरा ठीक हो जाऊँगा तो फिर ये सब मस्ती करेंगे। आवाज़ ही गई है न और वो भी आ ही जाएगी सर कहते हैं, फिर क्या चिंता !!'

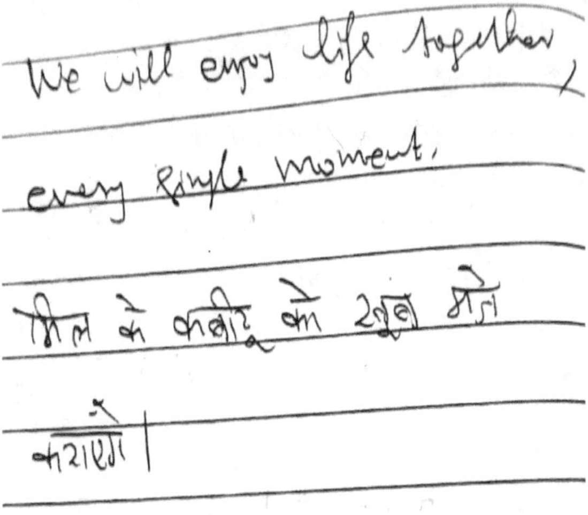

We will enjoy life together, every single moment.

मिल के कबीरु को खूब मजे कराएंगे।

जब अंशु में विश्वास जागता तो हम भी जी उठते। कठिन समय आस -निरास के तराज़ू में ही डोलता है। कभी आस का पलड़ा ऊपर तो कभी निरास का।

अगली शाम रेडिएशन का कार्ड बनवाकर और पैसे जमा करवाकर हम भीड़ भरे वेटिंग एरिया में बैठ गए। थोड़ी - थोड़ी दूरी पर दो कमरों में मशीनें थीं। डॉक्टर के कहे अनुसार मैंने इनका कार्ड अंदर जमा करा दिया और प्रतीक्षा में बैठ गए। अंशु को थोड़ा जूस पीने को दिया और वहाँ के दृश्य से रेडिएशन की प्रक्रिया को हम दोनों समझने का प्रयास करने लगे। मरीज़ का नाम लेकर पुकारते, फिर अस्पताल का गाउन पहनाते और लगभग बीस - पच्चीस मिनट बाद जो मरीज़ अंदर गया होता वो बाहर आता। किसी ने कपड़े से मुँह ढका होता तो किसी ने गर्दन या सिर। कोई जब रेडिएशन करवाकर आता तो एकदम घर जाने के लिए बाहर निकल जाता तो कोई वेटिंग एरिया की बेंच पर पस्त होकर लेट जाता। कोई व्हील चेयर पर आ रहा था तो कोई स्ट्रेचर पर। सब मरीज़ पर सबकी दशा अलग - अलग। मैं अंशु की आँखें और भाव बखूबी पढ़ लेती थी। कभी ये सब देखकर वो कहते कि इससे तो ठीक ही हालत है मेरी और कभी कहते 'मैं यहाँ हूँ ही क्यों ?'

इन सभी विश्लेषणों और विचारों में समय बीता और फिर बाहर आकर 'अंशु भाटिया' आवाज़ उसी ने लगाई जिसे मैंने इनका कार्ड दिया था।

मैं रेडिएशन के कमरे के प्रवेश द्वार तक अंशु के साथ गई पर उससे आगे जाने की अनुमति नहीं थी। अंशु को अस्पताल का गाउन पहनने की हिदायत दी और मुझे वेटिंग एरिया में बैठने की।

लगभग आधे घंटे बाद अंशु बाहर आए और मेरे पास आकर बैठ गए।मैंने एकदम जूस निकाला और थोड़ा सा पीने को कहा।

"ठीक हो न? दिक्कत तो नहीं हुई कुछ या पेन?" मेरे पूछते ही अंशु ने न में गर्दन हिलाई।

"मास्क पहनाया था जो तुम्हारे लिए बना था?" अंशु ने 'हाँ 'में सिर हिलाया।

आज कार्ड पर पहली रेडिएशन की एंट्री हो गई। इस तरह अब रोज़ शाम का समय वही बीतता। शुरुवाती चार-पाँच दिनों में तो अंशु को कोई परेशानी अनुभव नहीं हुई। पर एक दिन उन्हें बहुत ज़्यादा घबराहट, दिल मिचलाना,

उल्टी का अहसास होने लगा। मैंने डॉक्टर रितेश को फ़ोन किया तो उन्होंने दवाइयाँ बताईं और ये बात रेडिएशन वाले डॉक्टर को बताने के लिए भी कहा।

उनकी बताई दवाइयों से अंशु को आराम आ गया और हम अगले दिन जब रेडिएशन करवाने गए तो डॉक्टर रितेश से मिलने भी चले गए।

उसने 'दीदी ' कहकर मुझसे बात की और अंशु के साथ भी एक गहरा संपर्क स्थापित कर लिया। कुछ दिनों में तो उससे ऐसा रिश्ता बन गया कि मैं और अंशु उसे सिर्फ 'रितेश' कहकर बुलाने लगे। उसका साथ और डबास सर का अपने वादे के मुताबिक व्हाट्सएप्प पर इनसे हालचाल पूछ लेने ने रेडिएशन के सफर को थोड़ी शक्ति दे दी।

पर अब धीरे- धीरे रेडिएशन के दुष्प्रभाव दिखाई देने लगे। अंशु कुछ भी खा नहीं पा रहे थे क्योंकि रेडिएशन की उष्णता (हीट) ने गले के अंदर छाले कर दिए थे।

जूस तक अंदर ले जाना मुश्किल हो गया था और दिनोंदिन ये दिक्कत और बढ़ने लगी। तब तक डबास सर भी वापिस आ चुके थे। रेडिएशन डॉक्टर ने कुछ दवाइयाँ देकर इसे कम करने का प्रयास किया पर अंशु की तकलीफ़ को देखते हुए एक हफ़्ते रेडिएशन रोकने का निर्णय लिया गया ताकि गले के अंदर के छाले और न बढ़ें तथा उन्हें आराम मिले। जो थोड़ी बहुत थिक डाइट शुरू हुई थी वो भी कम हो गई। गले के छालों ने इन्हें बहुत दर्द दिया। ऐसी स्थिति में निराशा के बादल छा जाना स्वाभाविक ही था।

'अनु, मैं ठीक भी होऊँगा कभी ? तेरे किसी काम भी आऊँगा? आवाज़ वैसे ही चली गई कैसे करूँगा टयूशंस? कैसे गुज़ारा चलेगा?' इस प्रकार की बातें अंशु को सताने लगीं।

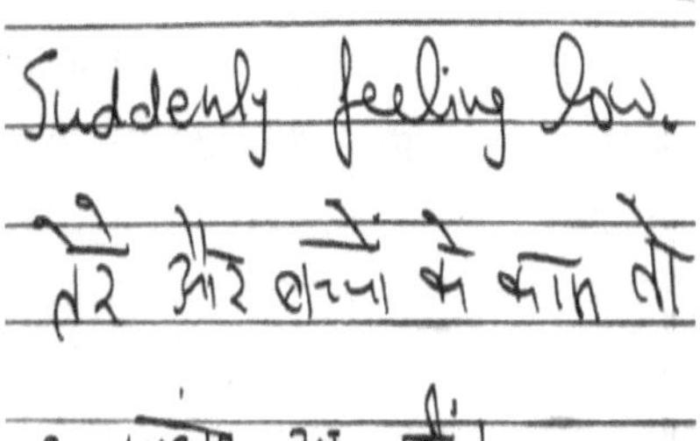
Suddenly feeling low.
तेरे और बच्चों के काम तो
आ पाऊंगा, या नहीं।

Suddenly feeling low. तेरे और बच्चों के काम तो आ पाऊंगा, या नहीं।

'अंशु सर से ट्यूशन पढ़नी है' ऐसे न जाने कितने फ़ोन आते और मैं अंशु के कहे अनुसार यही कहती कि दो महीने में पढ़ाना शुरू करेंगे क्योंकि थोड़ी तबीयत ख़राब है अभी। और जो बच्चे पुरानी कक्षाओं से पढ़ते आ रहे थे और उनमें जो कुछ बहुत नज़दीकी हो गए थे उन्हें इनकी बीमारी के बारे में बता दिया और कुछ को समय की मोहलत माँगकर टाल दिया। पर अंशु अपने इस काम को हमेशा के लिए हाथ से नहीं जाने देना चाहते थे। उम्मीद पर ही इंसान ज़िंदा रहता है, ख्वाहिशें कायम रहती हैं और इन्हें यही उम्मीद थी कि रेडिएशन के बाद स्पीच थेरेपी हो जाएगी और बोल पाएँगे तो पढ़ाना शुरू कर देंगे। पर उम्मीद और उसकी पूर्ति के रास्ते का फ़ासला पूरा करना इतना आसान होता तो बात ही क्या थी ?? उफ्फ्फ ....

एक सप्ताह के लिए रेडिएशन को रोकने का फ़ैसला सही साबित हुआ। अंशु के गले के छाले सूख से गए और ये थोड़ा बहुत आसानी से खाने भी लगे।

अब रेडिएशन की प्रक्रिया प्रारंभ हो गई। जब रेडिएशन के लिए जाते तब अंशु को रेडिएशन के डॉक्टर से अधिक डबास सर से मिलने का उतावलापन रहता जबकि फ़ोन पर उनके साथ कभी कम कभी ज़्यादा चैट का सिलसिला रोज़ का हो गया था। रेडिएशन के दिनों में ही दस अक्टूबर को हमारी शादी की 24वीं सालगिरह भी आई और बारह अक्टूबर को कबीर का जन्मदिन भी। सालगिरह पर बच्चों ने घर भी सजाया और केक भी कटवाया पर जब उस दिन रेडिएशन करवाकर लौट रहे थे तो अंशु ने लिखा -'नाकारा हो गया हूँ यार। आज कोई गिफ्ट नहीं दे पाऊँगा।' मैंने उनकी बात पर उन्हें हँसकर बोला, "तुम्हें कभी गिफ्ट देने में विश्वास भी रहा है! हमेशा यही तो कहते हो सबकुछ तेरा ही तो है। जब मेरा ही है सबकुछ तो फिर क्या गिफ्ट?" अहसास था उनके अंदर की चुभती टीस का पर उनकी हर बात पर यदि मैं भी गंभीरता से ही प्रतिक्रिया दूँगी तो तकलीफ़ बढ़ेगी ही और मुझे तो उनके दर्द को पीना था। मेरी इस बात पर अंशु भी मुस्कुरा दिए और मेरी तरकीब सफल हो गई।

हम हर साल कबीर का जन्मदिन दोस्तों या रिश्तेदारों के साथ ज़रूर मनाते थे। उसी का क्या अंशु तो शुरू से ही तीनों बच्चो का जन्मदिन मनाते ही थे। चाहे पैसे कम होते पर फिर भी खुशी का कोई अवसर न चूकते। यही तो ज़िंदादिल स्वभाव था इनका। अंशु दो दिन पहले कबीर को प्यार करते हुए

उसके जन्मदिन की बातें कर रहे थे, तो उन्होंने लिखा -'सॉरी कबीर! तेरे पापा अब बेकार हैं कोई काम नहीं करते। सॉरी यार, इस बार तेरा बर्थडे मेरी वजह से नहीं मना पा रहे, मैंने बेकार कर दिया तेरा बर्थडे।'

निक्की ने ये पढ़ते ही बोला, " पापा ऐसा क्यों कह रहे हो ? मेरे भाई का बर्थडे इस बार भी बहुत बढ़िया मनाएँगे। और आप बिल्कुल ठीक तो हो। बर्थडे तो मनेगा ही।" कहते हुए निक्की ने कबीर को अपने साथ लिपटा लिया।

मैंने भी अंशु की तरफ देखकर कहा, "हमारे पास जो है वो तुम्हारा ही दिया हुआ है। कुछ टाइम काम न करने से इंसान बेकार नहीं हो जाता। ऐसी बातें मत किया करो।" और फिर कबीर को मुस्कुराकर देखते हुए कहा, " मेरे बेटे का बर्थडे इस बार 'पिज़्ज़ा हट' में करते हैं, इसे पिज़्ज़ा बहुत पसंद है न। कबीर अपने दोस्तों को इन्वाइट कर ले। दीदी पिज़्ज़ा हट में बुकिंग करा लेगी।"

निक्की - गिन्नी तो बड़े थे पर कई बार हम अनजाने में कुछ ऐसी बातें कह जाते हैं जो बच्चे के दिल को ठेस पहुँचाने, दुखी करने, डरा देने और आत्मविश्वास तोड़ने का साधन बन जाती हैं। 12 साल का ही तो होता अभी और अंशु के बोलते ही उसके चेहरे का सहमापन और अकेलापन मैंने और निक्की ने पूरी तरह महसूस कर लिया था इसलिए उसको ये अहसास कराना बहुत आवश्यक था कि हम सब उसके साथ हैं।

शाम को 'पिज़्ज़ा हट' पर पार्टी के लिए कबीर ने 8 - 10 दोस्तों को आमंत्रित किया पर इस बार एक छोटा दोस्त और जुड़ गया था -युवांश। नम्रता से मैंने पहले ही बात कर ली थी और सर से भी। रेडिएशन के लिए अस्पताल आधा घंटा पहले ही पहुँच गए और रेडिएशन करवाकर युवांश को अपने साथ लेते हुए ही पिज़्ज़ा हट पहुँचे। निक्की - गिन्नी और कबीर नानी-नानू को लेकर पहले ही पहुँच चुके थे।

ज़िंदगी की मुट्ठी से लम्हें कहीं फिसल न जाएँ, बेहतर है हर लम्हें को जीकर यादगार बनाएँ।

घूमना - फिरना हो या घर में कोई मिलन समारोह (गेट टुगेदर), कोई पर्व हो या स्कूल में बच्चों की वार्षिक पी टी एम, पिकनिक हो या बच्चों का पेंटिंग करता पेंटिंग चेहरा, कैमरे में कैद करना अंशु का शौक था और वो फोटोग्राफर भी तो बहुत अच्छे थे। याद आता है कि कई बार मैं और बच्चे उनकी हर जगह

फोटो खींचने की आदत से खीझ जाते थे पर आज उनके इसी शौक का धन्यवाद करते हैं। सचमुच फोटो यादों का पिटारा होती हैं, हर लम्हें की खुशबू बिखेरती हैं और ज़िंदा रहने का सहारा बनती हैं। ये सब समय आने पर ही समझ आता है। ख़ैर ..... अंशु ने अपना वो शौक उस दिन भी पूरा किया और बच्चों से करवाया भी। बच्चों की मस्ती, थिरकते कदमों, शोर - शराबे और मासूम मज़ेदार बातों ने कुछ पल के लिए अंशु को उनकी बीमारी से दूर कर दिया। आज कितने दिनों के बाद खुश थे बच्चों की खुशी देखकर। *खुशी खुद चलकर कभी नहीं आती, इंसान को ज़िंदगी में से ही खुशी के पलों को ढूँढ़कर उन्हें जीना होता है। इंतज़ार तो सिर्फ दुःख देता है, खुशी तो आगे बढ़कर लेनी पड़ती है।*

ऐसे ही खुशी के पलों के आते -जाते रेडिएशन की प्रक्रिया चालू रही।अब तो दिन गिनने लगे कि लगभग पंद्रह दिनों में इससे मुक्ति मिल जाएगी।पर इंसान का अनुमान और कल्पनाएँ हमेशा सत्य हों ये इतना आसान नहीं होता।रेडिएशन का अंतिम पड़ाव इतना भारी होगा सोचा नहीं था।अंशु के गले की बाहरी दशा उन्हीं मरीज़ो जैसी हो गई थी जिन्हें देखकर अंशु रेडिएशन के नाम से ही डर रहे थे। दिखने में खाल बिल्कुल तवे सी काली हो गई थी और ढीली सी पड़ गई थी।वो तो उन्हें मानसिक रूप से तोड़ ही रही थी परंतु अब अंशु के गले के अंदर की दशा भी बहुत घायल थी।रिसाव वाले छाले हो गए थे, कुछ भी अंदर ले जा पाना दूभर हो गया था। हर वक़्त उबकाई - उल्टियाँ आतीं। आहार की कमी ने शरीर की ताकत को बिल्कुल क्षीण कर दिया था। शारीरिक दुर्बलता इतनी बढ़ गई थी कि ज़रा देर भी खड़े न हो पाते थे। इन हालातों में रेडिएशन कैसे हो सकती थी।रेडिएशन की प्रक्रिया कम से कम एक सप्ताह के लिए पुनः रोक दी गई। आहार कम था और दवाइयाँ भरमार, जिससे और घबराहट महसूस होती अंशु को। इनकी इस दशा को देखते हुए डॉक्टर डबास ने रेडिएशन डॉक्टर से चर्चा करके फूड पाइप के रास्ते आहार देने का निर्णय ले लिया क्योंकि मुँह के रास्ते कुछ भी तो खा नहीं पा रहे थे यहाँ तक कि दवाइयाँ भी। अंशु नाक में पाइप न लगवाने के लिए छटपटाते रहे पर अगले दिन रितेश ने प्यार से समझा-बुझाकर इन्हें फिर पाइप लगा दी।

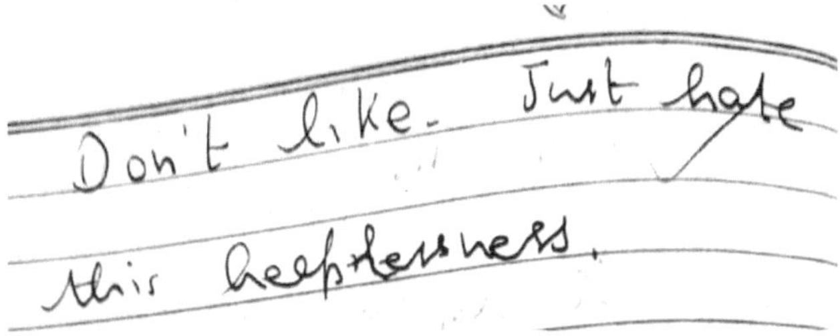

Don't like. Just hate this helplessness.

मस्तिष्क से इंद्रियाँ नियंत्रित होती हैं और इंद्रियों से शरीर।जब दिमाग की दिशा ही विपरीत हो तो इंद्रियों पर काबू कहाँ से आएगा और इंद्रियों के बेकाबू होते ही शरीर पर तो उसका दुष्प्रभाव नज़र आएगा ही। अंशु के दिमाग में इसी विपरीत विचार ने घर कर लिया था कि उनकी हालत सुधरने की जगह बिगड़ रही है तो ऐसी स्थिति में यदि रेडिएशन ही रोकनी पड़ी तो कैंसर की जड़ें तो पूरी तरह मिटेंगी ही नहीं और धीरे - धीरे ये कैंसर फिर से मुझे जकड़ लेगा। इंद्रियाँ ही नियंत्रण में नहीं आ रही थीं इसलिए भले ही फूड बैग के दवारा आहार जा रहा था पर अंशु का शरीर निढाल और सुस्त होता जा रहा था। तन की ताकत मन से आती है और मन को तो नकारात्मकता ने बंदी बना लिया था।

घर में एक अजीब सा सन्नाटा और तनाव का वातावरण बन गया था। रिश्तेदार हालचाल पूछने के लिए फ़ोन करते पर उनसे फ़ोन पर बात करना, इनकी बीमारी और हालत की चर्चा करना मेरे लिए बोझ बन गया था क्योंकि इस वक़्त मेरी पूरी एकाग्रता अंशु को मानसिक और शारीरिक रूप से ठीक करने में लगी थी, ये सब औपचारिकताएँ और बातें मेरे मन को उचाट कर देती थीं।

अंशु एक दिन बहुत रोने लगे। उनके सब्र और सहनशीलता का घड़ा फूट गया था या मन में उठते नकारात्मक विचारों का बाँध, ये तो पता नहीं पर उनका सुबक -सुबक कर रोना असहनीय था, देखा नहीं जा रहा था। मुझे कुछ न सूझा बस इनकी चुपके से दूर खड़े होकर फोटो खींचकर डबास सर को व्हाट्सएप्प कर दी।कुछ लिखा नहीं और फिर एकदम डिलीट भी कर दी। शायद मुझे भी

इस घडी सिर्फ़ एक वही सहारा नज़र आ रहे थे। हम सब अंशु के आसपास खड़े थे। शुक्र है कबीर सो रहा था तो उसने अपने पापा की वो हालत देखी नहीं। मम्मी-पापा, कावेरी-प्राची सब अंशु को समझा रहे थे, सांत्वना दे रहे थे पर अंशु पर सभी बातें बेअसर थीं। मैं उनके सामने बैठ गई और सिर्फ़ उनका हाथ पकड़ लिया, कुछ न बोली। कई बार शब्द निःशब्द हो जाते हैं। आज मैं इन्हें समझाने के लिए कोई शब्द ही न जुटा पा रही थी। इतने में ही मेरे फ़ोन के व्हाट्सएप्प पर डबास सर का फ़ोन बजा। सर का नाम फ़ोन पर देखते ही अंशु एकदम उत्सुक हो गए।उस उत्सुकता में खुशी थी। अंशु ने स्पीकर पर फ़ोन डालने को कहा। मैं डर रही थी कि कहीं सर फोटो भेजने का ज़िक्र न कर दें तो अंशु नाराज़ हो जाएँगे। पर अंशु के कहने पर मुझे फ़ोन स्पीकर पर लेना ही पड़ा।

"हैलो सर ! नमस्ते!"

"जी मैम, कैसे हो ? कैसा है हमारा फाइटर ?"

"सर, ये ठीक तो नहीं हैं।"

"अरे क्या हुआ ! मैं वीडियो कॉल पर डालता हूँ कॉल, शक़्ल दिखाओ हीरो की।"

अंशु न करने लगे पर सर ने न करने का समय ही न दिया और कॉल को वीडियो कॉल पर डाल दिया।

अंशु सर को देखकर मुस्कुराए पर आँखों में पानी था और रो-रोकर शक़्ल बदली हुई थी।

"सर ने इन्हें देखते ही कहा, " यस माय हीरो! रो रहे थे क्या ? क्या हुआ ? लगता है मेरी याद आ रही है। अरे यार तुम तो फाइटर हो। ये सब साइड इफ़ेक्ट हैं और कुछ नहीं, ये नार्मल है रेडिएशन में।"

अंशु गर्दन हिला रहे थे।

"मुझ पर फेथ है? बोलो।" अंशु ने बहुत ज़्यादा 'हाँ ' करते हुए सिर हिलाया।

"बस फिर, आई प्रॉमिस तुम ठीक हो जाओगे बिल्कुल।" अंशु भावुक हो गए और मुझे इशारे से कहा कि सर को कह मुझे उनसे मिलना है।

मैंने उनकी बात सर को कह दी। रात के साढ़े आठ हुए थे और सर ने कहा, "आ जाओ, मैं घर पर ही हूँ।आओ मिल लो मुझसे।" और हँसते हुए फ़ोन काट दिया।

उस समय अंशु की उत्सुकता और उत्साह ऐसा था कि लगा जैसे किसी मृत को मंत्र फूँककर जीवित कर दिया हो।

पूरे दिन के थके -हारे हुए अस्पताल से आए होंगे और फिर भी बुला लिया, सिर्फ़ मेरी एक फोटो भेजने पर। फ़रिश्ते शायद ऐसे ही होते हैं।

सर की मुस्कान ने ही आधी से ज़्यादा मानसिक तकलीफ़ कम कर दी, अंशु की ही नहीं मेरी भी।

अंशु ने लिखा -'सर, ये कैंसर लौट तो नहीं आएगा? प्लीज़ कुछ साल दे दो। कबीर को पढ़ाना है।'

"अंशु ! सोचोगे तो पक्का आएगा, दिमाग से फेंक दोगे तो नहीं। दिमाग में इतनी शक्ति होती है कि वो कुछ भी पलट सकता है।गलत सोच से गलत ही मिलता है और यदि सही सोचोगे तो सही ही रहोगे।"

उनकी बातें तो जादू सा असर कर ही रहीं थीं, नम्रता ने भी अंशु को कई सकारात्मक उदाहरणों से ज़िंदगी को सही नज़रिए से देखने और हालातों का सामना करने की सीख दी। और बच्चे तो भगवान का रूप होते ही हैं, अन्नी के साथ दस - पंद्रह मिनट खेलकर, उसके चेहरे के मासूम भावों ने ज़िंदगी जीने और ज़िंदगी को प्यार करने की भावना का संचार कर दिया। आज नम्रता से 'आप' की औपचारिकता ख़त्म होकर 'तुम' का रिश्ता बन गया था। जब अंशु दूसरे कमरे में युवांश के पास गए तो मैंने सर को 'थैंक यू' कहा। सर हँस दिए -"मैम आपने फोटो भेजी तो समझ गया था आज आपसे सँभलेगा नहीं ये।"

भावनाओं को इतनी बारीकी से समझ पाने का हुनर होने के लिए एक अच्छा डॉक्टर नहीं बल्कि एक नेकदिल इंसान होना ज़रूरी है और वो डबास सर हैं।और सच कहूँ तो अंशु की लिए जीवनदायक औषधि।

इच्छा शक्ति प्रबल भी हो परंतु फिर भी कभी - कभी प्रतिकूल परिस्थितियाँ पूरा ज़ोर लगाकर अपने सामने दम तोड़ने, घुटने टेकने पर विवश कर देती हैं और उस समय इच्छा शक्ति, दृढ़ निश्चय को पुनः जीवंत करने वाला सहारा ही हमारे लिए मसीहा होता है। अंशु में जीने की इच्छा, परिस्थितियों से जूझने की ताकत बहुत थी पर जब विपरीत परिस्थितियाँ हावी हो जातीं तो डगमगा जाते और तब डबास सर का साथ, बच्चों का प्यार इन्हें उस भँवर से निकालता। ऐसे ही हाथ का साथ थामे दिन गुज़रते गए। हालत काफी सुधरी भी, रेडिएशन फिर शुरू हुई पर फिर कष्ट आए, शारीरिक पीड़ा भी सही पर इन सब के चलते - चलते रेडिएशन

का अंतिम दिन आ गया। रेडिएशन के दुष्प्रभाव अंशु में बहुत दिख रहे थे पर आज अंशु के चेहरे पर फिर भी सुकून था। होता भी कैसे नहीं, अपनों के साथ ज़िंदगी जीने के लिए शारीरिक और मानसिक यातनाओं -प्रताड़नाओं की जंग जीती थी आज। और वो भी एक नहीं दो-दो जंग -सर्जरी और रेडिएशन।

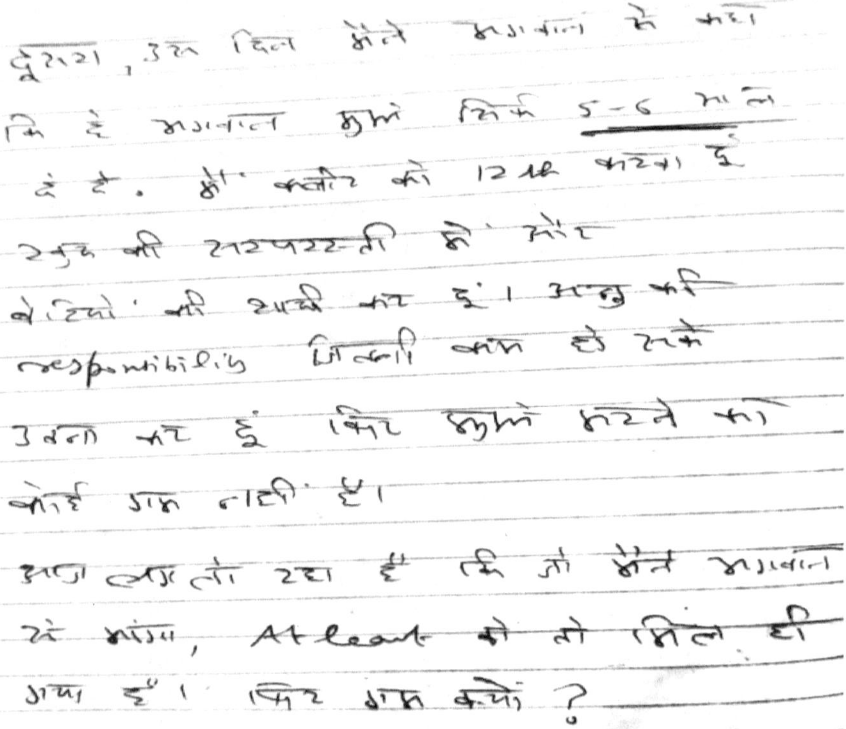

दूसरा, उस दिन मैंने भगवान से कहा कि हे भगवान मुझे सिर्फ 5-6 साल दे दे . मैं कबीर को 12th करवा दूँ खुद की सरपरस्ती में और बेटियों की शादी कर दूं। अनु की responsibility जितनी कम हो सके उतना कर दूं फिर मुझे मरने का कोई गम नहीं है।

आज लग तो रहा है कि जो मैंने भगवान से मांगा, At least वो तो मिल ही गया है। फिर गम क्यों ?

कहते हैं न समय घाव भर देता है। समय के साथ - साथ रेडिएशन के दिए घाव भी भरने लगे, लगभग खत्म से होने लगे। हम सब खुश थे क्योंकि अंशु के चेहरे पर दिखने वाली अस्वस्थता अब स्वस्थता में परिवर्तित हो गई थी। कुछ समय तक रेडिएशन के डॉक्टर के पास नियमित जाँच के लिए जाते रहे और डॉक्टर डबास के पास भी। अंशु जब भी डॉक्टर डबास से मिलते एक ही प्रश्न दोहराते - मैं कब बोलूँगा? कब होगी मेरी स्पीच थेरेपी?' इंसान की प्राथमिकताएँ स्थिति के अनुसार बदलती रहती हैं। ज़िंदा रहने की लड़ाई में आवाज़ का शोर दब गया था और अब जब ज़िंदगी मिली तो आवाज़ की चाहत ने फिर ज़ोर पकड़ लिया।

"अंशु ! रेडिएशन ने अभी गले के अंदर तक के भागों को कमज़ोर कर दिया है। यदि स्पीच थेरेपी अभी की तो इंटरनली कुछ हार्म हो सकता है। थोड़ा वेट करो, फिर स्टार्ट करवाएँगे।" सर अंशु को इस प्रकार समझाते।

अब डबास सर से अंशु का रिश्ता सिर्फ डॉक्टर का न रहकर दोस्त का सा बन चुका था। वे दोस्तों की तरह उनसे अपने मन की भावनाओं को व्यक्त करते, चैटिंग नित क्रम बन गया और मैं भी नम्रता के साथ अक्सर फोन पर बात कर लेती।

सही कहते हैं त्योहार रिश्तों के बंधन को और मज़बूत तथा मीठा बना देते हैं। दीवाली का पर्व आ गया और हमारे घर की दीवाली को रोशन करने का श्रेय जिन्हें था वो सिर्फ़ और सिर्फ़ डबास सर तथा उनसे जुड़े उनके साथियों को जाता है।आज बच्चों के चेहरों पर हँसी की लड़ियाँ जगमगा रही थीं क्योंकि उनके पापा खुश थे, उनके साथ थे। हम सब के मन में उनके लिए हृदयगत आभार और धन्यवाद से बहुत ऊपर आस्था का भाव था। मम्मी - पापा घर बैठे उन्हें दुआएँ दिए जाते। उन्हें धन्यवाद किए बिना हमारी दीवाली अधूरी थी। अंशु, मैं और कबीर डबास सर के घर दीवाली की शुभकामनाएँ देने गए। अंशु को तो वैसे ही सर से मिलने का मौका चाहिए होता था।शायद उनसे मिलकर अपने अंदर सकारात्मकता का खज़ाना भरना चाहते थे। अंशु का तो ये हाल था कि जब भी थोड़ा निराश -हताश महसूस करते मेरे साथ नीचे घूमने चलने का बहाना करते और सर की सोसाइटी के बाहर ही टहलते रहते, उसी से उनको खुशी और सकारात्मक ऊर्जा मिल जाती थी। और अब तो हमें भी उनके घर जाकर डॉक्टर - मरीज़ वाला संबंध बहुत कम और पारिवारिक मित्रता का

अहसास अधिक होता था। इसका कारण शायद यही था कि सिर्फ़ सर ने ही नहीं नम्रता ने भी इस संबंध को खुले दिल से अपनाया था।

'सर, मेरा गाड़ी चलाने का बहुत मन करता है। चला लूँ?' अंशु ने लिखा।

सर ने अपनी उसी मुस्कुराहट के साथ कहा -"ठीक है, थोड़ा आसपास चला लिया कर। कर ले अपना शौक पूरा।" सर के बोलते ही मैंने उन्हें प्रश्नसूचक आँखों से देखा तो वो समझ गए।

"मैम! कोई दिक्कत नहीं। पर साथ ही जाना, थोड़ा आसपास चलाने दो।"

ज़िंदा रहने और आत्मविश्वास के साथ ज़िंदा रहने में बहुत अंतर होता है। ये अंतर डबास सर बखूबी समझते थे और वो अंशु को सिर्फ़ ज़िंदा नहीं, आत्मविश्वास के साथ ज़िंदा रखना चाहते थे। उनकी आँखों के इस भाव को मैंने पढ़ लिया।

अब हमारी उथल-पुथल हुई ज़िंदगी में स्थिरता सी आने लगी थी। अंशु अब हमारे साथ सामान्य रूप से खाना खाने लगे यहाँ तक की अपनी मर्ज़ी की चीज़ें भी बनवाने लगे। बच्चों के साथ लूडो -कैरम बोर्ड खेलते और मम्मी - पापा के साथ ताश, रिश्तेदारों और दोस्तों के साथ चैटिंग करते, टीवी पर पसंदीदा कार्यक्रम देखते........पर साथ -साथ 'आवाज़ कब आएगी' की चिंता और ज़िद्द भी आती - जाती रहती।

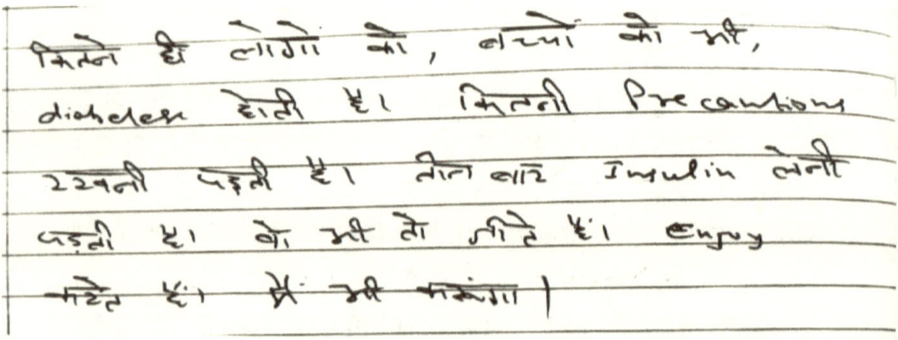

कितने ही लोगों को, बच्चों को भी, diabetese होती है। कितनी precautions रखनी पड़ती है। तीन बार Insulin लेनी पड़ती है। वो भी तो जीते हैं। enjoy करते हैं। मैं भी करूंगा।

मुझे रोज़ स्कूल जाना ही होता था, वैसे भी कब तक अनियमित रहती। रेडिएशन के दौरान जब इनकी अवस्था बहुत बुरी थी तब भी प्रिंसिपल मैम ने बिना कोई प्रश्न किए दस दिन की छुट्टी दे दी थी। उनका इतना साथ देना ही बहुत बड़ी बात थी पर काम तो करना ही था।

'साफ़ दिल वालों का भगवान होता है' ये पंक्ति मैंने कई बार सुनी थी पर समझी नहीं थी। भगवान होता है या नहीं ये तो ज्ञान नहीं पर हाँ कोई ताक़त ज़रूर होती है। अंशु का वही साफ़ दिल शायद सबको अपना बना लेता था, अपनी और आकर्षित कर लेता था। तभी तो प्रिंसिपल मैम के साथ भी एक गहरा रिश्ता बन गया था इनका। बड़ी बहन की तरह किसी भी परेशानी में उनसे राय ले लेते और मैम भी समय - समय पर अंशु को प्रोत्साहित करने घर आ जातीं। अपने - पराए का अंतर परिस्थितियाँ ही कराती हैं। और इस बीमारी में कितने अपने मिल गए थे........।

पर अंशु को घर में खाली बैठना बहुत अखरता। कितने मैसेज करते मुझे स्कूल में 'मिस यू ','जल्दी आ जा' और कई बार उनपर खीझ और गुस्सा हावी हो जाता। अब तो मैं स्कूल के बीच में म्यूकस साफ़ करने भी नहीं आती थी क्योंकि सर के कहे अनुसार सच में समय के साथ -साथ म्यूकस निकलना बहुत न के बराबर हो गया था और यदि ज़रूरत पड़ती भी तो अंशु ही साफ़ कर लेते। वक़्त सब कुछ सीखा देता है।

अंशु के खालीपन और तनाव को कम करने के लिए निक्की - गिन्नी ने उन्हें एक बहुत अच्छी तरकीब सुझाई और उसे अपनाने के लिए प्रोत्साहित किया।अंशु में विचारों और ज्ञान का भंडार था और शब्दकोष भरपूर। लेखन की कला में शुरू से ही माहिर थे।बच्चों ने उन्हें ब्लॉग अकाउंट बनाना सिखाया तथा भाँति-भाँति के विषयों पर ब्लॉग लिखने के लिए जोश भरा। ये था भी बहुत आवश्यक क्योंकि खाली दिमाग में शैतानी नकारात्मक भावनाएँ और विचार हमला बोल देते हैं। अपने उस खालीपन को भरना, अपनी क्षमता को सही दिशा में लगाना अत्यधिक आवश्यक है। और सचमुच ये तरकीब कारगर रही। अंशु का ध्यान काफ़ी हद तक उसी दिशा में मुड़ गया और अपने विचारों को ब्लॉग के माध्यम से उड़ेलकर उनका खालीपन तो भरा ही साथ ही साथ मन भी हल्का रहने लगा।

मेरे कैंसर के साथ हुए अनुभवों ने
मुझे मजबूत बना दिया है।
मैंने निश्चय कर लिया है कि
मैं कैंसर को मात दूंगा।

. . . .

मैं दूसरों की तरह सामान्य जीवन
जीने का प्रयास करता हूं।
मैं प्रयत्न करता हूं कि मेरे मन में
कोई भी नकारात्मक विचार ना आये।

जीवनकाल में हर इंसान की ज़िंदगी में बहुत रिश्ते बनते हैं, बहुत लोग आते - जाते हैं पर कुछ लोग ऐसे होते हैं जो भले ही सालों में मिलें पर उनका स्थान अमिट होता है, और कोई नहीं ले पाता। ऐसे समय में ऐसे ही दो लोग हमसफ़र बने -संजय मेहता और मीनाक्षी मेहता। मीनाक्षी कावेरी की प्रथम अध्यापिका जो फिर प्राची की भी शिक्षिका बनीं।प्रत्येक वर्ष पी टी एम पर अध्यापिका के साथ बच्चों की फोटो खींचने का अंशु का शौक कहूँ या सम्मान देना कहूँ, उसे पूरा करते। मीनाक्षी एक बहुत स्नेहमयी अध्यापिका और एक बहुत हँसमुख व्यक्तित्व वाली महिला है। कब हमारे पारिवारिक संबंध बन गए पता ही नहीं चला। संजय भैया (मीनाक्षी के पति) ऐसे इंसान भी दुनिया में बहुत कम देखने को मिलते हैं जो निःस्वार्थ भाव से रिश्तों को दिल से निभाते हों। अंशु और उनके एक समान विचार और ज्ञान तथा मानसिक स्तर में एकरूपता उनकी दोस्ती का मज़बूत सेतु बने। मिलते बहुत कम थे हम उनसे।यहाँ तक कि अंशु की बीमारी का पता भी उन्हें दीवाली पर शुभकामना का फ़ोन करने पर लगा। और तभी से उनके आने का सिलसिला शुरू हो गया। उनके विषय में बताना ज़रूरी है क्योंकि आगे की हमारी यात्रा में उनका योगदान हर पग पर अंशु को मानसिक प्रबलता प्रदान करने में प्रयासरत रहा है। अंशु की स्थिति को जानकर वे एक दिन भी अपने को रोक न पाए और मिलने चले आए। दोनों पति- पत्नी बहुत आस्थावान प्रवृति के हैं और उनके साथ बैठकर उन्हीं सकारात्मक तरंगों का संचार होता है। अंशु पर आपबीती जानने के बाद अपनी संवेदनाओं को नियंत्रित रखने की कोशिश तो बहुत की पर वे आँसुओं को छिपा न पाए। पर इतना सहन करने के उपरांत भी अंशु को इस प्रकार सशक्तता से

हँसते हुए खड़ा देखकर उन्होंने इस जज़्बे को दिल खोलकर सराहा और ऐसे ही आत्मबल बनाए रखने के लिए प्रोत्साहित किया। *कुछ संबंध अंतरंग होते हैं, रिश्तों के ठप्पों के गुलाम नहीं।*

छोटी - बड़ी घटनाएँ घटती रहीं और समय अपनी गति से गुज़रता रहा।अंशु अब धीरे -धीरे थोड़ा पानी भी पीने लगे और आहार भी सामान्य लेने लगे।जिस दिन पहली बार राज़मा का थोड़ा सा स्वाद महसूस किया इनके आँसू आ गए। मैं इनके आँसू देखकर एक बार को तो डर गई कि कहीं कोई नई तकलीफ़ पैदा तो नहीं हो गई पर वो तो खुशी के आँसू थे। सर्जरी के चार महीने बाद ये स्वाद आया था इसलिए किसी नियामत से कम नहीं लग रहा था।

व्हाट्सएप्प इनका सबसे पक्का साथी बन चुका था। दिल्ली से लेकर मेरठ, ग्वालियर, दुबई, कनाडा आदि तक के रिश्तों की तारें उन्होंने इसमें समेट ली थीं और उन्हीं तारों से संदेशे आते - जाते रहते। डबास सर, रितेश, नम्रता और यहाँ तक के नम्रता के मम्मी -पापा (ओंकार अंकल और आंटी) जो हमें एक दिन डबास सर के घर मिले थे, उनसे भी 'गुड मॉर्निंग' और बातचीत का सिलसिला नियत हो गया। और ऐसे ही वार्तालापों में एक दिन अंशु ने डबास सर और रितेश को सपरिवार आने का न्यौता दे दिया।

सर का आज पहली बार हमारे घर आना अंशु के लिए सचमुच भगवान के आने जैसा था। इतना उत्साह, इतनी खुशी अंशु को सिर्फ़ डबास सर ही दे सकते थे इसलिए वो हम सब के लिए भी भगवान ही बन चुके थे जो मात्र अपनी मुस्कान से अंशु को काबू में कर लेते थे।सर, नम्रता, बच्चे, रितेश और श्वेता (रितेश की पत्नी) सभी आकर इतना घुल- मिल गए कि लगा ही नहीं कि ये हमारे घर पहली बार आए हैं और श्वेता तो पहली बार मिली थी पर उसकी सौम्यता और मीठे व्यवहार ने भी अपना बनने में समय नहीं लगाया।पलंग को गपशप का अड्डा बना लिया और रसोईघर भी औपचारिकताओं से परे नम्रता, श्वेता और मुझमें साँझा हो गया। उनका इस प्रकार का अपनत्व अंशु के लिए तो आत्मविश्वास की कुंजी था ही, मम्मी-पापा के लिए भी सहारा, बच्चों को सहमेपन से उभरने का साधन और मेरे लिए तो जैसे सबसे मज़बूत ढाल ही था।

'बीमारी खोखला कर देती है ' कितना सटीक कथन है यह। मरीज़ के शरीर और मन को तो खोखला करती ही है पर घर को भी खोखला कर जाती है ।बीमारी में तो पैसा पानी की तरह बहता है ही और वो भी इस प्रकार की

घातक बीमारी में और साथ ही साथ घर के खर्चे भी कहाँ रुकते है बल्कि बढ़ ही जाते हैं। यही कारण था कि प्राची ने अभी एम बी ए के विचार को स्थगित करके छोटी-मोटी नौकरी करने का चयन किया। अंशु की बहुत इच्छा थी कि वो एम बी ए करे पर घर के हालात बच्चों से छिपे नहीं थे। अंशु का मन इस बात से उसे कचोटता रहता कि उसके कारण बच्चे अधूरा जीवन जी पा रहे हैं।

"पर परिवार इसी को कहते हैं जो मुट्ठी बनकर रहे। जब तुम फिर काम शुरू कर दोगे तो पढ़ लेगी।" ऐसी बातें हम सब का कहना अंशु को भावुक भी करता और बच्चों पर गर्व भी कराता। प्राची ने भी गुड़गांव में नौकरी शुरू कर दी और शिफ्ट भी दोपहर एक बजे से रात दस बजे तक की ली ताकि जब मैं और कावेरी काम पर गए हों तो कम से कम पापा के पास उन्हें सँभालने के लिए कोई तो हो। इतने संवेदनशील और समझदार बच्चे भी भाग्यवान माता - पिता को ही मिलते हैं पर ये भी सच है कि *बचपन से जैसे संस्कारों का बीज बोया जाता है वैसा ही फल पौध देती है।*

FAMILY is a unit.
मिल के चलेंगे, मेहनत करेंगे, लड़ेंगे, झगड़ेंगे, रोएंगे, लेकिन मिल के।
इस पार्ट
कोई Tension नहीं है।
बेटी (एक फैमिली की तरह) Problem
को सामने से handle करो।
Problem reach
Problem 5 = A

Family is a unit .

मिल के चलेंगे, मेहनत करेंगे, लड़ेंगे, हंसेगे, रोएंगे, लेकिन मिल के .

हम पाँचों

कोई Tension नहीं है।

मेरी (या किसी की भी) problem को पांच से divide कर दो।

Problem खत्म

बहते समय के साथ अंशु के भावों में भी उतार-चढाव की लहरें आती रहीं पर वो मेरी क्षमता में थीं जिन्हें मैं प्यार से समझाकर रोक लेती थी। पर एक दिन आए ज़िद्द के तूफान को रोकना मेरे सामर्थ्य से बाहर था। अंशु ने ज़िद्द ही पकड़ ली कि उन्हें अब पढ़ाना है, हर कीमत पर आवाज़ चाहिए,स्पीच थेरेपी करवानी ही है। डबास सर को फ़ोन करके कह दे स्पीच थेरेपी शुरू करवाएँ। मुझे घुटन होती है अब। गले के छेद पर हाथ रखकर ही तो बोलना है, इतने से काम को सिखाने में इतनी देर क्यों लगा रहे हैं? अंशु बस लिखते ही जा रहे थे। अंशु को ये प्रक्रिया इतनी सी लग रही थी पर हमें जो आसान लगता है वो वास्तव में भी उतना सरल हो ज़रूरी नहीं होता। डॉक्टर इसकी गंभीरता को समझते थे, शायद यही कारण था जो वो रुके हुए थे। *कुछ गलतियों के परिणाम हाथोंहाथ नहीं मिलते पर भविष्य में भोगने पड़ते हैं।* और अभी अंशु को स्पीच थेरेपी कराना डबास सर को उचित नहीं लग रहा था। पर अंशु का डबास सर के सामने इतना खीझ जाना, ज़िद्द और असंतोष दर्शाना और यहाँ तक कि कहीं और से स्पीच थेरेपी करवाने तक की बात कह देने ने सर को अंशु की मनःस्थिति समझा दी और विवश कर दिया।

'क्या मेरी आवाज़ आने में आपको डाऊट है ? क्या कैंसर ने मेरे अंदर इतनी खराबी कर दी है कि आपको लगता है मैं बोल नहीं पाऊँगा ? सर! मुझे एक बार तो अहसास करना है कि मैं बोल सकता हूँ, मेरे अंदर आवाज़ है।' अंशु की लिखी ऐसी बातों के कारण सर ने उन्हें मज़बूर होकर दो दिन बाद स्पीच थेरेपी कराने के लिए बुला लिया।

उन दो दिनों में अंशु के पास सिर्फ़ और सिर्फ़ आवाज़ की ही बात थी। वो पहला शब्द क्या बोलेंगे? कैसी आवाज़ होगी ?थोड़ी मोटी सी होगी शायद? यदि न निकली तो ? कितनी देर तक बोल पाऊँगा ....?? हलचल मेरे मन में भी थी पर कुछ अलग तरह की। डबास सर ने इनकी ज़िद्द को मानकर 'हाँ ' तो बोल दिया पर कहीं कोई नुकसान न हो जाए!!!? बहुत दर्द और परेशानी के सफर के बाद आज रोगमुक्त अंशु मिला था, कहीं आवाज़ का मोह किसी और शारीरिक पीड़ा का कारण न बन जाए !!

डॉक्टर डबास का वही ओ पी डी का कमरा और उसमें सर के साथ रितेश, डॉ अश्विनी, गौरव और एक नर्स।

"अंशु ! तुम्हें अपने गले के होल को अँगूठे से प्रेस करना है पर बहुत तेज़ नहीं दबाना और फिर बोलने की कोशिश करनी है। मैं एक बार दबा कर दिखाता हूँ कि कितना प्रेस करना है।" सर ने अंशु के गले के होल पर अँगूठा रखा और अंशु को बोलने का इशारा किया पर कोई आवाज़ नहीं आई। सर ने दो - तीन बार होल को दबाकर बुलवाया पर बिल्कुल आवाज़ नहीं निकली। अंशु के चेहरे का रंग डर के मारे फीका पड़ गया और वो थोड़ा हाँफने से भी लगे।

सामने मेज़ पर पड़े एक पेपर पर फ़ौरन लिखा -' मैं नहीं बोल पाऊँगा कभी ??'

"अंशु, रिलैक्स करो। कई बार शुरू में नहीं आती आवाज़। थोड़ा जूस पियो और दिमाग पर काबू रखो। एक्ससाइटमेंट में मत बोलो, रिलैक्स होकर बोलो अभी पाँच मिनट बाद फिर करके देखते हैं।"

जूस पीने के बाद सर ने फिर वैसे ही किया पर वो दो -तीन प्रयास भी असफल रहे।

"सर प्रॉपर हीलिंग नहीं हुई है शायद इसलिए एयर पास हो रही है।"रितेश ने बोला।

"हाँ, एक्चुअली रेडिएशन की हीलिंग में टाइम लगता है, तभी मना कर रहा था।" सर के बोलते ही अंशु उत्तेजित से हो गए और खुद ही अँगूठा रखकर बोलने की कोशिश करने लगे।

डबास सर ने अब उन्हें थोड़ा गुस्सा दर्शाते हुए बोला, "अंशु ! छोड़ दो। डोन्ट ट्राय। पानी पियो थोड़ा।"

अंशु ने जैसे ही दो घूँट पानी के भरे पानी गले से बाहर आ गया।उस वक़्त ऐसा लगा जैसे मेरी जान किसी ने खींच ली हो और अंशु भी काँपते से खड़े हो गए। सर, डॉ. अश्विनी और रितेश तीनों एक दूसरे को देखने लगे।

अंशु ने एकदम हाथों के इशारे से पूछा-'ये क्या हो गया?'

"अंशु, मैंने तुम्हें वेट करने को कहा था न। रेडिएशन की पूरी हीलिंग अभी नहीं हुई है, इंटरनल वीकनेस है और उस सेंसिटिव पार्ट को प्रेस करके उस पर और प्रेशर डाल दिया तो लीकेज हो गई।"

'इसका मतलब आवाज़ कभी नहीं आएगी और फिर से लीकेज ???' अंशु ने बहुत बड़े -बड़े शब्द बनाकर लिखा।

"आवाज़ भी आएगी, पर अब हम स्पीच प्रोसेस तब करेंगे जब रेडिएशन का पूरा असर देख लेंगे। रेडिएशन के तीन महीने बाद पेट् स्कैन होता है। वो जरूरी होता है कन्फर्म करने के लिए कि अब कोई कैंसर सेल्ल नहीं हैं। फिर करेंगे बोलने का प्रोसीज़र स्टार्ट।"

अंशु हताश से होकर कुर्सी पर गिरते हुए से बैठ गए। मैंने उनका हाथ पकड़कर पूछा, "ठीक हो न?"

"सर, कब करवाएँगे पेट् स्कैन और अब ये लीकेज फिर से, तो क्या करें ?" मैंने पूछा।

"मैम! घबराओ मत। दो-चार दिन जूस ही दो। तब तक थोड़ी हीलिंग हो जाएगी और लीकेज नहीं होगी फिर। अभी प्रेशर पड़ने की वजह से लीकेज हुई है। सेकंड वीक ऑफ़ फरवरी में करवाएँगे पेट् स्कैन।"

फिर सर ने अंशु की तरफ देखते हुए बोला -"अंशु, कुछ टाइम के लिए आवाज़ को भूल जा, अपने को पूरा हील होने दे। आवाज़ तो आनी है पर स्टेप वाइज स्टेप चलेंगे। तेरी आवाज़ आएगी, आई प्रॉमिस।" सर ने अंशु का हाथ पकड़कर कहा और रितेश ने अंशु के कंधे पर हाथ रखकर विश्वास दिया। पर हम डोलते विश्वास और हारे मन के साथ घर लौट आए।

किनारा सामने हो और एकदम कोई भँवर खींच ले, वही दशा थी अंशु की। इनका मायूस चेहरा देखकर कलेजा मुँह को आ रहा था। मैं भी छटपटा रही थी पर अपनी घुटन का गला घोंट दिया और अंशु के पास गई और उसके कंधे पर सिर रखकर बैठ गई। सच में इनका कंधा कितनी महफूज़ और सुकून का स्थान था मेरे लिए....आहहहह !!

"अंशु, तुम्हें याद है शादी से पहले तुम मुझे इशारों से ही मिलने की जगह बताते थे। तुम्हारा स्कूटर का हॉर्न बजाने का तरीका, तुम्हारे मेरे घर के नीचे होने का इशारा होता था। पता नहीं आज वो दिन इतने याद क्यों आ रहे हैं ? कितनी जल्दी बीत गया न वो वक़्त ! कितना कुछ बदल गया न, सिवाय एक चीज़ के- प्यार ! आज भी तुम्हें उतना ही प्यार करती हूँ जितना उस 23 साल के अंशु को करती थी, आज भी तुम्हारी आँखें और इशारे वैसे ही पढ़ लेती हूँ। अबसे पहले तुमने मुझे 'आई लव यू' भी सिर्फ होंठों को हिलाकर कहा था, बिना आवाज़ के। मैं तुम्हें बिना आवाज़ के भी सुन सकती हूँ। अंशु सिर्फ़ तुम्हारा साथ, तुम्हारी मुस्कुराहट चाहिए। आवाज़ जब आएगी तो बोल ही लोगे, तब तक मुझे ही आवाज़ बना लो प्लीज़। बच्चों के लिए तुम रोल मॉडल हो और मेरे लिए तो वही अनिल कपूर और अब डबास सर के फाइटर ; वही अंशु रहो प्लीज़। बहुत मुश्किल मिला है हमें अपना अंशु वापिस" और न जाने ये सब कहते -कहते कब मेरे आँसुओं ने अंशु की कमीज़ को कंधे से गीला कर दिया। अंशु ने मेरी तरफ गर्दन मोड़ी और फिर मुझे कसकर लिपटा लिया और उनके भाव भी आँखों से बाहर झलक आए, जो निकलने बहुत ज़रूरी भी थे।

अंशु ने लिखा -'अनु ! मुझे आवाज़ अपने लिए नहीं, तुम लोगों के लिए ही चाहिए ताकि तुम्हारे कुछ काम आ सकूँ।'

"अंशु ! पता है मुझे पर सर की बात भी तो बिल्कुल सही है, पहले पूरी हीलिंग और फिर आवाज़। प्रायॉरिटी तुम हो, आवाज़ तो बाद में आती है। अब सर के कहे अनुसार ही चलेंगे प्लीज़।"

अंशु ने 'हाँ' में सिर हिला दिया।

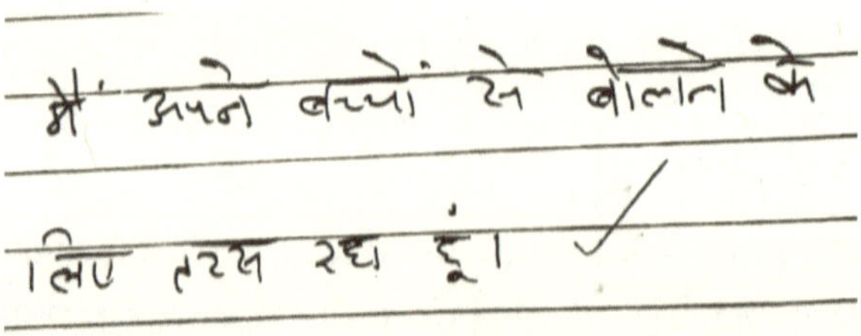

मैं अपने बच्चों से बोलने के लिए तरस रहा हूं।

'आज तो 28 दिसंबर ही है। सर कह रहे हैं फरवरी के दूसरे हफ़्ते में टेस्ट करवाएँगे। तो तब तक क्या करें ?' अंशु के लिखते ही मैंने एक ही बात कही, "सब्र करेंगे और पॉजिटिव रहेंगे।अपनी बॉडी को स्ट्रांग करेंगे ताकि जल्दी हैल्थी होकर बोल पाओ। अंशु, आई नो इट्स चैलेंजिंग और कहना आसान है पर करना मुश्किल, पर हमारे पास कोई ऑप्शन नहीं। हमें मिलकर इसमें से निकलना ही है। तुम्हें मेरे और बच्चों के लिए ठीक होना ही है। टाइम लग जाए कोई नहीं, पर ठीक तो करके ही रहूँगी तुम्हें।" और मैंने मुस्कुराकर अंशु की तरफ देखा और फिर बोली -" मुझे सर पर 100 % ट्रस्ट है और मुझे पता है तुम्हें भी।" अंशु ने 'हाँ ' में सिर हिलाया और मुस्करा दिए। ऐसी परिस्थिति में सभी घर वाले एक दूसरे की ताकत बनकर खड़े हो जाएँ तो बीमारी के इस काँटे भरे सफर की चुभन कम हो जाती है।

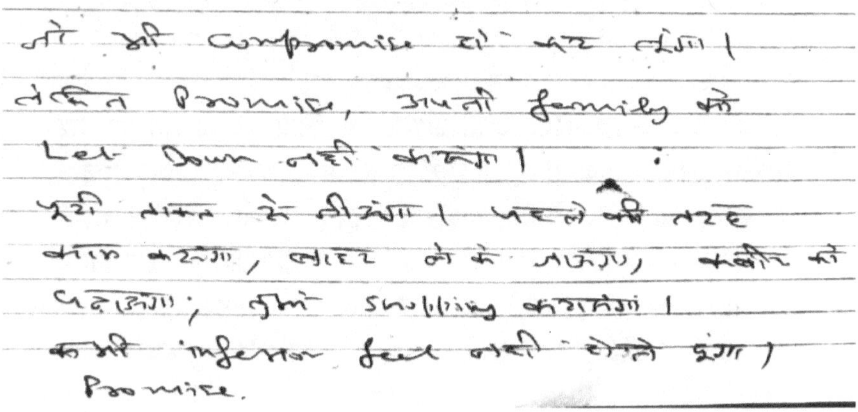
जो भी compromise हों कर लूंगा।
लेकिन Promise, अपनी family को
Let Down नहीं करूंगा।
पूरी ताकत से जीऊंगा। पहले की तरह
काम करूंगा, बाहर ले के जाऊंगा, कबीर को
पढ़ाऊंगा, तुझे shopping कराऊंगा।
कभी inferior feel नहीं होने दूंगा।
Promise.

जो भी compromise हों कर लूंगा। लेकिन promise अपनी family को Let Down नहीं करूंगा।

पूरी ताकत से जीऊँगा। पहले की तरह काम करूंगा, बाहर ले के जाऊंगा, कबीर को पढ़ाऊंगा, तुझे shopping कराऊंगा।

कभी inferior feel नहीं होने दूंगा।

Promise .

अब फिर अंशु ने बच्चों के साथ समय व्यतीत करना और कबीर को लिख - लिख कर थोड़ा बहुत मैथ्स पढ़ाना, व्हाट्सएप्प पर भावों का आदान - प्रदान, ब्लॉग लिखना आदि प्रारंभ कर दिया। अंशु ने सर को मैसेज करके 'सॉरी' लिखा कि अब उनकी बात ही मानेंगे और सर ने भी उनका मनोबल बनाए रखने का सिलसिला जारी रखा। सर के कहे अनुसार दो- तीन दिन में लीकेज भी बंद हो गई और नववर्ष की शुरुआत सर के घर सर और नम्रता के साथ चाय पीकर ही की। इस प्रकार दिन एक -एक करके गुज़रते गए। कभी रिश्तेदार, तो कभी दोस्त, तो कभी अंशु के पुराने छात्र मिलने आते- जाते रहते और अब एक साथी को तो देर शाम को भी मैसेज करके अंशु बुला लेते -संजय मेहता और मीनाक्षी। संजय भैया के साथ आध्यात्मिक ज्ञान की बातें और उपन्यासों की चर्चा -परिचर्चा और गपशप अंशु को अद्‌त ही सुकून देती जो उसके चेहरे पर साफ़ झलकता। कभी - कभी किसी के साथ समय बिताने से ही सब ठीक सा लगने लगता है। अब अंशु की डाइट भी पहले से बेहतर हो गई थी और उन्हें ज़्यादा भूख लगने लगी थी। वज़न भी थोड़ा बढ़ गया और चेहरे का नूर भी। बीच - बीच में 'पेट् स्कैन की रिपोर्ट कैसी आएगी ?' की चिंता हावी हो जाती पर फिर भी अक्सर सकारात्मक ही रहते। इसमें भी डबास सर का बहुत बड़ा योगदान था। रात को खाना खाने के बाद अक्सर मैंने, नम्रता, सर और अंशु ने सोसाइटी के बाहर एक साथ टहलने का क्रम सा बना लिया। कभी साथ- साथ आइसक्रीम खा लेते तो कभी गपशप करते ही समय का पता न चलता। इस प्रकार सर की सकारात्मकता की दवा रोज़ इन्हें मिल ही जाती और नम्रता का साथ मेरे मन को हल्का कर देता।

अभी लेटे हुए ख्याल आया कि मैं
इतनी complaint क्यों कर रहा हूं। ज़रा
सोच के देखो किस बीमारी से जीत के आया
हूं। नाम ही भयंकर है। 2nd Life मिली
है। थोड़ा बहुत (शायद) compromise
करना भी पड़े तो क्या? अनु और
बच्चों के साथ रहने का मौका तो मिला।
इतना cancer को बहुत कम कीमत है इतने
बड़े reward की।

Thanks God, Thanks Dr Dabas,
Thanks Anu.

Anshu

एक बार हम सर से मिलने गए तो न जाने क्यों अंशु ने सर से एक सवाल पूछ लिया -' अगर आप किसी को ठीक करने में सक्सेसफुल नहीं होते तो कैसा फील होता है आपको ?'

"अंशु ! केस बहुत बिगड़ा हुआ हो तो कई बार पूरा एफर्ट करके भी हम कुछ नहीं कर पाते। बहुत बुरा फील होता है पर हम इमोशनल नहीं हो सकते इस प्रोफेशन में क्योंकि और बहुत से पेशेंट्स की लाइफ की रिस्पांसिबिलिटी होती है। एक बात बताऊँ मेरी अपनी मम्मी कैंसर से गई हैं, इतना बड़ा कैंसर डॉक्टर होकर भी उन्हें नहीं बचा सका। कितना गिल्टी फील होता है सोच सकते हो। लेट डिटेक्ट हुआ और तब तक देर हो चुकी थी। आज तक ये बात कितना तंग करती है। उन्हें तो वापिस नहीं ला सकता पर ज़्यादा से ज़्यादा पेशेंट्स की ज़िंदगी बचाना ही उनके लिए मेरी श्रद्धांजलि है। जो हो हमारे पास हम उसी में अपने को पूरा डेडिकेट कर सकते हैं। वो ही करने की कोशिश करता हूँ मैं।"

सर की बात सुनकर हम दोनों सकते में आ गए थे क्योंकि इतना बड़ा कैंसर का डॉक्टर होकर अपनी माँ को न बचा पाना कितनी बड़ी पीड़ा थी उनके लिए पर उनकी उस मुस्कान को देखकर कोई अंदाज़ा भी नहीं लगा सकता। उनकी बताई इस घटना ने एक बात सिखा दी-' *दुःख सबकी झोली में आते हैं, फर्क सिर्फ़ इतना है हम उसे कैसे अपनाते हैं।* ज़िंदगी का इम्तिहान सबके हिस्से आता है, कोई रोकर तो कोई हँसकर इसको गले लगाता है। सर की इन बातों ने उनके लिए हमारे मन में सम्मान का स्तर तो और ऊँचा कर ही दिया और अंशु को ज़िंदगी जीने की हिम्मत देकर प्रेरित भी किया। घर आकर अंशु ने सबसे पहले सभी को यही शब्द कहे - 'ऐसे डॉक्टर बहुत किस्मत से ही मिलते हैं, मैं सचमुच लक्की हूँ।'

पेट् स्कैन करने का दिन 18 फरवरी निश्चित हुआ। 17 फरवरी शाम को अंशु को राजीव गाँधी अस्पताल में दाखिल होना था। सर ने पहले से ही बता दिया था कि सर्जरी के दौरान लगाई वॉइस डिवाइस (TEP) रेडिएशन के साइड इफेक्ट्स से ख़राब हो गई है, वो बदलनी पड़ेगी जो बहुत छोटा सा काम है। पेट् स्कैन की रिपोर्ट के बाद उसे बदल देंगे और फिर स्पीच थेरेपी करवाएँगे। अंशु को एडमिट करवा दिया। सर जब अस्पताल के कमरे में मिलने आए तो अंशु ने लिखा -'सर ! अगर पेट् स्कैन में कुछ गलत आ गया तो ?'

अंशु ने जैसे ही लिखा सर ने मुस्कान के साथ हैरानी की प्रतिक्रिया देते हुए एकदम कहा, " अंशु ! तुम इतना नेगेटिव क्यों सोचते हो? नेगेटिविटी अट्रैक्ट

करती है बीमारी को। अरे, ये तो रेगुलर टेस्ट है जो तीन साल तक कराते ही हैं पर लॉन्ग इंटरवेल्स में। एक बार तो करवाकर ही देखना था अभी के सारे ट्रीटमेंट का असर ठीक हुआ न बॉडी पर। बस और कुछ नहीं। फाइटर हो वैसे भी तुम तो।" हँसते हुए उसके कंधे पर हाथ रखा और फिर चले गए।

अंशु के दिमाग को तनावरहित रखने के लिए और अच्छी नींद के लिए नर्स ने दवाई दी क्योंकि अगली सुबह पेट् स्कैन होना था। अंशु को पेट् स्कैन से पहले खाली पेट ही रहना था। लगभग 12 बजे अंशु को पेट् स्कैन विभाग ले जाने के लिए व्हील चेयर लेकर वार्डबॉय आ गया।आज अंशु ने व्हील चेयर के लिए मना नहीं किया, चुपचाप बैठ गए।वहाँ जाकर हर बार की तरह प्रक्रिया शुरू हो गई। बी पी, शुगर जाँचने के उपरांत दवाई इंजेक्ट करके इन्हें कुछ देर के लिए अलग कमरे में पानी की बोतल देकर अकेला बैठा दिया क्योंकि इस जाँच से पहले पानी पीना होता है लगभग एक लीटर। वैसे तो वहाँ का माहौल हमेशा ही बहुत नकारात्मक कर देता है पर न जाने आज मेरा मन इतना बेचैन क्यों था, कुछ अजीब सी घबराहट हो रही थी, शायद इसलिए क्योंकि आज अंशु की असहनीय तकलीफों का परिणाम था जो बहुत महत्वपूर्ण था मेरे लिए। वैसे तो पेट् स्कैन की रिपोर्ट चौबीस घंटे में आती है पर जानती थी डबास सर अभी आधे घंटे तक ही ले लेंगे क्योंकि इस रिपोर्ट के बाद TEP (गले में लगाया जानेवाला आवाज़ का यंत्र) लगाने की प्रक्रिया होनी थी। मैं बाहर बैठी अंशु की मनोदशा के बारे में सोच रही थी कि आज कितने चुप थे अंशु। शायद समय के साथ समझौता कर लिया है इन्होंने। और मन ही मन यही प्रार्थना चल रही थी कि बस अब इनकी परीक्षा खत्म कर देना भगवान। इतने में अपने सामने लगभग 18 -20 साल का एक लड़का बैठा देखा जिसके हाथ पर भी कैनुला लगा हुआ था जिससे दवाई इंजेक्ट की जाती है। समझते देर न लगी कि आज इसकी भी परीक्षा है। जब उसे दवाई के लिए अंदर ले गए तो उसके पिता मेरे पास वाली कुर्सी पर आकर बैठ गए। बात करके पता चला कि चंडीगढ़ से आए हैं और बच्चे को लास्ट स्टेज ब्रेन कैंसर है। मन और डूबने लगा और सच में मन में आया कि क्या भगवान बिल्कुल न्याय नहीं करता। मैं हमेशा अपने आप को सकारात्मक रखने और करने का प्रयास करती पर आज नकारात्मकता भारी पड़ रही थी।

लगभग डेढ़ बजे हम पेट् स्कैन करवाकर अस्पताल के अपने कमरे में वापिस आ गए और अब इंतज़ार था सिर्फ़ रिपोर्ट का।

चौथा पड़ाव
(चीख और सीख)

तीन बज चुके थे पर सर या रितेश न कोई कमरे में इन्हें देखने आया और न ही कोई रिपोर्ट बताने के लिए फ़ोन। अंशु कम से कम दस बार मुझे कह चुके थे कि सर को फ़ोन कर। इनकी वो बेताबी और छटपटाहट गलत भी कहाँ थी पर मैं यही कह कर समझा देती कि वो ऑपरेशन कर रहे होंगे, अपने आप बता देंगे, उन्हें भी तो चिंता है।

पर अब तो मैं भी नहीं रुक पा रही थी तो सर को फ़ोन मिलाया और उन्होंने काट दिया। अंशु को ये कहकर शांत कर दिया कि कही बिज़ी होंगे पर मेरे दिमाग में अब उलटे - सीधे विचार आने लगे। अंशु की हालत तो उसके चेहरे की लाचारी ही बता रही थी। मैंने रितेश को फ़ोन मिलाया। उसने फ़ोन उठाते ही बोला, "अभी बिज़ी हैं, दीदी करता हूँ पाँच मिनट में फ़ोन।रिपोर्ट नहीं आई है अभी। मैं बता दूँगा।" उसने फ़ोन रख दिया। घर से भी बार - बार फ़ोन आ रहा था पर क्या जवाब देती। कबीर के पेपर चल रहे थे तो प्राची को उसके पास रहने को कहा और कावेरी की कोई बहुत जरूरी मीटिंग थी ऑफिस में और पापा को आने से ये कहकर मना कर दिया कि कोई ज़रूरत ही नहीं है यहाँ, हम आ ही जाएँगे जल्दी। पाँच मिनट के पचास मिनट हो गए पर कोई फ़ोन नहीं आया। अंशु का तो सब्र का बाँध टूट ही रहा था पर आज मेरे हाथ-पाँव फूल रहे थे कि सर फ़ोन क्यों नहीं उठा रहे और न ही फ़ोन कर रहे हैं??.....

मैंने फिर सर को फ़ोन किया।"सर, आ गई रिपोर्ट ?" मैंने उनके फ़ोन उठाते ही पूछा।

"मैम, पूछा नहीं अभी, थोड़ा बिज़ी था। बताता हूँ आपको।" आज सर की आवाज़ और बोलने के अंदाज़ में कुछ अलग सा महसूस हुआ।

पर अंशु को अपना ये अहसास नहीं बताया और हँसते हुए कहा, "सर भी कितने बिज़ी रहते हैं। आज किसी केस में अटके हुए हैं। अभी पूछ रहे हैं रिपोर्ट। अरे यार ठीक ही आएगी।" जानते हुए भी कि अंशु कोई बच्चे नहीं उन्हें बच्चे की तरह बहला रही थी और वो मुझे ऐसे देख रहे थे जैसे कह रहे हों 'मैं सब समझता हूँ।'

कई बार अहसासों और हालातों को समझते हुए भी हम उन्हें समझना नहीं चाहते, आज मेरी वही दशा थी। एक - एक मिनट एक - एक घंटे के समान पहाड़ सा भारी लग रहा था। मैंने सर को फिर फ़ोन मिलाया और सर ने फ़ोन नहीं उठाया।

हम दोनों के दिमाग में ख़्यालों और विचारों की जंग चल रही थी पर हम दोनों ही उस जंग के शोर को दबाकर बैठे हुए थे।

थोड़ी देर बाद मेरे फ़ोन पर डबास सर का फ़ोन बजा।

"मैम! एक बार रूम से बाहर आकर बात करो।" मैं फ़ोन लेकर बाहर चली गई।

"जी सर बोलिए ! "

"मैम, नीचे अकेले आओ ओ पी डी में, अंशु को साथ मत लाना।"

"सर, सब ठीक हैं न ??"

"मैम ! प्लीज़ आप नीचे आओ पर अकेले।" सर के फ़ोन रखते ही मैं जैसे ही कमरे में जाने के लिए मुड़ी अंशु सामने ही खड़े थे।

अंशु ने आँखों से पूछा -' क्या बोला सर ने?'

"अंशु ! सर ओ पी डी में बुला रहे हैं मुझे।शायद डिवाइस की बात करनी है। रिपोर्ट अभी मँगवा रहे हैं। तुम यही रुको, मैं मिलकर आती हूँ।"

अंशु ने इशारे से कहा कि वो भी साथ चलेंगे पर मैंने यह कहकर मना कर दिया कि सर डिवाइस लगाने का काम तो प्रोसीज़र रूम में ऊपर आकर ही करेंगे।

मैं सीधा ही ओ पी डी रूम के अंदर घुस गई।ये भी परवाह नहीं की कि कोई और मरीज़ बैठा है। उस मरीज़ के बाहर जाते ही सर ने मेरी तरफ देखा। सर के चेहरे की मुस्कान गायब थी, रितेश आँखे चुरा रहा था और टीम के दो

डॉक्टर जो अक्सर होते हैं वो चुप थे। शब्दों को पढ़ने में भले ही कुछ समय लगता है पर भावों को नहीं। समझ गई थी कि सर कुछ ऐसा बोलने वाले हैं जिसे सुनने के लिए मैं बिल्कुल तैयार नहीं।

"सर क्या आया है रिपोर्ट में ?" मैंने तपाक से पूछा।

"मैम, रिपोर्ट थोड़ी ठीक नहीं है। उसमें कैंसर थोड़ा ...." सर अभी बोल ही रहे थे कि इतने में कमरे का दरवाज़ा खुला और अंशु सामने थे और सर को अपलक देखे जा रहे थे।

"आओ अंशु बैठो। इतना परेशान क्यों लग रहे हो ? मैम को अकेले बुला लिया इसलिए।" और सर हँस दिए। पर अंशु के भाव बिल्कुल नहीं बदले। वो कभी सर को तो कभी रितेश को प्रश्नसूचक निगाहों से देख रहे थे।

"मैं मैम को इसलिए बुला रहा था क्योंकि उन्हें बताना था कि आज TEP डिवाइस नहीं लग पाएगी। एक्चुअली थोड़ी सी रिपोर्ट क्लियर नहीं आई है तो लास्ट वाली से कम्पेयर करके रिजल्ट क्लियर होगा तब फिर एक - दो दिन में डिवाइस वाला काम करेंगे।

'क्लियर नहीं मतलब ? कुछ गलत आया है रिपोर्ट में ?' अंशु ने लिखा।

"अरे नहीं यार। बस थोड़ा क्लियर नहीं है कि एक पॉइंट पर क्या दिख रहा है? वैसे है कुछ नहीं पर एक बार लास्ट रिपोर्ट्स से कम्पेयर कर लेंगे फॉर आवर सैटिस्फैक्शन। बी रिलैक्स अंशु !

'सर सच में न ?' अंशु के लिखते ही सर बोले " रितेश से पूछ ले, उस पर तो विश्वास है, मुझपर नहीं तो। अरे आराम से घर जाओ।एक - दो दिन में आगे का सोचते हैं।" सर जितनी बात सँभाल सकते थे सँभाल ली पर रितेश अभी शायद उसमें कच्चा था या भावुक ज़्यादा था, पता नहीं।

अंशु ने चुप्पी साध ली।सर की बात पर विश्वास करना चाहते थे पर शायद कर नहीं पा रहे थे आज।

हम घर आ गए।अंशु को पूरे रास्ते वो हिम्मत देने की कोशिश करती आई थी जो आज मेरे पास ही नहीं थी। मैंने बच्चों को अंशु के पास बातें करने के लिए बैठा दिया और खुद बालकनी में जाकर सर को फ़ोन मिलाया।

"सर, मेरा दिल घबरा रहा है। क्या हुआ है सर ?"

"मैम ! रिपोर्ट में कैंसर के साइन दिखे हैं लंग्स में। इतनी जल्दी कैंसर वापिस आ जाना........। अभी आप अंशु को देखो। कल सुबह अकेले आ जाना

मुझ से मिलने, फिर बात करते हैं। मैम आप भी रिलैक्स करो, कुछ खाओ। करता हूँ कल आपसे बात। सर ने फ़ोन रख दिया।

सर ने तो फ़ोन काट दिया पर मैं तो खुद ही कट कर गिर चुकी थी। ऐसा लग रहा था जैसे शरीर में अनेक घाव हों और उस पर कोई नमक मसल रहा है। इतना दर्द महसूस हो रहा था। एक पल में ही अंशु के वो तकलीफ़ से भरे दर्दनाक चेहरे एक रील की तरह घूम गए। क्या फिर वही सब झेलना होगा ?? सोचकर ही दिल बैठा जा रहा था।

इतने में कबीर ने आवाज़ लगाई, " मम्मी कहाँ हो ? पापा बुला रहे हैं।" इनके सामने कमरे में जाते ही कहीं बिखर न जाऊँ, इस डर से "आती हूँ " बोलकर सीधे मम्मी - पापा के कमरे के बाथरूम में चली गई। बाथरूम में लगे शीशे में भी अंशु ही दिख रहा था जो पूछ रहा हो 'और कितना सहूँ? अब क्या होगा ? फिर रेडिएशन, सर्जरी या कुछ और ?? पर वास्तव में आज ये मेरे प्रश्न थे और अनायास ही आज अंशु के शब्द मेरे मुँह से निकल गए " अंशु ही क्यों ???"

सबके सामने सामान्य रहने का लिबास और मन में बवंडर बेहिसाब! रात को न इनकी आँखों में नींद न मेरे।

"सो जाओ अंशु। दिमाग को आराम दो प्लीज़।" अंशु ने एकदम लिखने के लिए रजिस्टर उठा लिया।

'आज सर कुछ तो छिपा रहे हैं? रितेश भी घबराया हुआ था न? और जब मैं रूम में आया था सच बता सर तुझे क्या बता रहे थे?'

"अरे अभी तो कुछ बताना शुरू भी नहीं किया था कि तुम आ गए। जितना तुम्हें बताया है उतना ही मुझे भी पता है सच में। मत सोचो इतना। तुम खुद ही तो उस दिन कह रहे थे सर जैसे डॉक्टर किस्मतवालों को मिलते हैं। फेथ रखो उन पर और मैं तुम्हें कुछ नहीं होने दूँगी। और अंशु का सिर अपनी गोद में रखकर बालों को सहलाने लगी ताकि वो सो पाएँ। अंशु तो कुछ देर में दवाइयों के असर के कारण सो गए पर मेरी आँखें आज पथरा सी गई थीं। पूरी रात दिमाग में प्रश्न तलवारों की तरह वार कर रहे थे।'क्या फिर सर्जरी होगी ?' कीमो तो नहीं करनी पड़ेगी ? इनका खाना - पीना फिर से तो बंद नहीं हो जाएगा? अब की बार इनका इलाज कितने और महीने चलेगा? फिर खुद को ही समझाने लगी 'इलाज हो जाएगा तो ठीक हो ही जाएँगे ?' पर पता नहीं ये बात भी मन में

क्यों आई 'मेरे साथ तो रहेंगे न ??' इन सवालों को चीरते हुए मैंने यही निर्णय लिया कि कल स्कूल जाकर प्रिंसिपल मैम से बात करके सुबह ही अस्पताल चली जाऊँगी क्योंकि अंशु को बताकर तो अस्पताल नहीं जा सकती वरना बताना पड़ेगा कि क्यों गई ?

मैं सुबह आठ बजे स्कूल पहुँची।सीधा मैम के कमरे में जाना चाहती थी पर स्कूल रिसेप्शन से पता चला कि मैम आज नौ बजे तक आएँगी।

"उनके आते ही मुझे मिलना है।" मैं रिसेप्शन पर यह बोलकर अपनी कक्षा में तो चली गई पर दिल इतना डूब रहा था कि अपने स्थान पर किसी और अध्यापिका को कक्षा सँभालने के लिए कहा और खुद स्टाफ रूम में जाकर डबास सर को फ़ोन मिला दिया। सर फ़ोन उठाते ही बोले, "मैम दस बजे आ जाओ ऑपरेशन थिएटर वाले रूम में ही।" मेरे 'ओके' बोलते ही उन्होंने फ़ोन काट दिया।

इतने में मैम के आ जाने की सूचना भी मिल गई। मैं उसी वक़्त प्रिंसिपल मैम के कमरे में चली गई।वहाँ वाइस प्रिंसिपल, बजाज मैम (हैडमिस्ट्रेस्स, जो मेरी बहुत अच्छी दोस्त भी हैं) मौज़ूद थीं।

"क्या हुआ अनु ?" मैम के बोलते ही मैं उनसे लिपटकर ऐसे रोई जैसे कोई छोटा बच्चा चोट लग जाने पर माँ से लिपटकर तेज़ - तेज़ रोता है। हाथ - पाँव काँप रहे थे और आँसुओं ने तो जैसे आज न रुकने की कसम खा ली थी। मैम ने भी मुझे बस लिपटाए रखा, चुप नहीं करवाया क्योंकि वो जानती थीं कि घर में सबके सामने मज़बूती का अभिनय करते - करते कितनी थक जाती हूँ इसलिए कहीं तो अंदर भरा हुआ तूफ़ान निकालना ही है। पर उन्हें यही लग रहा था कि शायद मन भरा हुआ होगा इसलिए आज ऐसे टूट गई। पर जब मैंने रोते-रोते ही मैम को अंशु की आई उस रिपोर्ट के बारे में बताया तो एक बार को वो भी स्तब्ध सी हो गईं और मैम की आँखें ही नहीं बजाज मैम, वाइस प्रिंसिपल सबकी आँखें बरसने लगीं।

"तुम एकदम जाओ डबास के पास, पर अकेले नहीं जाने दूँगी। तुम्हारी खुद की हालत ठीक नहीं। तुम इसके साथ चली जाओगी ?" प्रिंसिपल मैम के कहते ही मैं और बजाज मैम अस्पताल के लिए निकल गए।

सर की वो ज़िंदा करने वाली मुस्कान आज भी नहीं थी। बहुत गंभीरता से मुझे देखा।

"सर, क्या आया है इनकी रिपोर्ट में ?"

"मैम ! अंशु के एक लंग में डॉट दिखा है जो ट्यूमर तो है ही और झूठ नहीं बोलूँगा कैंसरस ही है। FNAC टेस्ट से चेक करेंगे इंटेंसिटी।

"सर आप कह रहे हो डॉट है तो बहुत कम ही होगा। सर्जरी होगी क्या उसकी भी ? या फिर ...." सर ने मेरी बात पूरी भी नहीं होने दी।

"इस केस में सर्जरी नहीं हो सकती। देखो मैम, एक बार सर्जरी के बाद और फिर रेडिएशन होने के बाद हम ये मान लेते हैं कि कम से कम चार- पाँच साल तक तो कैंसर वापिस नहीं आएगा और अगर इतने सालों में आता भी है तो शरीर फिर फाइट के लिए तैयार हो चुका होता है। पर अंशु के केस में कैंसर तीन महीने में वापिस आ गया और वो भी लंग्स में। सिचुएशन इस वैरी बैड।"

"सर वापिस कैसे आ गया ? क्या सर्जरी में कुछ रह गया था?" मेरे बोलते ही सर ने कहा -" मैम वोकल कॉर्ड या गले में नहीं आया है, वो क्लियर है।अब नए पार्ट में आया है।शायद ये उसी डिले का नतीजा है जो नेचुरोपैथी में टाइम वेस्ट किया। हो सकता है उसी दौरान आ गया हो पर एक्टिव अब हुआ हो। पर ये नहीं होना चाहिए था।"

"सर प्लीज़ डराओ मत, इसका इलाज क्या है ? आप बस ठीक कर दो इन्हें।" मेरे कहते ही सर ने मेरी तरफ बहुत मज़बूत होकर देखा और बोला -" डरना नहीं, हिम्मत रखनी पड़ेगी अब आपको।"

"सर ये ठीक तो हो जाएँगे न ?" अब मेरी आवाज़ में भारीपन आ गया था क्योंकि सर के चेहरे के भाव मुझे भयभीत कर रहे थे।

सर कुछ बड़ी बात बोलने वाले हैं ये तो समझ रही थी पर मेरे पैरों तले से ज़मीन ही खींच लेंगे ये भान नहीं था।

"मैम, इस केस में पेशेंट की लाइफ बचाना बहुत मुश्किल होता है। तीन-चार महीने ही हैं, मैक्सिमम लगा लो तो छह -आठ महीने अगर ट्रीटमेंट चलता रहे।"

"सर क्या कह रहे हो आप ? आप ऐसे नहीं छोड़ सकते.....अंशु की लाइफ ......" शब्द गले में ही दम तोड़ रहे थे। बजाज मैम ने मेरे दोनों कंधे थाम लिए।

"सर क्या करेंगे हम? अंशु के बिना नहीं रह सकती ? इनको कैसे बताऊँगी ? बच्चे ....? कोई तो ट्रीटमेंट होगा सर, प्लीज़ ऐसे मत छोड़ो हमें।" दिमाग सन्न हो गया था।

"क्या बोल रही हो ? मैं नहीं छोड़ रहा आपको। कीमो तो कराएँगे पर पहले FNAC टेस्ट। और आप नहीं बताओगी अंशु को कुछ, मैं अपनी तरह समझा लूँगा। पर सबसे पहले टेस्ट।"

"सर आप सर्जरी से ही निकाल दो न इसे।" मेरे बोलते ही सर ने थोड़ा कड़क आवाज़ में बोला -" सर्जरी हो सकती होती तो कर देता न। कीमो होगी पर सबसे पहले नीडल टेस्ट।" शायद मेरे भावों को काबू में करने के लिए सख़्त बन गए थे वो।

"क्या कहकर लाऊँगी अंशु को टेस्ट के लिए ? मैं आज बताकर नहीं आई आपसे मिलने।"

"मैम कह देना सर से बात हुई थी, सर ने कल बुलाया है चेकअप के लिए। मैं ही उसे अपने तरीके से मैसेज कर दूँगा। स्ट्रांग रहना है आपको बच्चों के लिए और अंशु को सँभालने के लिए।"

सबको सँभालने के लिए मज़बूत रहूँ पर मुझे कौन सँभालेगा ? तीन-चार महीने' ये शब्द दिल को अपनी तेज़ धार के साथ चीर रहे थे, मन में चीख रहे थे। ऐसा लग रहा था जैसे शरीर में कोई करंट दौड़ रहा है जिसका झटका जानलेवा है। ज़िंदगी अंशु की थी और अंशु मेरी ज़िंदगी और ज़िंदगी के पास बस कुछ वक़्त ......नहीं......दिमाग फट रहा था।

बजाज मैम के सहारे स्कूल वापिस आई क्योंकि अभी इस अवस्था में घर जा भी नहीं सकती थी और अंशु को कहती भी क्या कि स्कूल से जल्दी क्यों आ गई? वैसे भी अंशु के मन में ये बात बैठी हुई थी कि सर कुछ छिपा रहे है।अंशु तक सर के अनकहे शब्द भावों ने पहुँचा दिए थे। दोपहर तक प्रिंसिपल मैम के पास ही बैठी रही और फिर रोज़ की तरह सामान्य रूप में घर पहुँची। अंशु जो स्कूल में मैसेज करके कई बार पूछ चुके थे वही प्रश्न घर में घुसते ही था -' सर से बात हुई ? कुछ कहा रिपोर्ट के बारे में ?'

"हाँ मैंने किया था सर को फ़ोन पर उठाया नहीं उन्होंने। फिर बिज़ी हो गई स्कूल में। अभी करती हूँ फिर से।" मन में यही आया कि पहले सर ही कर दें इनको मैसेज तो ही सही है। पर अंशु की ज़िद्द पर उसी समय फ़ोन मिलाना पड़ा। समझ सकती थी उनकी दशा जब मेरी ही हालत ऐसी थी तो इनके अंदर पनपता डर कितना स्वाभाविक था। सर ने फ़ोन उठाते ही कहा कि फ़ोन स्पीकर पर लो।

"यस अंशु बॉस, कैसे हो ? सुनो कल एक बार छोटा सा एक टेस्ट कर लेते हैं कि वो पेट् स्कैन में आया डॉट सा क्या है? तो आ जाना कल मॉर्निंग में।

अंशु इशारा कर रहे थे कि सर से पूछ कुछ डर की बात तो नहीं है ? पर मैंने नहीं पूछा।

"अंशु, यू आर फाइटर। डरना क्या है, कुछ होगा भी तो मिलकर निपट लेंगे। कई बार रेडिएशन के बाद ट्यूबरक्लोसिस भी हो जाता है जो नार्मल है। आ जाना कल दस बजे तक। देख लेते है ।"

अगली सुबह अस्पताल पहुँचते ही सर ने पेट् स्कैन विभाग के साथ ही जुड़े एक कक्ष में भेज दिया।

"मैम, FNAC होगी इनकी। फाइल मँगवा ली है आप इस फॉर्म पर साइन कर दीजिए।" वहाँ बैठी नर्स ने कहा। साइन करके अंशु के पास आकर बैठी तो इनका चेहरा देखकर इन पर तरस से ज़्यादा प्यार आ रहा था। लग रहा था कि इन सब तकलीफ़ों से दूर करके छिपा लूँ कहीं इन्हें। चेहरे पर भय और असहाय सा भाव कि जैसे वहाँ जाते ही समझ गए हों कि मेरी एक और दर्दनाक यात्रा शुरू हो गई है। पर फिर भी एकदम अपनी पॉकेट से डायरी निकालकर लिखा -'ये ट्यूबरक्लोसिस भी तो हो सकता है।सर कह रहे थे।शायद उसी का पैच दिख रहा हो।'

मैंने उनका हाथ थामकर कहा " अंशु ! चिंता मत करो।" उन्हें तो कह दिया पर डबास सर ने जो कल कड़वी सच्चाई कही थी वो मुझे तो अंदर तक काट चुकी थी। फिर भी एक आस थी कि 'मिरेकल' भी तो होते हैं, क्या पता आज वो हमारे साथ हो जाए और इन्हें ट्यूबरक्लोसिस ही निकल आए। काश !!!!!!!....

"चलिए ये गाउन पहन लीजिए, प्रोसेस शुरू करना है।" एक नर्स ने गाउन पकड़ाते हुए बोला।

अंशु ने नर्स को इशारे से पूछा,'ये कैसे होगी?'

"नीडल डालकर चेक करते हैं। डॉक्टर साहब बता देंगे आपको। कपड़े चेंज कीजिए आप।" नर्स की नीडल डालने की बात कहते ही अंशु का रंग सफ़ेद पड़ गया पर नर्स ने ये कितनी सहजता से बोल दिया क्योंकि उनके लिए ये आम प्रक्रिया है पर अंशु जिसने कैनुला लगाने के दर्द, अनगिनत टेस्ट के सिरिंज से लेकर सर्जरी की चीर- फाड़ और रेडिएशन की दुखदायी तपन को झेला हो

और फिर एक नई तरह की नीडल जाँच के लिए खड़ा हो उसके मन की दशा मैं समझ रही थी और उनके डर का अहसास कर पा रही थी।

इन्हें जाँच के लिए कमरे में ले गए।लगभग बीस मिनट बाद एक डॉक्टर बाहर आए और सामने वाले एक कक्ष में चले गए जहाँ स्क्रीन पर मॉनिटरिंग होकर रिपोर्ट बनती है। दस मिनट बाद उस कक्ष में मुझे बुलाया गया

"मैम! नीडल वहाँ तक नहीं जा रही है जहाँ वो पॉइंट है तो हो नहीं पाया। एक बार फिर से ट्राय करेंगे ये टेस्ट। पंद्रह - बीस मिनट में करेंगे अभी वो थक गए है, थोड़ा पेन हुआ था इसलिए।"

मन में बस एक ही बात आई 'कितना दर्द दोगे भगवान इनको!! उफ्फ्फ ......'

कठपुतली की डोर उसके नचाने वाले के हाथ में होती है। अब अंशु और मेरी हालत कठपुतली सी ही थी। डोर डॉक्टरों के हाथ में थी, उनके कहे मुताबिक चलने के अलावा विकल्प ही क्या था!!!

पुनः जाँच शुरू हुई और थोड़ी देर बाद अंशु को स्ट्रेचर पर बाहर लाए और एक बहुत बड़े वार्ड के एक बिस्तर पर ले जाकर लेटा दिया क्योंकि इस टेस्ट के बाद चार- पाँच घंटे ऑब्जरवेशन में रखना था और अभी तो वैसे भी अंशु लगभग बेसुध से ही थे।

मेरे रिपोर्ट के बारे में पूछने पर वहाँ के डॉक्टर ने ये कहकर भेज दिया कि डॉक्टर डबास के पास रिपोर्ट भेज देंगे। अशांत मन और दिमाग, काबू में ही नहीं आ रहा था। वहाँ से डबास सर को फ़ोन किया पर उन्होंने नहीं उठाया तो फ़ौरन रितेश को कर दिया।

"जी दीदी! हो गया टेस्ट ?"

"हाँ रितेश, क्या है रिपोर्ट में?" उसने मेरी बात का जवाब नहीं दिया बल्कि पूछा, " आप कहाँ हो अभी ? मैं वहीं आता हूँ।" और दस मिनट में रितेश सामने था और प्राची- कावेरी भी अस्पताल आ गए थे।

अंशु नींद के नशे में थे तो मैं बच्चों को वहाँ बैठाकर रितेश के साथ बात करने लगी।

"दीदी, आप ठीक हो न ?"

"रितेश, प्लीज़ बताओ क्या है रिपोर्ट में ?" रितेश ने मेरी तरफ देखा -" दीदी, क्या आपको सर ने कुछ नहीं बताया?"

"जो बताया है वो सहन नहीं हो रहा। हो सकता है ट्यूबरक्लोसिस हो ?" और बोलते -बोलते मेरा गला रुंध गया।

"दीदी ! चलो सर के ही पास चलते हैं ऊपर, वहीं बात करते हैं।" रितेश का दिल छोटा था। अंशु और मेरे साथ वैसे भी डॉक्टर से परे एक भाई का सा रिश्ता बन गया था शायद इसलिए मुझसे आँख मिलाकर बात नहीं कर पा रहा था।

हम सर के पास पहुँच गए।

"मैम, बहुत छोटा सा है इसलिए नीडल भी नहीं जा पा रही थी वहाँ तक।" डबास सर के बोलते ही मेरे अंदर एक आशा जाग गई और उत्साह से पूछा-" इसका मतलब कीमो से डिसॉल्व हो जाएगा न?"

"मैम बड़ा हो तो ट्रेस करना ज़्यादा आसान होता है पर बहुत छोटा है, रूट्स नहीं पता लग पातीं कि कहाँ तक फैली हैं और दिस टाइम कैंसर टाइप इस वैरी पुअर। वर्स्ट टाइप है कैंसर का।"

"मतलब क्या है सर ? बस इन्हें बचा लो।" ।

"मैम ! आप ऐसे कमज़ोर पड़ोगी तो कैसे बात बनेगी? कीमो तो करेंगे।देखते हैं कितनी सक्सेसफुल रहती है। कभी - कभी बॉडी को कोई मेडिसिन सूट कर जाती है।" पर समझ गई थी कि ये पंक्तियाँ कोरी तसल्ली हैं और कुछ नहीं।

"आप नीचे जाओ, मैं आता हूँ अंशु से मिलने।" मैं जैसे ही उठने लगी तो एकदम बोले -" चलो साथ ही चलता हूँ आपके।"

जब हम नीचे पहुँचे तो अंशु पूरी तरह जाग चुके थे।

"यस बॉस ! कैसे हो ?" सर को देखते ही अंशु ने इशारे से पूछा -'सर रिपोर्ट में क्या आया है?'

"देखो अंशु बहुत ही छोटा सा पॉइंट आया है लंग में कैंसर का पर सर्जरी नहीं हो सकती इस केस में और ज़रुरत भी नहीं। हम कीमो करेंगे।"

अंशु के चेहरे पर आए डर को सर भाँप गए।

"अंशु, यू आर माई फाइटर। अरे, कीमो के सबसे बढ़िया डॉक्टर से मिलवा दूँगा। बस स्टार्ट करते हैं दो- चार दिन में।"

अंशु ने मुझसे डायरी माँगी और लिखा -'सर फिर से कैसे आ गया ? कीमो से भी न गया तो? प्लीज़ आप सर्जरी ही कर दो और निकाल दो। मैं आपके अलावा किसी डॉक्टर के पास नहीं जाऊँगा।'

"अंशु जब सर्जरी ज़रूरी थी तब की न, अब कीमो ही काम करेगी। जब छोटी सी सुई से काम चल सकता है तो तलवार क्यों मारूँ?? " फिर सर हँसते हुए बोले -" पहले सर्जरी नहीं कराता था कि कीमो कर दो बस और अब सर्जरी ही करानी है। यार ज़रूरत नहीं सर्जरी की और मैं ही करवाऊँगा कीमो भी।"

अंशु ने सर का हाथ पकड़कर उन्हें थोड़ा और अपने पास बुलाया और डायरी में लिखा -'सर बचा लो, कुछ साल दे दो।कबीर को पढ़ाना है, बहुत रेस्पॉन्सिबिलिटीज़ हैं अभी।'

"अरे पढ़ाओगे कबीर को और बस कबीर ही तुम्हारा बच्चा है, ये दोनों भी तो हैं। डरो मत, कीमो काम करेगी। स्टार्ट करते है फिर इफ़ेक्ट देखते हैं।"

"सर कब मिलवाओगे कीमो वाले डॉक्टर से ?" मैंने पूछा।

"मैम मैं बात करता हूँ उनसे। फिर केस डिसकस करके करते हैं आगे का प्लान। अब आप लोग आराम से घर जाओ। आज तो बच्चे भी आ गए हैं, जाओ सब घर।

' सर, आज कावेरी का बर्थडे है और मैंने सबको परेशान कर रखा है।' अंशु ने लिखा।

"हैप्पी बर्थडे कावेरी! केक के बिना ही आ गई। सर ने सबका मन हल्का करते हुए कहा। " घर जाओ, केक काटो और मुझे फोटो भेजना पक्का।"

मैंने अभी वो कड़वा ज़हर खुद ही पी रखा था। अभी न सच्चाई मम्मी-पापा को बताई थी न कावेरी - प्राची को। कबीर को तो वैसे भी बहुत कम ही बताती थी। आशा की किरण ही मन के अँधेरे को मिटा सकती है पर आज तो उस किरण को जैसे काले बादल ही निगल गए थे। अंशु भी अंदर से बहुत बेचैन था क्योंकि सर के शब्द शायद आज उसे तसल्ली नहीं दे पाए थे क्योंकि अंशु की तीव्र बुद्धि को ये तो भान हो गया था कि पुनः कैंसर का लौटना बहुत बुरा संकेत है।परंतु फिर भी बच्चों की खुशी के लिए प्राची से केक आर्डर भी करवाया और फोटो खींचकर सर को भी भेजीं। सचमुच अंशु की हिम्मत सराहनीय थी। इतना सहकर और सुन- जानकर भी बच्चों के साथ मुस्कुराने की शक्ति बहुत कम में होती है।

सर के कहे वो शब्द दिन - रात कानों में गूँजते। मन करता तेज़ - तेज़ चीखूँ पर चीख को दफ़न करना पड़ता और अंशु के अंदर उफनते सवालों के जवाब पूरी आशा और सकारात्मकता के साथ देती।

पर एक दिन 'छह- आठ महीने' वाला शोर इतना तेज़ हो गया कि कानों को भेदने लगा और मैं अपनी चीख निक्की- गिन्नी के सामने रोक न पाई।उन्हें उनके पापा की वास्तविक स्थिति और बीमारी की दशा बता दी। और फिर हालात ये थे कि समझ नहीं आ रहा था कि कौन किसको सँभाले ?? और फिर हम तीनो ने यही निश्चय किया कि हम लड़ेंगे।'चमत्कार या मिरेकल' भी शब्द होता है तो क्या'पता कीमो की दवाई शरीर को लग जाए और छोटा सा दाने जैसा वो कैंसर कीमो की दवाई से घुल जाए। रोएँगे नहीं, हिम्मत के साथ अंशु को हिम्मत देंगे।

तीसरे दिन डबास सर ने कीमो के डॉक्टर से मिलने को कहा पर मुख्य डॉक्टर दिल्ली से बाहर गए हुए थे तो उनके जूनियर डॉक्टर से मिलकर अंशु की फाइल दिखा दी। उन्होंने कुछ जाँचे लिख दीं कि कीमो शुरू होने से एक दिन पहले ये सब करवा कर दाखिल होना है। डॉ कुमार (मुख्य कीमो डॉक्टर) ने मार्च 1 को वापिस आना था तो 2 मार्च का दिन कीमो के लिए निश्चित हुआ। 15 -15 दिनों के अंतराल में कीमो के छह चक्र (SIX CYCLES OF CEMO) करने का निर्णय लिया गया।

आज पहली कीमो के लिए दाखिल हुए थे। इनके बचपन के दोस्त तनेजा भैया इनसे मिलने घर आने वाले थे।पर जब फोन पर अस्पताल दाखिल होने का पता चला तो वो भी अस्पताल ही आ गए। हर बार की तरह समीर सर ने सैमी प्राइवेट कमरा पहले से ही बुक करवा दिया था। मैं, पापा और तनेजा भैया कमरे में अंशु के साथ बैठे थे और भैया का हँसमुख स्वभाव तथा हमेशा से ही होने वाली अंशु के साथ नोंक- झोंक का सिलसिला यहाँ भी चालू था और अंशु उनकी बातों पर हँस रहे थे। तभी डॉ. कुमार अपनी टीम के तीन डॉक्टरों के साथ कमरे में दाखिल हुए। हमने उन्हें पहली बार ही देखा था।

"कैसे हैं मिस्टर भाटिया? आई सॉ योर रिपोर्ट्स। भाई कितनी डिब्बी सिगरेट पीते थे रोज़ की ?" डॉ. कुमार ने छूटते ही ये प्रश्न किया।

"पर इन्होंने तो कभी सिगरेट छुई भी नहीं।ये तो सिगरेट पीने वाले तक से दूर रहते हैं।" मेरा उत्तर सुनते ही डॉ. कुमार बोले -

"रियली वैरी स्ट्रेंज ! कैसे आ गया फिर ये ? लाखों में से एक को होता है इस तरह का टाइप और वो भी जो चेन स्मोकर हो। चलो ब्लड रिपोर्ट्स वगैहर तो नार्मल हैं तो आज पहली कीमो करते हैं शुरू। आप रेस्ट करो मिस्टर भाटिया

और मैम आप ज़रा बाहर आइए आपसे मेडिसिन और ट्रीटमेंट की बात कर लेते हैं।"

मैं डॉक्टर के साथ बाहर निकली और तनेजा भैया भी साथ ही आ गए।

नर्सिंग स्टेशन पर खड़े होकर डॉ. कुमार ने एकदम बोला-"देखिए मैम, इनकी कंडीशन सीरियस है, होपलेस केस है। कीमो की सिक्स साइकल्स की बात हुई है डॉ. सुरेंद्र से।" फिर बोलते - बोलते रुक गए और तनेजा भैया की तरफ देख कर बोले, " ये कौन हैं ? इनके सामने बात कर सकते हैं हम ?"

"जी सर . मेरे ब्रदर ही हैं ।आप बताइए सर।" मेरे कहते ही उन्होंने अपनी बात फिर शुरू कर दी।

"मैम, वैसे तो हम पेशेंट से सच्चाई छिपाते नहीं हैं पर डबास ने आपकी गारंटी ली है कि कोई प्रॉब्लम नहीं होगी तो सिर्फ़ आपको बता रहा हूँ ।उंसने स्पेशल्ली मना किया है अंशु को कुछ बताने से। मैम, कीमो कराना या न कराना आपकी चॉइस है क्योंकि विदाऊट कीमो ये तीन से चार महीने निकाल देंगे मैक्सिमम और यदि कीमो करते है तो तीन - चार महीने और ऐड कर लीजिए। पर ये ठीक नहीं हो सकते। इनके पुअर कार्सिनोमा सेल्स हैं, वर्स्ट टाइप ऑफ़ कैंसर सेल्स जो लाखों में से एक के आते हैं वो भी जो हाई स्मोकर हो। स्मोकर भी नहीं और ये हालत ....सॉरी मैं आपसे ये बात छिपा नहीं सकता इसलिए सोच लीजिए करवानी है या नहीं क्योंकि पैसे काफ़ी लग जाएँगे और हाथ सिर्फ़ कुछ महीने ही आएँगे बस। आई डोंट नो योर फिनांशल सिचुएशन।" मुझे उस समय ऐसा लगा जैसे किसी ने मेरी गर्दन पकड़ कर गहरे पानी में डाल दी हो और मुझे साँस न आ रही हो, छटपटा रही हूँ साँस के लिए। 'विदाऊट कीमो तीन - चार और कीमो करके छह-आठ ' एक पत्नी के लिए ये सुनना मौत ही है, बस वो दिखती नहीं।

अपने को सँभालते हुए बोला -" सर, कीमो करानी है। आप प्रोसेस बताइए।"

"ओके मैम! विल गिव हिम बेस्ट मेडिसिन इन कीमो तो एक कीमो की कॉस्ट तीस से पैंतीस हज़ार होगी।"

"डॉ. साहब आप बेस्ट मेडिसिन ही दीजिए।" मेरे कहते ही वे दवाई और उसको देने की प्रक्रिया बताने लगे। फिर उन्होंने मुझसे और भैया से एक पेपर पर साइन लिए कि उन्होंने हमें मरीज़ की पूरी स्थिति से अवगत करवा दिया है

पर हम फिर भी कीमो कराना चाहते हैं। उनके लिए तो ये औपचारिकता रोज़ का काम थी पर हम जैसों के लिए आत्मा तक को तोड़ देने वाला भयानक वाक्य।

"मैम ! दवाई आज तो दो-तीन घंटे तक ही आएगी क्योंकि आर्डर पर आती हैं। मेडिसिन आते ही स्टार्ट कर देंगे। नेक्स्ट टाइम से पहले ही आर्डर कर दिया करेंगे। मैम ! विल ट्राय आवर बेस्ट। सुरेंद्र बहुत अटैच है इनसे, उसने कहा है पर्सनली देखना है सब कुछ, मेरा भाई है समझ लो।"

डॉ.कुमार तो चले गए पर तनेजा भैया की हालत ये थी कि वो मुझे तसल्ली भी नहीं दे पा रहे थे और देते भी क्या बोलकर?? मैं उन्हें भरी आँखों से देख रही थी और वो मुझे।

"भाभी! अंदर चलो वरना अंशु को लगेगा कि डॉक्टर ऐसा क्या कह रहे हैं क्योंकि अंशु एक बार बाहर आकर झाँक चुका है।" फिर वही सामान्यता का मुखौटा पहनकर इनके सामने गई और अंशु को डॉ.कुमार द्वारा बताई कीमो की प्रक्रिया के बारे में बताकर निश्चिंत करने का प्रयास किया।

अंशु को तो शायद थोड़ा निश्चिंत कर दिया और कीमो की दवाई आने के इंतज़ार में उनकी आँख लग गई पर मुझे ऐसा लग रहा था जैसे मेरे दिमाग में किसी ने बारूद भर दिया है और वो फट जाएगा। न मन नियंत्रण में था और न शरीर। पापा को ज़्यादा कुछ बताया नहीं था अभी क्योंकि हमारी शादी से पहले सोलह साल का मेरा भाई, जो आठ साल तक बीमारी के कारण बिस्तर पर ही रहा, उसे खो चुके थे और अब दामाद जिसे बेटा ही बना लिया था उसकी ये अवस्था .... कैसे बताती ? कैसे झेलते ? हिम्मत ही नहीं हो रही थी। पर डॉ. कुमार का भी एक 'होपलेस केस ' कहकर जवाब ही दे देना और अंशु को खो बैठने का डरावना सच मुझसे सहन ही नहीं हो रहा था। अंशु के पास पापा बैठे थे और मैं एकदम कमरे से बाहर निकल गई। मेरे पैर बस डॉ.डबास के कक्ष की ओर अपने आप ही बढ़ते जा रहे थे। उनके अलावा कोई और सूझता ही नहीं था। मैं वहाँ पहुँची तो रितेश किसी जूनियर डॉक्टर के साथ बैठा था।

"सर कहाँ हैं रितेश ?? शायद मेरा चेहरा बहुत कुछ बोल रहा था इसलिए रितेश मेरी हालत देखकर घबरा सा गया।

"दीदी, क्या हुआ ? पहले आप यहाँ बैठो।।" और साथ बैठे डॉक्टर को इशारे से बाहर भेज दिया।

"दीदी, ठीक हो न आप ?" उसके कहते ही मेरे अंदर की वो डर से भरी चीख आज फूट गई और मैं तेज़ - तेज़ रोते हुए बस यही बोल रही थी, " प्लीज़ बचा लो इनको, नहीं रह सकती इनके बिना, प्लीज़ बचा लो रितेश!!" मुझे नहीं पता मैं पंद्रह मिनट ऐसी अवस्था में रही या उससे ज़्यादा। पर रितेश ने एक शब्द भी नहीं बोला, बस सिर झुकाकर ही बैठा रहा। थोड़ी देर बाद उसने मेरे आगे पानी का गिलास किया और पूछा-" क्या बोला डॉ.कुमार ने दीदी ?" और मैंने उनकी बताई सारी चुभती सच्चाई बोल दी।

"दीदी प्लीज़ ! आप तो बहुत हिम्मत वाले हो। रियली हम सब आपसे इंस्पायर होते हैं। यू आर सो स्ट्रांग। भैया की सोचो, उन्हें आप ही सँभाल सकते हो।"

आज रितेश के पास बैठकर ऐसा लगा जैसे मेरा सगा भाई मेरे सामने बैठा है और मुझसे बात कर रहा है। मेरे हाथ पैर काँप रहे थे तो रितेश ने नर्स को बुलाकर मेरा बी पी जाँचने को कहा।

"दीदी 90/65 है बी पी, इतना कम। कुछ खाया है आपने सुबह से ? नहीं खाया होगा! उसने वहीं नींबू पानी मँगवाकर मुझे पिलाया और सच में एक भाई की तरह बोला -" नीचे जाओ और कुछ खाओ। खाना है आपके पास ? लाए हो घर से? मैंने 'हाँ ' में सिर हिलाया।

"भेजूँ नर्स को आपके साथ नीचे तक?"

"नहीं रितेश, मैं चली जाऊँगी।" ये कहकर मैं अपने कमरे में लौट आई।

आँसुओं में भी क्या अद्‌त शक्ति होती है. आँखों को भारी कर देते हैं और मन को हल्का। और मन हल्का होते ही भले ही हालात और परेशानी कम नहीं होती पर एक बार को फिर उसका सामना करने, उससे लड़कर उसे हराने की हिम्मत ज़रूर आ जाती है।

मेरे पहुँचने तक अंशु जाग चुके थे और बिस्तर पर बैठे अख़बार पढ़ रहे थे।

'कहाँ गई थी ?' अंशु ने इशारे से पूछा।

"बाहर ही खड़ी थी तो डॉ शुभ्रा मिल गईं और बस उनसे बातें करने लग गई।" जवाब देते - देते मैं सिर नीचे करके अंशु के लिए सेब काटने लगी ताकि मेरी आँखों से झूठ न पकड़ पाएँ। उसी समय एक वार्डबॉय एक ढकी हुई प्लेट लेकर दाखिल हुआ।

"ये डॉ. रितेश ने भेजा है, उनके घर हुई पूजा का प्रसाद है। कहते हुए मेरे हाथ में थमा दिया। मैं समझ गई कि उसे मेरे खाने की चिंता हो रही थी और ये उसके अपनत्व का भाव दर्शाना था।

रितेश की इस स्नेहाभिव्यक्ति ने अंशु को कितना सुख दिया ये मैं उसके चेहरे से स्पष्ट अनुभव कर पा रही थी। *ऐसी परिस्थितियों में दवा से ज़्यादा असरदार होता है ऐसा साथ जो आपको ये अहसास देता है कि तुम अकेले नहीं हो।*

थोड़ी देर में अंशु की कीमो की दवाइयाँ भी आ गई। उसे सबसे पहले निचली मंज़िल में जाकर मिश्रण विभाग में जमा करना होता है जहाँ उनका सही अनुपात में मिश्रण करके उसे तैयार किया जाता है। कीमो की दवाई बनकर आई और प्रक्रिया शुरू हो गई। कैनुला लगवाने से हमेशा ही बहुत डरते थे और आज उस पीड़ा से इनके आँसू निकल आए क्योंकि नस न मिल पाने के कारण दूसरे प्रयास के बाद कैनुला लग पाया था। चाहे आप किसी से अपनी जान से भी ज़्यादा प्यार करते हो पर विडंबना ये है कि उसका दर्द आप महसूस तो कर सकते हो पर अपने शरीर पर ले नहीं सकते। अंशु अपने शरीर पर जो झेल रहा था वो मैं चाहकर भी कैसे लेती ??

कीमो की छह -सात घंटे की प्रक्रिया के चलते डबास सर इनसे मिलने आए क्योंकि अंशु वहाँ कीमो लेते - लेते भी सर को ही मैसेज कर रहे थे।उनको देखे बिना, उनसे मिले बिना अंशु को ये विश्वास ही नहीं मिलता था कि उनका इलाज ठीक चल रहा है। उन्हें सिर्फ़ और सिर्फ़ सर के शब्द ही संतुष्टि देते थे।

'सर, ये सबसे बढ़िया दवाई है न कीमो की ? अंशु ने सर के आते ही लिखा।

"अंशु तुझे बेस्ट ट्रीटमेंट ही मिलेगा।तू इतना घबराता क्यों है? ये बेस्ट कॉम्बिनेशन है कीमो की दवाई का बाकि कोई डाउट हो तो डॉ. कुमार से पूछ लियो।"

'मेरे डॉ. सिर्फ़ आप ही हो, मुझे और किसी से नहीं पूछना।' अंशु के ये लिखते ही सर हँस पड़े।

जब आस्था और विश्वास बहुत बढ़ जाता है तो हम अपने आप को पूर्णतः समर्पित कर देते हैं। अंशु के लिए डबास सर से ऊपर कोई नहीं था इसलिए उनके प्रति वो पूर्ण समर्पित हो चुके थे और सर भी अंशु से जुड़ चुके थे क्योंकि समर्पण की वो तरंगे सामने वाला भी महसूस कर लेता है।

पहली कीमो सफलतापूर्ण संपन्न हो गई। अंशु कीमो के दो-तीन दिन तक तो ठीक रहे पर धीरे- धीरे खाना - पीना कम हो गया, हमेशा नींद या बेसुध से रहते, बाथरूम तक चलकर जाते तो थक जाते और खड़े तक न हो पा रहे थे।

इनकी गिरती दशा देखकर मैंने डबास सर से बात की तो उन्होंने रक्त की जाँचे कराने को कहा। रिपोर्ट सुनकर सर भी एक बार को सकते में आ गए। अंशु के टी एल सी (सफ़ेद रक्त कोशिकाओं की गणना) बहुत ही कम आए थे जिसके कारण इनकी हालत बिगड़ती ही जा रही थी। सर ने फ़ौरन अस्पताल दाखिल कराने को कहा। और फिर वही कैनुला, ड्रिप, दवाइयाँ और सैमीप्राइवेट कमरा........

प्रत्येक कीमो के बाद टी एल सी को सामान्य रखने के लिए बूस्टर लगवाना ही था क्योंकि कीमो से ये बहुत तेज़ी से कम होते ही हैं। ये बात पहले से ही डॉ. कुमार ने बता दी थी क्योंकि यदि कीमो शरीर में पनप रहे बुरे सेल्स को मारती है तो शरीर के लिए ज़रूरी लाभदायक सेल्स भी साथ मरते हैं। एक आम मरीज़ को ये बात ऐसे ही समझाई जाती है जो हमें भी बताई गई थी।पर बूस्टर लगने के बावज़ूद भी इनकी दशा इतनी ख़राब हो गई थी कि ऐसा लगा जैसे कीमो की दवाई ने अपना प्रतिकूल प्रभाव छोड़ा है।

दो दिन अस्पताल में रहने पर अंशु की हालत में सुधार आया। हर पंद्रह दिनों बाद कीमो होती और शायद ही कभी ऐसा हुआ हो कि टी एल सी की कमी के कारण इन्हें अस्पताल दाखिल न कराना पड़ा हो। हर बार अवस्था बद से बदतर ही होती।

इसी बीच एक और बड़ा झटका मिला जिससे अंशु का आत्मविश्वास तो लंगड़ा हो ही गया, मैं भी लड़खड़ा गई। राजीव गाँधी में घुसते ही अंशु डॉ. डबास को मिलने और देखने की आशा में ही समय बिताते थे। राजीव गाँधी अस्पताल का मतलब अंशु के लिए डॉ. डबास ही था बस और सच बोलूँ तो मेरे लिए भी। पर अभी दूसरी कीमो ही हुई थी कि डॉ. डबास सहित उनकी पूरी टीम ने राजीव गाँधी से त्यागपत्र दे दिया और डॉ. डबास फोर्टिस, शालीमार बाग और गुरुग्राम में 'हेड ऑफ़ ऑन्कोलॉजी डिपार्टमेंट' के रूप में नियुक्त हो गए। डबास सर के न होने पर राजीव गाँधी में आना ऐसा ही था जैसे भगवान की प्रतिमा के बिना किसी मंदिर का होना।

'मैं नहीं करवाऊँगा यहाँ कीमो आपके बिना' अंशु ने डबास सर से मिलते ही लिखा।

"अंशु, मैं कोई दूर थोड़े न जा रहा हूँ। और मुझसे मिलने के लिए तुम्हें राजीव गाँधी की ज़रूरत कहाँ है? घर आ जाना कभी भी या फोर्टिस आ जाओ जब मर्ज़ी।तुम्हारे पूरे ट्रीटमेंट की खबर आती रहेगी मेरे पास। मैं छोड़ कहाँ रहा हूँ तुझे?"

"सर, आपके बिना इस हॉस्पिटल में आना ..... इमेजिन नहीं कर पा रहे हम।" । मेरा आत्मविश्वास भी डोल रहा था इसलिए मेरे भी मुँह से निकल गया।

"मैम ! डॉ. कुमार बहुत अच्छे डॉक्टर हैं। आप ये ट्रीटमेंट उन्हीं से यहाँ पूरा करवाओ। चेकअप के लिए मेरे पास आ जाया करो। इस टाइम राइट डॉक्टर के द्वारा राइट ट्रीटमेंट होना इम्पोर्टेन्ट है। मैं तो आपके साथ ही हूँ।" सर ने पूरी तसल्ली देते हुए कहा।

सर की बात हम कैसे टाल सकते थे!! सर के समझाने पर हमने कीमो की प्रक्रिया वहाँ से ही जारी रखी पर सच अब अंशु का कीमो के दौरान भी मुस्कुराना गायब सा हो गया क्योंकि सर ही वो चुंबक थे जिससे आकर्षित होकर अंशु के चेहरे पर भी मुस्कान चिपकी रहती थी। राजीव गाँधी जब भी जाते तो हम दोनों को ही ऐसा लगता जैसे किसी पराए देश में आ गए हों जहाँ सब बेगाने हैं। सर की आदत पड़ चुकी थी।

डॉ. डबास और डॉ. कुमार ने ये निर्णय पहले ही ले लिया था कि चौथी कीमो के बाद पेट् स्कैन करवा लेंगे ताकि दवाई का शरीर पर प्रभाव पता लगे। यदि पेट् स्कैन में साइज स्थिर भी आया तो भी इसका मतलब होगा कि दवाई का अंशु के शरीर पर उचित प्रभाव पड़ रहा है और तब कीमो के चक्र छह से बढाकर आठ कर देंगे।

पेट् स्कैन तो हो गया पर मैं हिम्मत ही नहीं कर पा रही थी रिपोर्ट पूछने की क्योंकि कुछ और गलत सुनने की हिम्मत नहीं बची थी। पर स्कूल में अंशु के मैसेज बार - बार आए जा रहे थे 'रिपोर्ट पूछी?' 'कुछ छिपा रही है?' 'पूछ जल्दी रिपोर्ट ' ....

हिम्मत करके सर को फ़ोन मिलाया पर डबास सर ने फ़ोन नहीं उठाया। रितेश को किया पर उसका फ़ोन वेटिंग पर जा रहा था। इतने में डबास सर का फ़ोन ही आ गया। फ़ोन पर उनका नाम आते ही मेरी साँसें थम गईं।

"मैम, रिपोर्ट स्टेबल आई है बल्कि मामूली सी इंटेंसिटी कम ही आई है।अंशु को मैसेज कर दिया है मैंने अभी -अभी। आप भी उसे बता देना।" सर ने फोन भी रख दिया और मेरे मुँह से कोई शब्द ही न निकल पाए।

डबास सर के इन शब्दों ने एक पल को उनके और डॉ. कुमार द्वारा कहे पुराने शब्दों को दिमाग की स्लेट से मिटा सा दिया। गम बाँटने से दिल हल्का होता है पर आज मुझे अपनी इस खुशी को बाँटकर अपने आप को विश्वास दिलाना था कि रिपोर्ट ठीक आई है क्योंकि कितने अरसे के बाद अंशु के लिए कोई अच्छी खबर सुनी थी। खुशी के आँसुओं के साथ ताप्ती के कमरे में घुसी तो एक बार को तो वो घबरा गई पर फिर जब मैंने उसे रिपोर्ट के बारे में बताया तो उसकी उत्तेजना और खुशी भी आँसू बनकर ही निकली।

ताप्ती जो हमेशा से हेडमिस्ट्रेस कम और मुझे दोस्त ज़्यादा लगी। पर अंशु की बीमारी में एक ऐसा अलग रिश्ता बन गया कि अपने टूटे मन की चीख से लेकर अंशु के दर्दों की टीस तक उससे बाँटी और हर बार मेरे उस अहसास को उसे महसूस करते पाया। अंशु को कुछ समय के अंतराल में मिलने आना और न मिलने पर भी मैसेज करके उसका मनोबल बढ़ाना। शायद ऊपरवाला बुरा वक़्त अपनों के पहचान कराने की लिए ही देता है। वक़्त अगर एक सा रहता तो फिर कौन कितना अपना है, कौन सच्चा साथी है, पहचान कैसे होती !!!

"ताप्ती! अंशु मेरी वेट कर रहा है, घर जाकर जब तक आमने - सामने नहीं बताऊँगी तब तक उसे विश्वास नहीं आएगा।" ये कहकर मैं घर आ गई।

जब घर पहुँची तो अंशु ऑनलाइन रिपोर्ट पढ़ रहे थे। अंशु को डबास सर के कहे शब्द जब बताए तो एक पल को तो उनका भावुक होना स्वाभाविक ही था। मेरी तरह उनके भी आँसू निकल आए। कावेरी - प्राची और कबीर ऐसे खुश थे जैसे प्रथम आने का परीक्षा परिणाम हाथ में हो और खासकर कबीर। वो अपने पापा की बीमारी के बारे में पूछता और बोलता तो कम था पर महसूस सबसे ज़्यादा करता था। बच्चों ने आज अपने पापा के साथ पिज़्ज़ा पार्टी करके इस खुशी का उत्सव मनाने का सोचा। जब बच्चे अपने पापा के साथ गपशप और पिज़्ज़ा पार्टी कर रहे थे उस दौरान मैंने डॉ. कुमार से रिपोर्ट की बात करने और अगली अपॉइंटमेंट लेने के लिए फ़ोन किया क्योंकि कीमो का इलाज तो वही कर रहे थे न।

"सर, मैं अंशु भाटिया की वाइफ बोल रही हूँ। सर इनकी रिपोर्ट तो आपने देख ही ली होगी। स्टेबल आया है सर। थोड़ा कम ही हुआ है।"

"जी मैम ! देख ली है रिपोर्ट। स्टेबल है ऑलमोस्ट।"

उनके बोलते ही मैंने उत्साह के साथ कहा, " इसका मतलब दवाई असर कर रही है। अब तो चान्सेस है कि ठीक हो जाएँगे?"

"मैम, कोई भी नई मेडिसिन जब बॉडी में जाती है तो शुरू में अपना असर दिखाती है और इसलिए स्टार्टिंग में रिपोर्ट में कई बार डाउनफॉल दिखता है। पर फिर कैंसर सेल उस मेडिसिन को अडॉप्ट कर लेते हैं मतलब 'यूज़ टू' हो जाते हैं तो बढ़ भी सकता है। होप करते हैं कि कम ही रहे, पर असली रिजल्ट तो लास्ट कीमो के बाद ही पता चलेगा।"

"सर??......."

"मैम कल ले आना मॉर्निंग में, फिर बात कर लेते है अगली कीमो की।"

मरुस्थल में प्यासे को बार - बार थोड़ी दूरी पर ही पानी के चश्मे या सोते दिखाई देते है और जैसे ही वो उसके पास पहुँचता है वो पानी का सरोवर और दूर हो जाता है क्योंकि प्यास के कारण वो मात्र उसका भ्रम होता है वास्तविकता नहीं। वही हाल मेरा भी था। आस दिखी पर पल भर में ओझल हो गई। डॉ. कुमार की कही बातें अपने अंदर ही दफना लीं क्योंकि अंशु के साथ - साथ बच्चों को भी तो ज़िंदा रखना था।

अगले दिन डॉ.कुमार से मिलने पर उन्होंने अंशु के सामने कोई नकारात्मक बात नहीं बोली। बस छह के जगह आठ कीमो का फैसला सुना दिया।

कैंसर के रोगियों को देखा भी था और सुना भी था कि कीमो से सारे बाल झड़ जाते हैं। अंशु को इस बात का डर हमेशा सताता था। डॉक्टरों से पूछते रहते पर यही जवाब मिलता -" ज़रूरी नहीं, शरीर- शरीर पर अलग- अलग असर आता हैं।" आज पाँचवी कीमो करवाकर लौटे थे। अंशु के थोड़े - थोड़े बाल तो झड़ने लगे थे पर इतने कम कि चिंता नहीं देते थे। पर आज मैं अपने कमरे के बाथरूम के बाहर अवाक् सी खड़ी रह गई थी जब अंशु नहाकर बाहर निकले। वो सिर पर हाथ फेर रहे थे और चेहरे पर अस्वीकार्यता और घबराहट का भाव साफ़ दिख रहा था। अंशु के लगभग 80 प्रतिशत बाल गायब थे। मैंने अपने आप को क्षणभर में सामान्य करते हुए बोला-"अरे ! तुम पर तो ये बहुत सूट कर रहा है।वैसे भी कहते हैं इसमें एक बार बाल झड़ने की बाद बहुत ही

घने और अच्छे बाल आते हैं।" और मुस्कुराते हुए इनके सिर पर हाथ फेर दिया। मम्मी- पापा और प्राची भी कमरे में आ गए पर किसी ने अपनी हैरानी का भाव ज़ाहिर न होने दिया। पापा ने एकदम बोला, " किसी - किसी पर ये 'डैनी लुक' सूट करता है। अंशु ! बहुत अच्छे लग रहे हो।"

अंशु ने जब कैंसर से समझौता कर लिया था तो ये तो उसका एक प्रभाव ही था। वो भी हँस दिए और लिखा -'बाल ऐसे गिरे जैसे किसी ने ग्लू से चिपकाए हुए थे। आज नाई के पास ले चलियो, तरीके से ट्रिम कर देगा। वैसे सच में मुझ पर 'डैनी लुक' सूट कर रही है।' मैं हँसकर इनसे लिपट गई। *आंतरिक बल और संकल्प शक्ति ही परिस्थितियों को स्वीकार करने का सबसे मज़बूत शस्त्र होती हैं* और वो मेरे अंशु में थे।

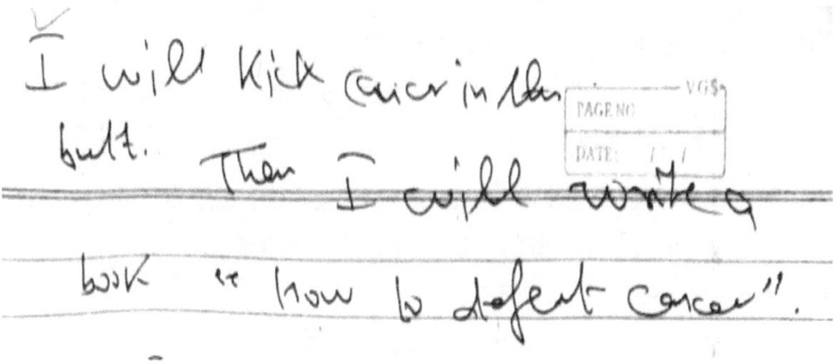
I will Kick cancer in the butt. Then I will write a book "how to defeat cancer".
PAGE NO
DATE:

I will kill the cancer in the butt. Then I will write a book "How to defeat cancer".

डबास सर से ही नहीं नम्रता से भी अंशु की लगभग मैसेज पर रोज़ ही बात होती। एक दिन अंशु ने नम्रता को लिखा कि बच्चों से मिलने का बहुत मन कर रहा है तो उसने कहा जब मर्ज़ी आ जाओ घर। अंशु तो सर और उनके परिवार से मिलने के लिए हमेशा तैयार रहते थे। उसी शाम उनके घर पहुँच गए। पर पता नहीं था कि आज यहाँ आशा की जगह निराशा हिस्से आएगी।

दो- तीन बड़ी अटैचियाँ, गत्ते की बड़े चौकोर डिब्बे आदि कमरे में पड़े थे।

'कहाँ घूमने जाने की तैयारी है सर?' अंशु ने हँसते हुए ये बात इशारे से पूछी।

सर कुछ नहीं बोले तो मैंने और अंशु ने नम्रता को देखा।

"गुड़गाँव शिफ्ट हो रहे है, एक्चुअली वहाँ फोर्टिस में डेली ही ज़्यादा टाइम देना पड़ता है और यहाँ के फोर्टिस में तो वीक में दो-तीन दिन ही जाते हैं। ट्रैवेलिंग हो जाती है बहुत इनकी।" नम्रता के बोलते ही अंशु तेज़ - तेज़ 'नहीं' में सिर हिलाने लगे। उनकी ऐसी बेचैनी की दशा होगी ये सर को पहले से ही ज्ञात था इसलिए शायद जितना समय इनसे ये बात छिपा सकते थे, छिपाना चाहते थे।

' मैं क्या करूँगा ? कैसे होगा आपके बिना? मैं कैसे मिलूँगा आप सब से? सर प्लीज़ मत जाओ।' अंशु ने जो लिखना शुरू किया लिखते ही गए।

"वहाँ आ जाया करो न घर मिलने और मैं तो फोर्टिस आऊँगा यहाँ। तुम्हें जब मेरी याद आए मुझे मैसेज कर देना। मैं आ जाऊँगा।" सर ने अपनी वही मुस्कान बिखेरते हुए इन्हें शांत करने के लिए कहा।

पर अंशु कहाँ शांत होने वाले थे। जो इंसान अपना मनोबल बढ़ाने के लिए सर के घर के नीचे टहलने चला जाता है और उसे इसी से सकारात्मकता मिल जाती है, तो सोच ही सकते है कि सर के इतना दूर चले जाने की खबर सुनकर उसका क्या हाल हो रहा होगा। सर ही अंशु की सबसे बड़ी ताकत थे और जब वही बल दूर हो रहा हो तो निर्बलता तो अनुभव होगी ही।

मैंने अंशु के सामने तो कुछ नहीं कहा पर रसोई में नम्रता से एक बात कहे बिना मैं भी न रह सकी -" नम्रता, तुम लोगों की बहुत मोरल स्पोर्ट है यार! मुझे भी बहुत अजीब सा फील हो रहा है ये सोच कर कि तुम यहाँ नहीं होगे। बहुत बार ऐसी सिचुएशन होती है कि अंशु को सिर्फ़ सर ही हैंडल कर पाते हैं।"

"अरे मैम ! आपके साथ ही हैं। जब कोई दिक्कत लगे बता दिया करो और हम आते - जाते तो रहेंगे ही न।" नम्रता के जवाब पर मैं मुस्कुरा दी।

सर गुड़गाँव चले गए। यहाँ कीमो आगे बढ़ती गई और अंशु की शारीरिक तकलीफें भी। हर बार कीमो की बाद टी एल सी इतना गिर जाता कि पुनः दाखिल होना क्रम सा बन गया। पर अब अंशु को घबराहट, उल्टियाँ, कमज़ोरी, हाथ-पाँव सुन्न होने का अहसास और बार - बार कैनुला लगाने से नसों में सूजन आ जाना जैसी दिक्कतें घेरे ही रहतीं। दवाइयाँ तो पहले ही कम न थीं पर ऐसी और परेशानियाँ दवाइयों की सूची बढ़ा देती। रेडिएशन में गले के घावों ने कुछ न खाने दिया और अब कीमो में उल्टियों ने। पर फिर भी अंशु पूरी हिम्मत से

सब झेल रहे थे। कोई शिकायत न करते, बस यही लिखते अक्सर -' मुझे ज़िंदा रहना है तुम्हारे साथ। तकलीफ़ें सह लूँगा बस ठीक हो जाऊँ ताकि तुम्हारे काम आ सकूँ।'

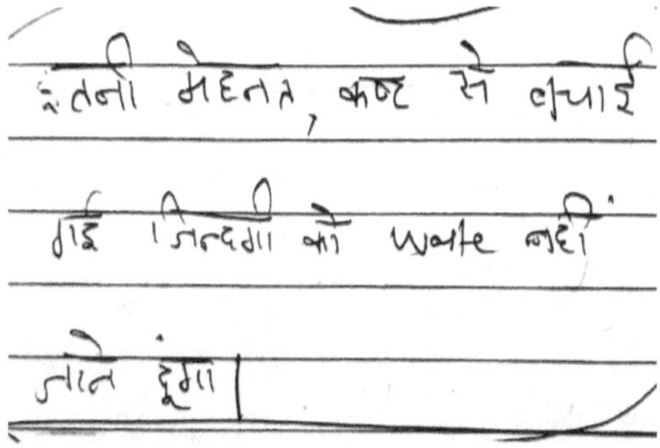

इतनी मेहनत और कष्ट से बचाई जिन्दगी को waste नहीं जाने दूंगा।

और बीच - बीच में डबास सर इनका मन हल्का करने और इन्हें सकारात्मक बनाए रखने की लिए जब फोर्टिस, शालीमार बाग आते तो गुड़गाँव वापिस जाने से पहले इनसे मिलने घर भी आ जाते। उनका इस प्रकार का व्यवहार सिर्फ़ अंशु में ही नहीं हम सब में परिस्थितियों से लड़ने और डटे रहने के हौंसले बुलंद कर जाता। उनका आभार शब्दों में भले न कह पाते पर हर पल मम्मी - पापा की दुआओं में और मेरे मन की आवाज़ में रहता।

एक दिन अनुराग भैया इनका हालचाल पूछने और इनसे मिलने घर आए। उन्हें मैं पहले से ही इनकी बीमारी की गंभीरता के बारे में डॉ. डबास और डॉ. कुमार द्वारा बताए गए कटु तथ्य बता चुकी थी। उन्होंने मुझसे अंशु की रिपोर्ट्स लेकर यू एस ए के एक अस्पताल में कार्यरत अपनी जानकर डॉक्टर को ऑनलाइन भेजी थीं क्योंकि मैंने यहाँ तक सोच लिया था कि यदि ज़रूरत पड़ी तो मैं इन्हें इलाज की लिए विदेश भी ले जाऊँगी चाहे सब कुछ क्यों न बेचना पड़े!! तब अनुराग भैया ने यही कहा था कि एक बार रिपोर्ट्स भेजकर देखते हैं कि वहाँ से क्या जवाब आता है? यदि थोड़ा भी आशावादी उत्तर मिला तो वहाँ ले चलेंगे इलाज के लिए। और आज लगभग बीस दिन बाद उनका जवाब आया

था जो वही था जो डॉ. डबास और डॉ. कुमार ने कहा था। पर मेरी पूरी तसल्ली के लिए अनुराग भैया ने उस डॉक्टर का फ़ोन नंबर भी दे दिया था ताकि मैं खुद बात करके पूरी तसल्ली कर लूँ। मैंने वहाँ के समय के अनुसार देर रात को फ़ोन मिलाया और उनके फ़ोन उठाते ही अपना परिचय दिया तो वो पहचान गईं और हिंदी में ही बात करने लगीं -" जी बोलिए, क्या पूछना चाहती हैं आप? रिपोर्ट देखी मैंने और मेरी टीम ने।"

"तो इसका क्या ट्रीटमेंट है आपके अकॉर्डिंग ?" मैंने पूछा।

"मैम, सॉरी टू से, बट कैंसर सेल्स टाइप इज़ वैरी पुअर। लाइफ बचाना नॉट पॉसिबल।" उन्होंने बहुत ठहराव के साथ जवाब दिया।

"अगर वहाँ ले आऊँ तो बेटर ट्रीटमेंट मिल सकता है? लाइफ पीरियड बढ़ सकता है क्या?" आज मैं भी उनसे अंशु की तरह 'कुछ साल दे दो ' वाली विनती ही कर रही थी।

"नो मैम ! आपकी जो कीमो की मेडिसिन्स लग रही हैं वो ही बेस्ट डोज़ हैं। हम भी यही देंगे। यहाँ लाकर भी कोई फ़ायदा नहीं।.....सॉरी, बट इट्स बिटर टरुथ कि लाइफ देना पॉसिबल नहीं। ये सेल्स बहुत स्पीडिली फैलते हैं।"

मैंने बहुत हिम्मत जुटा कर पूछा," आपके अकॉर्डिंग कितना टाइम हैं मेरे हस्बैंड के पास?"

"मैम, हार्डली 7-8 मन्थस मैक्सिमम। अगर मिरेकल हो जाए तो पता नहीं। प्लीज़ बी स्ट्रांग मैम! टेक केयर!"

मैंने 'थैंक यू' कहकर फ़ोन रख दिया।

वैसे तो मौत एक ही बार आती है पर मैं तो हर पल तिल- तिल करके मर रही थी। ये जानते हुए कि आपके अपने की ज़िंदगी दिन - दिन करके कम होती जा रही है, भयावह मौत के समान ही होता है और फिर भी मुस्कुराना, परिस्थितियों से मुस्कुराते हुए टकराना बहुत जानलेवा होता है। पर कहते हैं न 'जब तक साँस, तब तक आस'। और मैंने भी 'चमत्कार' की आस ज़िंदा रखी हुई थी और सर का साथ भी उस आस को मरने नहीं देता था।

सर इनसे किया वादा कि गुड़गाँव जाकर भी तुझसे मिलने आता रहूँगा, जब समय मिलता निभाते और फोर्टिस से वापिस घर जाते हुए कभी अकेले, कभी रितेश के साथ इनसे मिलने आ जाते और बस इन्हें जीवन मिल जाता।

अंशु का अंतिम आठवीं कीमो का चक्र चल रहा था और हम फिर सैमी प्राइवेट रूम में दाखिल हुए जहाँ पहले से ही एक अंशु की आयु के आदमी की कीमो ही चल रही थी और उसकी पत्नी थरमस में से चाय डाल रही थी। हमारी आँखे ज़रूर टकराईं पर कोई बात नहीं हुई। मैं कमरे के अपने भाग में अपना सामान रखने लगी और अंशु बिस्तर पर लेट गए।नर्स आई, कीमो की दवाई बनी और फिर इनके कीमो की प्रक्रिया भी शुरू हो गई। एकदम उस आदमी की पत्नी बोली -" ।भाई साहब को क्या हुआ है?"

"लंग में कैंसर है, उसी के लिए कीमो चल रही है।" मेरे कहते ही एक बात से दूसरी बात निकलती गई और उन बातों में कीमो करवाते हुए भाई साहब भी शामिल हो गए और अंशु अपने इशारों की भाषा से।

"बहनजी, मुझे तो पहली स्टेज में ही पता लग गया था कि आँत में कैंसर है पर सभी ने यही कहा डॉक्टरों के चक्कर में मत पड़ो और मैं खुद भी कैंसर के इलाज से डर रहा था इसलिए किसी ने रोहतक में एक आयुर्वेदिक इलाज में माहिर वैद्य जी बताए तो उनसे ही 3 महीने इलाज करवाता रहा।"

"फिर उससे कोई फ़र्क पड़ा ?" मैंने पूछा।

"बहुत बुरा फ़र्क पड़ा। कैंसर की पहली स्टेज से अब तीसरी स्टेज हो गई है। डॉक्टरों ने तब विश्वास दिलाया था कि पाँच - छह कीमो में ही बिल्कुल जड़ से निकल जाएगा और अब डॉक्टरों ने हाथ खड़े कर दिए हैं। यही कहते है कि ट्राय करके देखते है, पर कोई भी अब श्योरटी नहीं देता।" उनकी पत्नी बोली।

"इस आयुर्वेद में न पड़ते तो बच जाता। अब तो कितनी कीमो हो चुकी हैं पर फिर भी बीमारी रुक नहीं रही। उस तीन महीने में कितनी फैल गई शरीर में।" उसके पति के बोलते ही मैंने भी हमसे हुई उसी प्रकार की गलती उनसे साँझा की।

समझ तो पहले ही आ चुकी थी ये बात पर आज दृढ़ निश्चय हो गया कि यदि कैंसर जैसी घातक बीमारी का इलाज है तो सिर्फ़ और सिर्फ़ डॉक्टरी चिकित्सा में ही है वरना कहीं नहीं। प्राकृतिक चिकित्सा जैसी प्रणालियाँ खान-पान और योग आदि के रूप में सहायक तो बन सकती है पर बड़ी बीमारियों से निजात वैज्ञानिक सोच रखकर ही पाई जा सकती है। काश ! नैचुरोपैथी वाली आंटी के स्थान पर तभी डबास सर मिल गए होते तो शायद आज अंशु मौत के दरवाज़े पर न खड़ा होता .....काश ! काश !

आखिरी कीमो के बीस दिन बाद परीक्षा की घड़ी थी - पेट् स्कैन!! और पता ही नहीं चला वो भयानक घड़ी कब चौखट पर आकर खड़ी हो गई।

फिर वही अजीब सी दुर्गंध वाली दवाइयों वाला पेट् स्कैन विभाग, वही कष्टदायक कैनुला, दवाई का इंजेक्शन, पानी की बोतल और वही बड़ा सा मुँह खोले मशीन वाला कमरा। अंशु चुपचाप सारी क्रियाएँ किए और करवाए जा रहे थे जैसे उन्होंने ऐसी ज़िंदगी के आगे अपने हथियार डाल दिए हों और अब न कोई ज़िद्द, न शिकायत, न सवाल। एक रोबोट की तरह सब किए जा रहे थे पर मैं जानती थी कि वास्तव में उनका दम घुट रहा है। लेकिन अंशु जानते थे कि उनके सवालों का जवाब सिर्फ़ पेट् स्कैन परिणाम के पास है और किसी के पास नहीं। *इंतज़ार ही सबसे बड़ा इम्तिहान होता है।*

अंशु के मन में चाहे कितना भी खौफ था परिणाम का पर जब कबीर ने कैरम खेलने के लिए कहा तो एक खिलाड़ी की तरह खेलने बैठ गए और पूरी मस्ती से कबीर के साथ खेला भी और उसे कैरम के दावपेच भी समझाए। वैसे अंशु अधिकतर बच्चों ख़ासतौर से कबीर के सामने सामान्य और मज़बूत ही रहते थे। कभी बच्चों के साथ लूडो- कैरम की बाज़ी लगाते तो कभी बिना आवाज़ ही लिख- लिख कर कबीर को मैथ्स पढ़ाने की कोशिश करते। प्रतिकूल परिणाम और हालातों में कभी - कभी टूटना तो स्वाभाविक था पर वास्तव में मैं इनके साहस की कायल थी और डबास सर भी क्योंकि अपनी बढ़ती बीमारी के बावज़ूद भी मुस्कुराना, व्हाट्सएप्प पर चुटकुले भेजना, रात को बच्चों के साथ थिएटर की तरह फिल्म देखते हुए पॉपकॉर्न का मज़ा लेना आदि वही कर सकता है जो परिवार से अपने से भी ज़्यादा प्यार करता हो और हिम्मत से हालातों का सामना। इसलिए उस दिन भी भले ही मेरे सामने अपनी घुटन को निकाला पर कबीर को अहसास तक नहीं होने दिया।

' तुझे क्या लगता है इस बार साइज कम आएगा ? वैसे तो जब चार कीमो में ही दवाई ने असर दिखाया था तो अब तो आठ हो गई हैं। कहते हैं कि कीमो की दवाई अंदर तक जला देती है तो कैंसर भी जला ही दिया होगा।अंशु ने अकेले में अपनी घुटन को लिखकर मेरे सामने निकाला।

अंशु को तो 'हाँ ' कहकर सांत्वना दी पर खुद डॉ.कुमार की बात को दिमाग से कैसे निकालूँ कि हर दवाई पहले असर करती है फिर कैंसर सेल्ल

उसके लिए तैयार हो जाते हैं। पर भगवान करे इस बार वो गलत साबित हो जाएँ....!!

इसी उधेड़बुन और आशा - निराशा के विचारों के चलते अगला दिन चढ़ गया और दोपहर एक बजे रिपोर्ट सामने कंप्यूटर पर खुली हुई थी क्योंकि अंशु सुबह से ही ऑनलाइन रिपोर्ट पोर्टल को ही खोले बैठे थे। रिपोर्ट बिल्कुल पलट चुकी थी। उस डॉट का आकार बड़ा हो चुका था और वैसे ही कुछ और नए डॉट लंग्स में दिखाई दे रहे थे। समय ने थोड़ा बहुत डॉक्टरी भाषा को पढ़ना और समझना सिखा दिया था। इस बार अंशु के आँसू सूखे हुए थे और चीख चुप थी। वो एक तार्किक वैज्ञानिक बुद्धि वाले पढ़े - लिखे व्यक्ति थे।उन्हें डॉक्टरों द्वारा दी गई दिलासा के शब्द और रिपोर्ट में लिखे शब्द तालमेल खाते नहीं दिख रहे थे।

डॉ.कुमार से मिलने से पहले हम डबास सर से मिलने गए और अंशु घर से ही डायरी में बहुत कुछ लिखकर ले गए। मुझे भी नहीं बताया कि क्या लिखा है और जाते ही डबास सर के आगे डायरी कर दी।

'मैं समझ चुका हूँ कि मैं ठीक तो नहीं हो पाऊँगा। आप जो मर्ज़ी कह लो पर रिपोर्ट तो हर बार कुछ और ही कहती है।बस एक रेकुएस्ट है 'कुछ साल दे दो' । जितनी भी दवाइयाँ दे सकते हो दे दो पर कम से कम इतने साल दे दो जो कबीर को बारहवीं करा दूँ और एक बार मुझे मेरी आवाज़ फिर सुना दो। प्लीज़ सर, प्लीज़ कुछ साल दे दो।'

"अंशु, हैं तुम्हारे पास बहुत साल। देखो कभी - कभी ज़्यादा ट्रीटमेंट भी ख़राब करता है। बहुत कम टाइम में ही सर्जरी, रेडिएशन्स, आठ कीमो हो गई हैं। बॉडी ले ही नहीं पा रही इतना इसलिए एडवर्स इफ़ेक्ट आ रहा है। तभी तो हर कीमो के बाद कितनी प्रॉब्लम्स आईं तुम्हें।"

'सर! मैं क्या करूँ ?? बस कुछ साल ही तो माँग रहा हूँ।' अंशु ने फिर लिखा और अब सर के सामने थोड़ा सा टूटने से लगे।

अब हम कुछ टाइम कोई ट्रीटमेंट नहीं करेंगे। हल्की-फुल्की मेडिसिन लो बस। कुछ रेस्ट देते हैं बॉडी को, फिर से ट्रीटमेंट के लिए तैयार होने का। मैं डॉ.कुमार से बात कर लूँगा।"

' सर मुझे ठीक कर दो प्लीज़! मुझे जीना है।' अंशु की दशा और लाचारी देखकर अपनी लाचारी पर गुस्सा आ रहा था कि मैं इनके लिए कुछ नहीं कर पा रही।

डबास सर अंशु की तकलीफ़ भी समझ रहे थे और मेरा चेहरा भी पढ़ रहे थे। एकाएक बोले -" मैम ! आप इसे कहीं आसपास घुमा लाओ। अरे गलत बोल दिया।(सर हँसते हुए बोले) अंशु ! तुम मैम और बच्चों को कहीं घुमा लाओ। तुम ठीक हो, बस थोड़ा ब्रेक लो इतने भारी ट्रीटमेंट से।" सर ने अपनी वही आशाभरी मुस्कान के साथ अंशु को प्रेरित करते हुए कहा।

'पर इतनी कीमो होने के बावज़ूद भी बढ़ गया। यदि कोई दवाई नहीं ली तो फिर तो ये और तेज़ी से बढ़ेगा सर।कोई तो ट्रीटमेंट करना ही पड़ेगा, कैसे रुकेगा वरना ??' अंशु के ये सब लिखने पर सर ने कहा -" हाँ देंगे ! कीमो की ओरल टेबलेट्स।अब वही देंगे कुछ टाइम।कल डॉ.कुमार से मिल लो एक बार, मैं उनसे बात कर लूँगा। और कहीं घूमने जाओ, बहुत ज़रूरी है। जितना बीमार समझोगे उतना ही लगेगा। मस्त रहो, घूमकर आओ। कहाँ जाना पसंद है ?"

'पहाड़ों पर।' मुझे पता था अंशु यही लिखेंगे।

"मैम, चले जाओ कहीं आसपास मसूरी -शिमला वगैहर।" मैंने थोड़ा हैरानी और परेशानी से उनकी ओर देखा और सर ने मेरी बात समझ ली और फिर बोले -

"मैम कह रहा हूँ न कुछ नहीं होगा। जाओ ज़रूरी है ये।"

अंशु के सामने तो सर से कुछ नहीं बोल पाई पर दिल नहीं माना और अगले दिन सर को फ़ोन कर दिया।

"जी मैम बोलिए।"

"सर ! इनकी रिपोर्ट इतनी ख़राब आ रही है। डर लग रहा है।कुछ नहीं हो सकता क्या ?"

"मैम, आपको सब कुछ तो बता दिया है। देखो डरने से कुछ होगा नहीं। जितना टाइम है अच्छे से बिताओ। तभी कह रहा हूँ घूमकर आओ पूरी फैमिली साथ में। ये टाइम वापिस नहीं आएगा।"

"पर सर .....पहाड़ों पर ले जाऊँ और वहाँ तबीयत ख़राब हो गई तो ? कहाँ जाऊँगी, क्या करूँगी??"

"मैम, कुछ नहीं होगा। सब दवाइयाँ दे देंगे। निश्चिंत होकर जाओ।"

"सर ! एक बात पूछूँ आपसे, ये वैसे तो बिल्कुल ठीक दिखते हैं। कीमो के बाद से वेट भी बढ़ रहा है फिर ये रिपोर्ट ऐसे......."

"ये आपको हमेशा ऐसा ही दिखेगा, लास्ट तक भी। इसमें ग्राफ एकदम गिरता है। आप ज़्यादा सोचो मत। बस जाने की तैयारी करो।"

डॉ.कुमार से मिलकर और सारी दवाइयाँ आदि लेकर अंशु की इच्छानुसार हमने कसौली जाना निश्चित किया।

सर ने एक बार फिर अपनी सकारात्मकता और बातों के जादू से अंशु को उदासी से बाहर निकाल दिया और वो बहुत उत्साहित होकर बच्चों के साथ जाने की तैयारी करने लगे।

ड्राइवर की साथ इन्नोवा किराए पर ली और हम जुलाई 15 की सुबह निकल पड़े। एक बार फिर वही सुनहरे दिन याद आ गए जब अंशु बिना किसी पूर्व कार्यक्रम के ही हमें बस एकदम गाड़ी में बैठाते और पहाड़ों पर ले जाते। बहुत प्यार था इन्हें पहाड़ों से और ड्राइविंग से !!

रास्ते में ढाबों पर रुकते - रूकाते, खाते- पीते सफर किया। वरना कितने समय से तो राजीव गाँधी और फोर्टिस से घर तक और घर से वहाँ तक का सफर ही सफर बनकर रह गया था। बच्चों के चेहरों पर इतनी खुशी शायद महीनों बाद ही देखी थी और अंशु भी हर पल को जी रहे थे। मन से डबास सर के लिए दुआ निकली। महान डॉक्टर, महान मनोवैजानिक और महान इंसान जो शरीर की ही नहीं भावों की भी नब्ज़ पकड़ लेते थे।

तीन दिन की ये यात्रा सच में कितनी यादगार थी। अंशु ने होटल के खेल कक्ष में कबीर के साथ दिल खोलकर कैरम और बिलियर्ड्स खेला, कसौली के बाजार में घूमे, मनमर्ज़ी का खाया और सारे दर्शनीय स्थल देखे। और सबसे बड़ी बात कि अंशु बीमारी के कारण बदली हुई शक्ल - सूरत की वजह से आत्मविश्वास खो सा बैठे थे। कई बार कह चुके थे मुझे -'कहीं मेरी इस बीमारी, अपाहिजता की वजह से निक्की- गिन्नी की शादी में तो कोई दिक्कत नहीं आएगी ?' और आज यहाँ आकर उनमें स्मार्ट बनकर घूमने निकलने की इच्छा दिखी। शीशे के आगे खड़े होकर अलग - अलग अंदाज़ में अपने को देखना उनके आत्मविश्वास का ज़िंदा होना सा जान पड़ा।

ऐसा नहीं था कि इस यात्रा में कोई दिक्कत नहीं आई थी। जब एक दिन घूमने निकले तो बहुत ही मामूली सी चढ़ाई पर एक भोजनालय था जिसकी बहुत प्रशंसा सुनी थी पर वहाँ तक गाड़ी ले जाने की अनुमति नहीं थी। हमने वहाँ न जाने का निर्णय लिया पर अंशु नहीं माने।

'मैं बीमार नहीं हूँ, बिल्कुल ठीक हूँ। धीरे - धीरे चलेंगे, कुछ नहीं होगा। सर ने कहा था न।' अंशु ने ये लिखा तो मैंने और बच्चों ने उन्हें समझाने की कोशिश की पर उनकी इच्छा की खातिर चल पड़े। और शायद वो बच्चों की इच्छा पूरी करने की खातिर जा रहे थे। वहाँ पहुँच तो गए पर इनकी साँस उखड़ने लगी, तेज़ - तेज़ साँस चलने की आवाज़ ने हमें डरा दिया। बीस - पच्चीस मिनट में जाकर इनकी तबीयत सँभली और तब हमारी जान में जान आई। फिर हम सबने वहाँ की खूबसूरती और खाने का आनंद लिया।

पर सच वो तीन दिन बच्चे सिर्फ़ और सिर्फ़ अपने पापा के साथ खुश रहे, मस्त रहे। वहाँ अंशु की बीमारी, उनकी सही तकलीफ़ें काफ़ी हद तक पीछे छूट गईं और एक बार मुझे फिर मेरा वही हँसता - खेलता परिवार वापिस मिल गया। वो तीन दिन के यादगार लम्हों को कैमरे में सैंकड़ों फोटो के रूप में कैद करके हम लौट आए। अंशु ने सर, रितेश, नम्रता, ओंकार अंकल सभी को वहीं से काफी फोटो भेज दी थीं। वापिस आकर मैंने सर को सपरिवार फोटो भेजी और केवल दो शब्द लिखे -"थैंक यू !"

नियत क्रम से मैं स्कूल जाने लगी और बच्चे अपने कामों पर। क्या करती चाहती तो सिर्फ़ अंशु के पास ही रहना थी पर ज़िम्मेदारियाँ और खर्चे भी तो जान से लगे थे। अंशु हम सब के चले जाने पर बहुत अकेला सा महसूस करते। पूरे दिन मुझे स्कूल में मैसेज भेजते और धीरे- धीरे वो अकेलापन उनपर हावी होने लगा। उनका चिड़चिड़ापन, गुस्सा होना, ज़िद्द करना दिनोंदिन बढ़ने लगा और साथ - साथ बीमारी भी। जो ऊपर से दिख नहीं रही थी पर अंदर अपनी रफ़्तार से बढ़ रही थी। सर ने अभी भी ओरल मेडिसिन पर ही रखा हुआ था। एक रात बुरी तरह खीझ गए और लिखा -'वैसे ही मार दो मुझे, कोई इलाज नहीं करवा रहे मेरा। लगता है सब थक चुके हो मुझसे। करवा दे कोई इलाज शुरू। ठीक होकर कमा लूँगा उतना जो मुझ पर खर्च होगा। 'इम्म्यूनोथेरपी' करवा दे। महँगा ट्रीटमेंट है पर बहुत सक्सेसफुल है आजकल कैंसर में। मैंने नेट पर इसके बारे बहुत पढ़ा है। अरे, ठीक हो जाऊँगा तो कर दूँगा पैसे पूरे।'

इनके ये सब बोलने पर भी गुस्सा नहीं आया। कैसे निकाले वो इंसान अपना तनाव जिसे पता है कि उसके अंदर कैंसर रुपी राक्षस बढ़ रहा है। अपनों से दूर चले जाने का डर दिन- रात खा रहा होगा, कैसे झेल रहे होंगे ये??

मैंने यही जवाब दिया -" कल चलेंगे डॉक्टर के पास, आगे के इलाज की बात करते हैं। तुम चिंता मत करो यार। वो तो सर तुम्हारी बॉडी को थोड़े हैवी ट्रीटमेंट की लिए तैयार कर रहे थे इसलिए रुके हुए थे। कल पक्का चलेंगे और पूछते हैं। आई लव यू अंशु ! प्लीज़ गुस्सा मत हुआ करो।"

' मुझे इम्म्यूनोथेरपी करवानी है, बात कर सर से। वैसे मैंने डबास सर को स्क्रीन शॉट भेज दिया है इस ट्रीटमेंट का।' अंशु ने टेढ़े- मेढे शब्दों की बनावट में लिखा जो इनकी खीझ का परिचायक था। आज इनके तनाव का स्तर बहुत अधिक था। न कुछ खा रहे थे, न बात कर रहे थे। बहुत मुश्किल नींद की गोली देकर थोड़ा शांत किया और फिर इन्हें नींद लगी।

अंशु के उठने से पहले ही सुबह - सुबह मैंने डबास सर को सारी बात बताई और इम्म्यूनोथेरपी कराने की बात भी सर से पूछी।

"मैम! मुझे भी भेजा है उसने इम्म्यूनो का स्क्रीन शॉट। बहुत ही कॉस्टली ट्रीटमेंट है और कुछ फ़ायदा नहीं। आप ऐसे करो कल संडे है न, इसे गुड़गाँव ले आओ। मेरी छुट्टी है तो थोड़ा आराम से बात करके समझा दूँगा और उसका चेंज हो जाएगा। मैं कर देता हूँ उसको मैसेज।"

सर का ये मैसेज जैसे ही इनके पास आया इनका सारा तनाव छूमंतर हो गया। सर से और अन्नी- युवांश से मिलने की इनकी उत्सुकता ने इनका पूरा दिन कितना सकारात्मक निकाला।

' कल सर से इम्म्यूनोथेरपी के बारे में पूछेंगे यदि हाँ कह देंगे तो करवा लेंगे यार।' अंशु बहुत उत्तेजित होकर ये सब लिख रहे थे।

12 बजे तक सर के घर पहुँच गए थे। बच्चों के साथ खेलते हुए, सर - नम्रता, ओंकार अंकल- आंटी के साथ गपशप करते हुए कब खाने का समय हो गया पता ही नहीं चला। उसके बाद जब आराम करने के लिए बैठे तो सर ने अंशु को हँसकर देखते हुए कहा - " कितनी बार कहा है ज़्यादा गूगल सर्च मत किया कर। इम्म्यूनोथेरपी का मुझे भी पता है पर अभी इंडिया में बहुत कम डेवेलोप हुई है। होती कीमो की तरह ही है।"

सर के बोलते ही अंशु ने डायरी खोलकर लिखना शुरू कर दिया -' सर यही करवा दो न। इसकी बहुत वीडियोस देखी हैं, बहुत लोग ठीक हुए हैं इससे। कुछ साल दे दो सर, बहुत ज़रूरी हैं।'

"अंशु, अभी इम्म्यूनोथेरपी ट्रायल जैसी है यहाँ और बहुत ही महँगी है।"

'सर मुझ पर ट्राय कर लो मुझे कोई दिक्कत नहीं। पैसों का अरेंजमेंट कर लेंगे। मुझे ज़िंदा रहना है बस। वैसे कितनी कॉस्ट है सर ?' अंशु लिखते जा रहे थे।

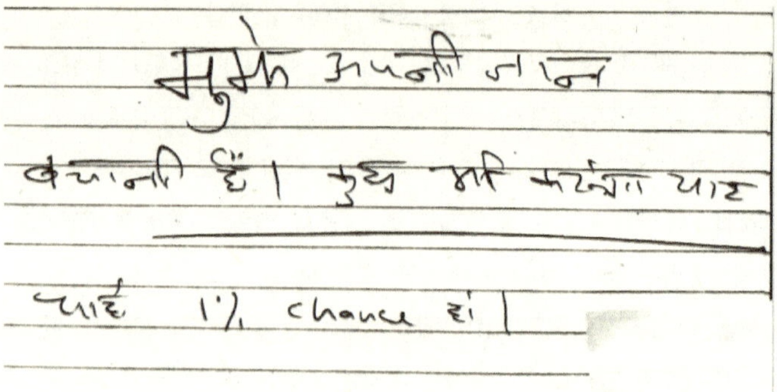

मुझे अपनी जान बचानी है। कुछ भी करूंगा यार। चाहे 1% chance हो।

"इम्म्यूनो की एक डोज़ सवा - डेढ़ लाख की पड़ती है और महीने में दो होती हैं।"

'सर आप देखो, मैं तैयार हूँ। कर लेंगे अरेंज।'

अंशु के लिखते ही सर बोले -" कहाँ से करेगा ? ये बता पहले। क्या बेचेगा?" अंशु चुप रहे।

"यार! अगर कम में काम चल जाएगा तो क्यों करनी है? सुई की ज़रूरत है और तलवार निकाल लें? अभी कीमो स्टार्ट करेंगे पर इस बार थोड़ी लाइट डोज़ वाली पर वीकली। अगर इम्म्यूनोथेरपी की ज़रूरत लगी तो खुद ही बता दूँगा। ठीक है??"

अंशु ने 'हाँ' में सिर हिला दिया।

कल डॉ. कुमार के पास चले जाना, मैं बात कर लूँगा उससे।"

फिर नम्रता ने युवांश के स्कूल के बारे में बताते हुए इस विषय का रुख बदल दिया।

वैसे मैंने भी अपने भरे दिल को नम्रता के सामने खाली कर दिया। पर वास्तव में वो खुद ही इतनी भावुक स्वभाव की है इसलिए मेरे आँसू देखते ही

खुद भी अपने को रोक न पाई। पर ये भी समझा दिया कि बच्चों के लिए मज़बूत रहना ही होगा और अंशु हर बार तेरे चेहरे के भावों को देखता है तो हिम्मत रखकर अपनी भावनाओं को तो छिपाकर रखना ही होगा।

अगले दिन हम डॉ. कुमार के पास चले गए। उन्होंने यही कहा कि हल्की डोज़ वाली कीमो शुरू करेंगे पर ये पंद्रह दिन में नहीं हर हफ़्ते होगी।

'सर ये असर करेगी ?' अंशु ने लिखा।

"लास्ट कीमो में आपको बहुत साइड इफ़ेक्ट आए थे, प्रॉब्लम्स हुई थीं। ये डोज़ तो लाइट है पर है बढ़िया। देखते हैं आठ कीमो साइकल करते हैं। चार-पाँच करने के बाद ही देख लेंगे टेस्ट करवाकर इसका इफ़ेक्ट।"

और फिर कीमो का वैसा ही चक्र आरंभ हो गया। हर सप्ताह कीमो होती थी और कैनुला लगता। और अब तो सिरिंज और कैनुला लगवाते - लगवाते ये हालत आ गई कि हर नस में सूजन आ गई इसलिए नस मिलना ही मुश्किल हो गया।और फिर एक बार तो जब कीमो के लिए गए तो ये नौबत आ गई कि पैर में कैनुला लगाकर दवाई चढ़ानी पड़ी। धीरे- धीरे अब तो अंशु का हाथ सूजा हुआ साफ़ दिखने लगा और इनकी छाती में अक्सर दर्द उठने लगा। डबास सर ने अल्ट्रासोनोग्राफी (DVT TEST) करवाने के लिए कहा और उनकी आशंका सही निकली। अंशु को 'थ्रोम्बोसिस' हो गया था। इसमें रक्त में क्लॉट बन जाते हैं जो शरीर की नसों की गहराई में होते हैं। इतनी बार नीडल डाल - डालकर और इंजेक्शंस ले - लेकर हाथों में हर जगह सुइयों के निशान तो बन ही गए थे पर उसके कारण नसें भी घायल हो गई थीं। खून गाढ़ा हो गया था। ये बहुत गंभीर समस्या थी क्योंकि अगर नसों में बना रक्त टूटकर ब्लड स्ट्रीम के ज़रिए फेफड़ों में पहुँच जाता है तो रक्त प्रवाह ही बंद हो सकता है।

एक तकलीफ़ से निकलते नहीं थे और दूसरी खड़ी हो जाती थी। कीमो के साथ - साथ अब इसका भयंकर इलाज भी करना था। कोई विकल्प कहाँ था हमारे पास !! इसका इलाज था सुबह - शाम इंजेक्शन लगवाना और वो भी पेट में। सोसाइटी में तीन - चार नर्स एक साथ कमरा लेकर रहती थीं। उन्हें कई बार आते -जाते देखा था। मैं उनके पास गई तो उनमें से एक नर्स रोज़ घर आकर इंजेक्शन लगाने के लिए राज़ी हो गई।

पेट में इंजेक्शन लगने की कल्पना से ही अंशु काँपने लगे।

'कब तक अनु ? और कितना सहूँ? मैं ही क्यों यार ? थक गया हूँ।'

अंशु के लिए शारीरिक कष्ट असहनीय था और मेरे लिए मेरी असहाय हालत जानलेवा।काश ! इनका दर्द दूर कर पाती।

जैसे ही नर्स पेट की तरफ सुई लाती, अंशु आँखें बंद कर लेते।उनके चेहरे पर आने वाला वो दर्द और डर कितना कष्टदायक होता!!बीस दिन लगातार सुबह - शाम पेट में इंजेक्शन। कैसे सहे वो चालीस इंजेक्शंस पेट में ??.... सोचकर ही ....ओह्ह्ह्ह !!!

एक बार इंजेक्शन लगवाने के बाद यही लिखा - ' बहुत दर्द होता है अनु। कुछ साल तो मिलने ही चाहिएँ। इतना सह रहा हूँ तुम्हारे साथ रहने के लिए। ज़िंदा रहना है तुम लोगों के साथ। मुझे पता है तू मुझे बचा लेगी।

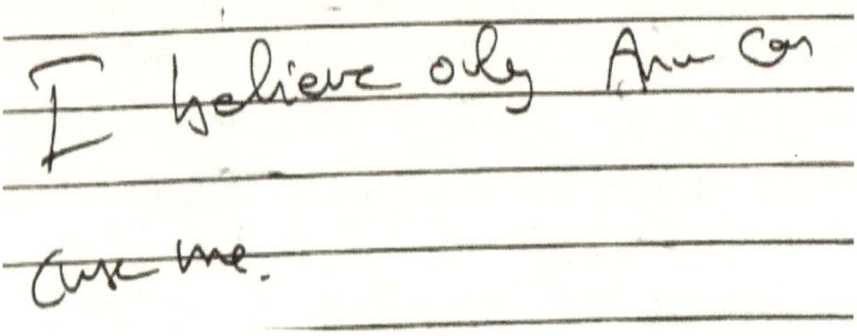

I believe only Anu can cure me .

'तू मुझे बचा लेगी' न जाने ये वाक्य कितनी बार लिखते थे जब हम कोई भी बात कर रहे होते। किसी के विश्वास और उम्मीद पर जब आप खरे नहीं उतर पा रहे होते तो अंतर्मन जो कचोटता है उसको शब्दों में बाँध पाना मुश्किल है। वास्तव में आपकी मज़बूरी, लाचारी आपको अंदर ही अंदर खा रही होती है और ऐसा लगता है जैसे कोई गला घोंट रहा हो।

पेट में इंजेक्शन की प्रक्रिया समाप्त हो गई। काश ! डॉ डबास थ्रोम्बोसिस की तरह ही इस बीमारी से भी निजात दिला दें!! पर वो तो अपनी तरफ से अपनी क्षमता से कहीं आगे जाकर हमारा साथ दे रहे थे। देखा जाए तो उनका काम सिर्फ़ सर्जरी तक का था पर उन्होंने रेडिएशन से लेकर अब तक चल रही कीमो में भी एक पल को अपना हाथ नहीं छोड़ा। शारीरिक चिकित्सा से लेकर मनोचिकित्सा तक उन्होंने अंशु को तो सँभाला ही हुआ था पर साथ- साथ वो और उनका परिवार हमारे पूरे परिवार के लिए प्रेरणा ढाल बनकर साथ खड़ा

रहा। कभी - कभी पता ही नहीं लगता और एक प्यारा संबंध स्थापित हो जाता है। अंशु ने अपने पवित्र दिल और अपनेपन से नम्रता से बहन का रिश्ता जोड़ लिया और सर से दोस्ती का। समर्पण और विश्वास ही इस रिश्ते की बुनियाद थी और इंसानियत इस संबंध की डोर। एक दिन बातों - बातों में डबास सर के मुँह से निकल गया था -" हमारे प्रोफेशन में मरीज़ से लगाव होना सही नहीं है। पर अंशु में कुछ अलग ही है, जिसने जोड़ लिया है।"

कीमो चल रही थीं पर अंशु के मन से 'इम्म्यूनोथेरपी' करवाने की बात निकल नहीं रही थी। वो मुझसे तो अक्सर ये बात कर ही लेते डबास सर को आए दिन उसकी वीडियोस, उसके बारे में लिखे लेख आदि भेजते रहते। छठी कीमो के बाद डॉ. कुमार ने पेट् स्कैन करवाने के लिए कहा पर डबास सर ये नहीं चाहते थे क्योंकि शायद परिणाम पहले से ही जानते थे इसलिए अंशु को उस परिणाम से दूर रखना चाहते थे पर कीमो डॉ. कुमार की देखरेख में चल रही थी इसलिए उनका निर्णय मानना पड़ा।

अंशु ने रिपोर्ट देखते ही एक ही बात लिखी -'कहा था कि इम्म्यूनोथेरपी करवा दो। और टाइम वेस्ट कर दिया। देख ले और बढ़ गया साइज़।' और यही डॉ. डबास को भी मैसेज कर दिया।

खीझ, तनाव, गुस्से का स्तर इतना बढ़ा हुआ था कि जब मैंने डॉ. डबास और डॉ. कुमार से रिपोर्ट के बारे में मिलने जाने की बात कही तो साफ़ इंकार कर दिया। बस एक ही बात कही -'किसी की ज़रूरत नहीं मुझे, मैं खुद ही करवा लूँगा इम्म्यूनोथेरपी !!!' मैं अपने आप को न रोक पा रही थी और डॉ. डबास से मिलने फोर्टिस चली गई। रितेश भी वहीं था।

"सर! अंशु को लगता है कि मैं पैसो की वजह से इनका इलाज नहीं करवा रही। ये बार - बार इम्म्यूनोथेरपी के बारे में ही बोलते हैं।"

"मैम, अगर उससे अंशु को कोई फ़ायदा होना होता तो मैं करवा देता पर आपको तो पता है कुछ नहीं हो पाएगा उससे भी।"

"सर, अगर उससे कुछ और महीने भी मिलते हैं इनको तो मैं करवा लूँगी इम्म्यूनो। मैं कर लूँगी पैसों का इंतज़ाम।" मेरे बोलते ही सर बोले -" अच्छा, ज़रा बताओ कहाँ से करोगी? अपना प्लान बताओ, कहाँ से लाओगी इतना पैसा, क्या बेचोगी, कहाँ से पैसे उधार लोगी?" सर ये सब बहुत गंभीर होकर बोल रहे थे क्योंकि वो जानते थे कि इंशोरेंस तो सर्जरी में ही ख़त्म हो चुकी थी और उसके

बाद का सारा इलाज मैं कितने मुश्किल से जुगाड़ कर -करके खुद से ही करवा रही हूँ। वो तो हमदर्दी में ये सब बोल रहे थे पर मैं उनके बोलते - बोलते रो पड़ी। सर और रितेश कुछ न बोले बस मुझे थोड़ा सँभलने का समय दिया। मैंने अपने को थोड़ा शांत करते हुए बोला, " सर ! क्या हमें अंशु से सच्चाई छिपानी चाहिए ? उन्हें लग रहा हैं कि मैं उनकी ज़िंदगी से ज़्यादा पैसों को बचाने में लगी हूँ और ये मुझे सहन नहीं हो रहा। कहीं सच्चाई छिपाकर कोई गलती तो नहीं कर रहे?"

सर ने मेरी तरफ मुस्कुराते हुए देखा और बोले, " आपको क्या लगता हैं उसे सच्चाई पता नहीं ?? जैसे आप उससे छिपा रही हो वो आपसे छिपा रहा हैं। दोनों एक दूसरे को बेवकूफ बना रहे हो। वो अंदर से जानता हैं कि उसकी लाइफ कम हैं। पर वो सच में फाइटर हैं इसलिए उम्मीद लगाई हुई है कि ठीक हो जाऊँगा। उसे बताकर क्या होगा? उसने जितना जीना है उतना भी नहीं जी पाएगा। आप क्या चाहती हो कि टाइम आने से पहले ही उसे मार दें ये बताकर।"

"सर पर वो तो इम्म्यूनोथेरपी ही कराना चाहते हैं और अगर नहीं कराई तो वो मुझसे कितना नाराज़ होंगे। सर इनकी नाराज़गी बर्दाश्त नहीं कर सकती। अभी ही इतने गुस्से में थे इसलिए तो मेरे साथ नहीं आए आपसे मिलने।"

"कोई बात नहीं, वो नहीं आया मिलने तो मैं आ जाऊँगा शाम को घर उसके साथ चाय पीने। रितेश भी आ जाएगा। करते हैं उसका गुस्सा ख़त्म। घबराओ मत आप।" और फिर मुझे सामान्य करने के लिए हँसते हुए बोले -" जाओ घर जाकर पकौड़े बनाने की तैयारी करो, आज मैं चाय के साथ आपके हाथ के पकौड़े खाऊँगा।" और मैं मुस्कुरा दी।

शाम को सर और रितेश घर आए और सर ने अंशु को देखते ही कहा-" अच्छा भाई, अब तुम मिलने भी नहीं आओगे हमसे। कोई बात नहीं तू नहीं आया तो हम ही आ गए।"

अंशु झेंपते हुए मुस्कुराने लगे और इशारे से बोले -' नहीं सर ऐसी कोई बात नहीं।' पर सच में सर के घर आते ही घर में सिर्फ़ मैंने ही नहीं सभी ने सकारात्मक तरंगे अनुभव कीं और लगा ही नहीं कि ये वो थोड़ी देर पहले वाला मायूस अंशु है।

सर ने मुझे यह कहकर रसोई में भेज दिया कि भूख लगी हैं हम दोनों को, चाय - पकौड़े बना लाओ और खुद अंशु के साथ बैठ गए ताकि अंशु अपने मन को खाली कर पाए जो शायद मेरे सामने न कर पाते।

जब मैं चाय लेकर आई तब तक अंशु सर और रितेश के साथ हँस- हँसकर लिखते हुए बातें कर रहे थे।

"मैम, इसको तो इम्म्यूनोथेरपी ही करवानी है। आप कल मिल आओ एक बार डॉ. कुमार से बेशक कल तो अकेले ही चले जाना। एक बार उससे इम्म्यूनोथेरपी के बारे में समझ लेना। मैं बाद में बात करूँगा उससे, आप पहले अपने लेवल पर बात करके देखो कि किसी स्कीम या थोड़े लो कॉस्ट में दिला सकते हैं वो। कॉस्टली दवाई है कीमो की तो इन डॉक्टर्स का कई बार डिस्ट्रीब्यूटर्स के साथ टाई अप होता है। शायद वो हेल्प कर दे !!"

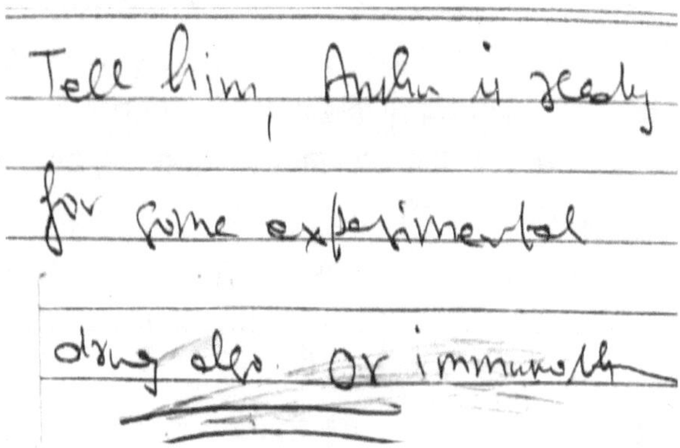

Tell him, Anshu is ready for some experimental drug also or immunotherapy.

अगली शाम तनेजा भैया इनसे मिलने आए हुए थे और जब मैंने उन्हें बताया कि डॉ.कुमार से मिलने जाना है तो उन्होंने साथ चलने के लिए पूछा। मुझे और अंशु को लगा क्योंकि भैया दवाइयों के क्षेत्र से ही जुड़े हैं तो इम्म्यूनोथेरपी की दवाई के बारे में बात ये बेहतर कर पाएँगे इसलिए मैं भैया के साथ डॉ.कुमार से मिलने पहुँच गई। हमने जैसे ही उनसे इम्म्यूनोथेरपी की बात की उन्होंने मेरी तरफ बहुत आश्चर्य से देखा और बोले -" मैम, क्या आप भूल गए हो जो मैंने बताया था?" और फिर भैया की तरफ देखकर बोले -" आप ही तो तब साथ थे अगर मुझे गलती नहीं लग रही ??"

"जी मैं ही था साथ और सर याद है हमें सब कुछ।" तनेजा भैया ने जवाब दिया।

"देखो, इतनी कीमो से ये रुक नहीं पा रहा, यहाँ तक कि स्टेबल तक नहीं हो रहा। जो फर्स्ट कीमो की थी उसमें बेस्ट मेडिसिन दी थी तब भी आपको रिपोर्ट पता है क्या आई !! अब आप ट्रीटमेंट कराओ या न कराओ एक ही बात है। इम्म्यूनो भी कोई असर नहीं करेगी।" डॉ. कुमार के ये सब बोलने पर भी मैंने इम्म्यूनोथेरपी की कॉस्ट और अगर कोई स्कीम में मिल पाती हो जैसे प्रश्न कर दिए।

"एक इम्म्यूनोथेरपी अराउंड डेढ़ लाख की पड़ेगी और वो महीने में दो होती हैं और साथ में कीमो भी चलेगी उसके। एक महीने का इलाज अराउंड चार लाख तक पड़ेगा। और तब भी कुछ हाथ नहीं आएगा।"

"सर आप इसमें कोई हेल्प कर सकते हैं? थोड़ी कम कॉस्ट या किसी स्कीम में मिल जाए?" मेरे कहते ही डॉ. कुमार ने एकदम कहा, " नहीं, मैं आपकी इसमें कोई हेल्प नहीं कर सकता" और फिर पल भर रूककर बोले -" मैम, आपका फिनांशियल स्टेटस मुझे पता नहीं। आपके पास पैसे हैं इम्म्यूनो के लिए?"

मैंने 'नहीं ' में गर्दन हिलाकर जवाब दिया।

"कितने बच्चे हैं आपके और कितने बड़े हैं ?"

मैंने कावेरी - प्राची और कबीर के बारे में बता दिया। तब वो एकदम बोले कि आज अगर आपकी जगह भगवान न करे मेरी बहन भी बैठी होती तो उसे भी यही बोलता जो आपको बोलने वाला हूँ और उन्होंने समझाना शुरू किया -

"तीन - तीन बच्चे हैं आपके, बाद में क्या करोगे? उनकी ज़िम्मेदारी भी तो आपकी है। अब आप अंशु को भूल जाओ और बच्चों के फ्यूचर के बारे में सोचो। अंशु पर पैसा बर्बाद मत करो।" उन्होंने ये सभी बहुत हमदर्दी और अपनेपन से कहा। पर फिर जो वाक्य उन्होंने आखिर में बोला उसने मुझे पूरी तरह तोड़ कर रख दिया।

"मैम, बात बहुत कड़वी है पर सच्ची है कि ये दीवाली उनके साथ है पर अगली नहीं। चाहे कोई भी इलाज करवा लो। सॉरी !!!"

बार - बार वही कटु सच्चाई के पत्थर अलग- अलग तरह से, अलग- अलग शब्दों के रूप में पड़ रहे थे जिसने मुझे ही पत्थर - सा बना दिया।

डबास सर को तो डॉ.कुमार की कही सभी बातें ज्यों की त्यों बता दी पर अंशु को बस इतना ही बताया कि डॉ.कुमार इम्म्यूनोथेरपी कराने के पक्ष में नहीं हैं क्योंकि उनका मानना है कि ये अभी आज़माई जा रही है बस और महँगी भी बहुत ही ज़्यादा है। कम दाम में दिलवाने में भी कोई सहायता नहीं कर सकते क्योंकि इसके लिए उन्हें कागज़ी काम करना पड़ेगा और वो इसके लिए तैयार नहीं।

पर अंशु को मेरी बातों से संतुष्टि नहीं मिली और लिखा -'तूने पहले पैसों की बात कर दी होगी तभी उन्होंने इंटरस्ट नहीं दिखाया। न दिलवाएँ हमें सस्ती पर इम्म्यूनो तो करवाएँ। मैं जाऊँगा कल मिलने उनसे। अरे, ये सक्सेसफुल है, मैंने पूरा रिसर्च किया है। वो पैसों की वजह से नहीं कर रहे होंगे। तूने तरीके से बात ही नहीं की। कल चलेंगे फिर से।'

अंशु को न समझाते बनता था और न रोकते। क्या कहकर समझाती और क्या कहकर जाने से रोकती इसलिए अगली शाम फिर हम दोनों डॉ.कुमार के सामने बैठे थे।

"देखो अंशु ! साइज़ तो बढ़ा ही है पर अब तो कई न्यू पैच और बन गए हैं। हमने पहले कीमो में जो दवाई दी थी वो बेस्ट थी। और उसके बाद एक और मेडिसिन भी ट्राय कर ली पर रिजल्ट इज़ नॉट गुड।" डॉ.कुमार बोले।

'सर पर अभी इम्म्यूनोथेरपी नहीं करवाई, कल अनु ने आपसे बात की थी। पैसे अरेंज हो जाएँगे। पर ये ट्रीटमेंट सक्सेसफुल है सर जितना मैंने रिसर्च किया है।' अंशु के ये लिखते ही डॉ. कुमार थोड़ा कड़क सा होकर बोले -" आप समझते क्यों नहीं हैं, कोई दवाई नहीं लग रही शरीर को। कीमो और कितनी करें ?? इम्म्यूनो भी एक तरह की कीमो ही है।"

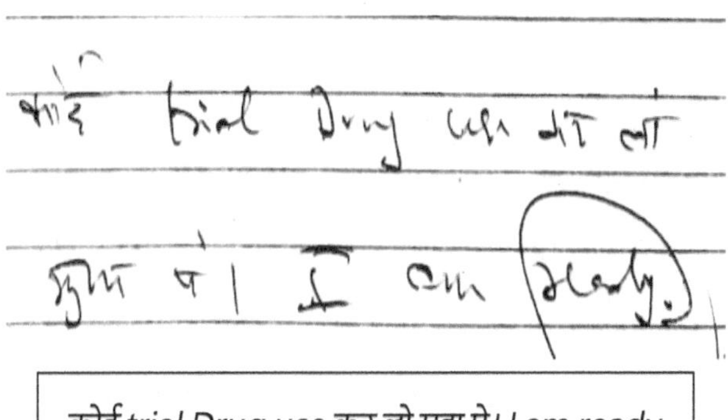

कोई trial Drug use कर लो मुझ पे। I am ready.

अंशु को उनके रवैये पर गुस्सा आ गया जो अंशु छिपा नहीं पा रहे थे।

मैंने बात को सँभालते हुए कहा -" तो सर कोई तो नेक्स्ट स्टेप लेंगे न ? वो क्या होगा, बस यही पूछ रहे हैं?"

"मैम ! बात करता हूँ डबास से। देखते हैं कौन सा ट्रीटमेंट कर सकते हैं। इम्म्यूनोथेरपी इनके केस में काम नहीं आएगी।"

डॉ.कुमार की बातों ने अंशु को संतुष्ट तो बिल्कुल नहीं किया बल्कि उनकी बातों से भड़क से गए। मुझे लिखकर बोले - ' इम्म्यूनो तो मैं करवा कर रहूँगा ।ये नहीं करते तो न सही, और भी डॉक्टर हैं।' इम्म्यूनोथेरपी इनके दिमाग में घर कर चुकी थी।

रोज़ डबास सर से मैसेज पर बस इसी की बात पूछते या करते और एक दिन तो मुझे साथ लेकर सर से मिलने फोर्टिस ही पहुँच गए।

"अंशु, डॉ.कुमार से की है बात पर वो इम्म्यूनो को लेकर कॉंफिडेंट नहीं हैं कि वो तेरे केस में काम करेगी। इसलिए वो मेडिसिन की कॉस्ट कम करने में भी हेल्प नहीं कर रहे।" डबास सर ने अंशु को समझाते हुए कहा।

'तो क्या करें?? सर, कुछ साल दे दो, मैं सारा पैसा पूरा कर दूँगा। मैं करता हूँ अरेंजमेंट कहीं से।' ।जैसे ही अंशु ने ये वाक्य लिखा डबास सर थोड़ा गुस्से में बोले -" तू करेगा अरेंजमेंट? बता कहाँ से ? फालतू बातें मत कर, मैम पर छोड़ दे। हो रहा है न तेरा इलाज।"

डबास सर के बोलते ही अंशु ने सिर झुका लिया और जो बिना आवाज़ के बोले, वो समझ आ गया ' पर करवानी है सर। प्लीज़ !'

उस वक़्त अंशु का चेहरा देखकर मेरे मन में अजीब सी कंपन हुई। पता नहीं अकस्मात् ऐसा विचार कौंधा -'क्या पता कारगर हो जाए इम्म्यूनो और इन्हें कुछ साल मिल ही जाएँ।इसे ही तो 'मिरेकल' कहते हैं। और यदि नहीं करवाई और इन्हें कुछ हो गया तो मैं अपने आप को कभी माफ़ नहीं कर पाऊँगी। और मैंने सर की ओर देखकर बोला-" सर, करवा लेते हैं इम्म्यूनो। मेरे पास है इंतज़ाम। डॉ.कुमार थोड़ा कम में दिला देते तो अच्छा था पर कोई बात नहीं।"

सर ने मेरी तरफ देखकर बोला -"ओके! करता हूँ बात। एक - दो दिन का टाइम दो।"

अगले दिन फ़ोन पर मैंने डबास सर को अपने मन में उठे विचारों और दुविधा के बारे में स्पष्ट बता दिया और अगला कदम क्या उठाना है पूछा।

"मैम, डॉ.कुमार तो कोई रिस्पांस दे नहीं रहे और वैसे भी अंशु को इस वक़्त सिर्फ़ वो डॉक्टर नहीं चाहिए जो इलाज करे, इमोशनली सँभालने वाला डॉक्टर उसकी पहली ज़रूरत है। मैं जानता हूँ अंशु को। मेरे पास ऐसा डॉक्टर है और मेरा ख़ास दोस्त है पर साउथ एक्स वाले राजीव गाँधी हॉस्पिटल में है। डिस्टेंस ज़्यादा हो जाएगा, चले जाओगे वहाँ? और सबसे बड़ी बात डॉ. कुमार को छोड़ना चाहते हो ?"सर के बोलते ही मैंने तपाक से बोला, " सर आप जानते हो हमारे डॉक्टर आप ही हो और काउंसलर भी। बाकि वहाँ जाने में कोई दिक्कत नहीं। आप बात कर लो उनसे। जब आप कहोगे चले जाएँगे उनके पास।"

"कल ही चले जाओ एक बार मिलने तो। रिपोर्ट्स दिखा दो। अंशु के लिए परफेक्ट डॉक्टर है और इंसान भी बहुत बढ़िया है। जितनी हेल्प हो सकेगी मेडिसिन में भी कर देगा।'सज्जन' नाम है उसका, डॉ. सज्जन राजपुरोहित'। उस हॉस्पिटल का हेड है। मैं रात को उससे बात कर लूँगा और आपको भी फ़ोन नंबर मैसेज कर देता हूँ। कल बात करके चले जाना।"

जब मैंने अंशु को इस बारे में बताया तो एक बार तो चुप से हो गए और कुछ सोचने लगे। फिर लिखा -'वैसे डबास सर भेज रहे हैं वहाँ तो वो डॉक्टर तो अच्छे ही होंगे ??'

"हाँ अंशु ! सर के दोस्त हैं। सर बहुत तारीफ़ कर रहे थे। और वैसे भी क्या पता वो जगह हमारे लिए लक्की हो। यहाँ तो कभी रिपोर्ट ठीक आई नहीं, वहाँ पॉजिटिव चेंज हो जाए कुछ।" अंशु ने मुस्कुराते हुए मुझे गले से लगा लिया।

आज अंशु पूरे दिन बहुत उत्साह और आशा के साथ इम्म्यूनो के फ़ायदे, रोगमुक्त हुए लोगों की वीडियोस आदि कभी बच्चों को दिखाते तो कभी पापा को। इलाज शुरू होने से पहले ही कितने खुश थे और उनकी खुशी मेरा सुकून। कबीर को लिखकर बोले - 'अब पापा फिट होने वाले हैं। फिर वही मस्ती करेंगे - मूवीज, घूमना - फिरना, क्रिकेट और पढ़ेंगे भी पहले जैसे।' कितना खुश थे सच में अंशु जैसे शिकारी के वार से घायल हुए किसी पक्षी के पंखों के घाव भर गए हों और वो आज फिर अपने उन पंखों से आसमान छूने जा रहा हो।

कल से एक और नया सफर शुरू होने वाला था। वो सफर मंज़िल तक पहुँचाएगा या बीच रास्ते ही दम तोड़ जाएगा, ये तो आने वाला वक़्त ही बताएगा।

पाँचवा पड़ाव
(दृढ़ संकल्प: एकमात्र विकल्प)

RGCIRC (राजीव गाँधी कैंसर इंस्टिट्यूट एंड रिसर्च सेंटर) नीति बाग, साउथ एक्सटेंशन ; रोहिणी वाले अस्पताल से बहुत -बहुत छोटा। गेट से घुसते ही सामने रिसेप्शन और दाएँ हाथ पर एक मेडिकल स्टोर और उसके साथ ही एक कॉफ़ी काउंटर। न रोहिणी के अस्पताल जैसा मरीज़ों का जमावड़ा और न वो भीड़ का शोर। घुसते ही सकारात्मकता का झोंका आया। रिसेप्शन पर जाकर डॉ. सज्जन राजपुरोहित के लिए ओ पी डी कार्ड बनवाया और लगभग खाली से पड़े वेटिंग एरिया में बैठ गए। हल्के गुलाबी से रंग की बुशर्ट, गले में स्टेथॉस्कोप और चेहरे पर चश्मा पहने सामने ही डॉ. सज्जन बैठे थे जो किसी मरीज़ की रिपोर्ट देख रहे थे। दरवाज़े पर उनके नाम की नेम प्लेट लगी थी पर डबास सर की तरह उनके कमरे का दरवाज़ा बंद नहीं था बल्कि खुला था। अंशु ने पॉकेट से डायरी निकाली और लिखा -' बिल्कुल डबास सर जैसी पॉजिटिविटी आ रही है इनको देखकर।' मैं हल्का सा मुस्कुरा दी। इतने में वो हाथ में एक फाइल लेकर बाहर निकले और अपने कमरे के एकदम सामने वाले कमरे में चले गए। उस कमरे में कुछ बेड लगे थे और एक नर्सिंग स्टेशन बना हुआ था। वहाँ नर्स से बात करके वो जैसे ही बाहर निकले, उन्होंने हमारी ओर देखा और हम खड़े हो गए।

"हैलो सर ! डॉ. डबास ने भेजा है। आपसे बात की होगी उन्होंने।" मैंने बोला।

"जी -जी ! 'अंशु भाटिया' हाँ, अभी बुलाता हूँ आपको बस पाँच मिनट में।" और फिर नर्स को बोले, " इनका वेट और बी पी चेक कीजिए तब तक।"

मैंने जब से डॉ. सज्जन को देखा था तब से यही महसूस हो रहा था कि मैं इन्हें पहले कहीं मिल चुकी हूँ और एकदम वो मुलाकात याद आ गई। मरीज़ के निकलते ही जब हम कमरे में जाकर बैठे तो उन्होंने सबसे पहले यही कहा -" मैम! आप वेंकटेश्वर स्कूल में पढ़ाती हैं। सुरेंद्र ने बताया मुझे।"

"जी सर और आपसे मिल भी चुकी हूँ। आप समीर सर के साथ प्रिंसिपल मैम से मिलने आए थे एक बार। तब मैं वहीँ थी।"

"जी मैम, पहले मेरी बेटी वहीँ पढ़ती थी जब मैं रोहिणी वाले राजीव गाँधी में था। फिर जब यहाँ हॉस्पिटल में शिफ्ट किया तो घर भी शिफ्ट किया और स्कूल भी करना पड़ा। तब आया था उनसे मिलने, पर आपका याद नहीं आ रहा।"

किस्मत कहें या इतफ़ाक़ कि इनकी बीमारी में वेंकटेश्वर से जुड़े लोग ही जुड़ते जा रहे थे। पहले डॉ. शुभ्रा, फिर समीर सर, फिर डॉ. डबास और अब डॉ. सज्जन !! समझ नहीं पा रही थी कि दुनिया इतनी छोटी है या ऊपरवाला कुछ ताना - बाना बुन रहा है!!!?

डॉ.सज्जन अंशु से बोले -" जी मिस्टर भाटिया ! आप बताइए 'हाउ आर यू फीलिंग'?"

अंशु ने लिखा -'गुड सर ! कोई प्रॉब्लम तो नहीं लगती, बस रिपोर्ट ही सही नहीं आती।"

"लास्ट पेट् स्कैन कब करवाया ?"

"सर दस दिन पहले।" और ये कहते हुए मैंने रिपोर्ट आगे कर दी।

"मैम, आप सी आर नंबर बताओ, मैं सिस्टम पर ही सारी सम्मेरी पढ़ लेता हूँ एक बार और टेस्ट भी देख लेता हूँ।" सी आर नंबर बताते ही सर इनकी रिपोर्ट्स, टेस्ट वगैहर कंप्यूटर पर देखने लगे।

"तो आपका ट्रीटमेंट डॉ.कुमार कर रहे थे ? फिर आपने इतने डिस्टेंस पर आने का कैसे सोचा?" डॉ.सज्जन के पूछते ही अंशु लिखा - 'इम्म्यूनोथेरपी'!!

मैंने अंशु के इस शब्द को पूरा करते हुए कहा -" सर कीमो तो काम कर नहीं रही पर सुना है इम्म्यूनोथेरपी बहुत सक्सेसफुल हो रही है कैंसर में और डबास सर ने कहा आप बेस्ट डॉक्टर हो इसके लिए।"

डॉ. सज्जन मुस्कुराते हुए बोले -" सुरेंद्र मेरा बहुत फ़ास्ट फ्रेंड है। इनके बारे में कह रहा था कि भाई है अपना। काफी अटैच है इनसे।" वास्तव में डॉ.

सज्जन की मुस्कान भी डॉ.डबास जैसी ही थी और उनसे बात करके भी निराशा आशा में परिवर्तित हो रही थी।

"देखिए मिस्टर भाटिया, रिपोर्ट्स अच्छी नहीं हैं, ये आपको भी पता है। हाँ, इम्म्यूनो होती है पर हर केस में सक्सेसफुल नहीं होती। आपके केस में श्योरटी से नहीं कह सकता कि सक्सेसफुल रहेगी ही पर ऐसा भी नहीं कि बिल्कुल होप नहीं हो। बट इट्स आ कॉस्टली ट्रीटमेंट एज़ वेल्ल।"

'जी, वो कर लेंगे अरेंज।' अंशु ने एकदम लिखा। शायद डर था कि कहीं पैसों की तरफ बात मुड़ गई तो कोई रूकावट न आ जाए।

फिर लिखा - सर! प्लीज़ आप स्टार्ट करवा दो जल्दी से जल्दी।'

"ओके! पर मैं फिर कह रहा हूँ कि प्रॉमिस नहीं कर सकता कि इम्म्यूनोथेरपी काम करेगी ही। सो, प्लीज़ कंसीडर अगेन।आपका फिनांशियल बैकग्राउंड पता नहीं है मुझे।" डॉ. सज्जन की बात का मैंने यही जवाब दिया -" सर, करवानी तो है। प्रोसेस क्या होगा इसका ?"

"मैम! महीने में दो होंगी। पंद्रह - पंद्रह दिन में इम्म्यूनो होगी पर इसके साथ वीकली कीमो भी होगी।"

"सर, वो इम्म्यूनो की मेडिसिन कैसे और कहाँ से अरेंज होगी। उसके लिए कंसर्न डॉक्टर को ऑन पेपर्स कुछ लिखना पड़ता है तो इसलिए पूछ रही थी।" मैंने कहा।

"जी मैम ! वैसे एक डोज़ लगभग डेढ़ लाख तक होती है यानि तीन लाख की एक महीने की डोज़। और हम आठ डोज़ तो देंगे ही। और कीमो की दवाई अलग होगी वो तो यहीं से मिल जाएगी पर उसकी कॉस्ट भी हर कीमो की पंद्रह - बीस हज़ार होगी। आप साढ़े तीन - चार का हर महीने खर्चा मान कर चलो।"

"ओके सर ! " मैंने किसी स्कीम या डिस्काउंट की बात बोली ही नहीं थी और डॉ. सज्जन ने खुद ही बोल दिया -"ऐसा है कोशिश करते हैं जैसे कई बार दो डोज़ के साथ एक फ्री मिल जाती है या बीस- तीस परसेंट डिस्काउंट मिल जाता है। मुझे दो- तीन दिन का टाइम दो, मैं चेक करता हूँ। देखते हैं कहाँ से बेस्ट डील मिलती है। जो पैसा बच जाए। पर अगर आपने इतने पैसे खर्चने ही हैं तो मैं आपको एक सजेशन देना चाहता हूँ।"

"जी सर बोलिए।" अंशु ने अपनी आँखों से और मैंने लफ़्ज़ों में बोला।

"एक टेस्ट होता है 'NGS '(नेक्स्ट जनरेशन सीक्वेंसिंग). ये टेस्ट एडवांस कैंसर के केस में ही किया जाता है। इससे बॉडी में जीन्स देखे जाते हैं जोकि ट्यूमर में कई बार बढ़े हुए होते है और कई बार कम मात्रा में। तो अगर कोई स्पेसिफिक जीन्स गलत काम कर रहा होता है तो उसके अगेंस्ट ड्रग होते हैं जिसे बोलते हैं टार्गेटेड थेरेपी।" अंशु ने उसी समय लिखा -'मैंने पढ़ा है इसके बारे में नेट पर।'

"ओके ! तो यदि उससे रिलेटेड ड्रग हमारे पास अवेलेबल हो तो वो दिया जा सकता है। वो जीन्स के इस असंतुलन को रोक सकता है। इससे पता चल जाता है कि कौन सी दवाई बॉडी में अच्छी तरह से काम कर रही है या करेगी ?"

अंशु ने फिर लिखा -'ये जीन्स का टेस्ट है तो इससे ये भी पता लग सकता है कि ये जेनेटिक तो नहीं? मतलब बच्चे सेफ हैं, या जीन्स में है तो उनको भी रिस्क है? '

"जी बिल्कुल! अगर जेनेटिक इम्बैलेंस नहीं आता, क्लियर आती है रिपोर्ट तो जीन्स में नहीं है। और फिर इम्म्यूनो ही शुरू कर देंगे। पर ये टेस्ट थोड़ा महँगा है और रिपोर्ट भी अगले हफ़्ते तक आएगी।"

अंशु ने एकदम लिखा - करवाएँगे सर।' मैं समझ गई थी कि वो बच्चों के लिए रिस्क वाली बात तो नहीं, ये जानने के लिए अब ये टेस्ट करवाएँगे ही।

डबास सर जैसा ही ओहरा और उन जैसा ही सहायता भाव। यही कारण था जो डबास सर ने इनके पास भेजा था।

"मिस्टर भाटिया वैसे आप देखने में बिल्कुल फिट लगते हो। वुई विश ट्रीटमेंट काम करे। पूरी कोशिश करेंगे।" डॉ. सज्जन की बातों ने अंशु पर उनकी छाप छोड़ दी थी। अंशु को वो डॉक्टर मिल गया था जैसा उसे चाहिए था। वापसी में पूरे रास्ते डॉ. सज्जन की प्रशंसा ही करते रहे। डबास सर का आभार मानते रहे कि उन्होंने ऐसे डॉक्टर से मिलवाया। और सबसे महत्त्वपूर्ण बात अंशु के लिए ये थी कि डॉ. सज्जन ने इम्म्यूनोथेरपी का समर्थन किया।

जीन्स टेस्ट का नतीजा आने तक उस हफ़्ते में एक कीमो तो शुरू कर दी थी और फिर उस टेस्ट का भी परिणाम आ गया। जीन्स की कोई समस्या नहीं थी और अंशु इसी बात से बहुत निश्चिंत थे कि उनका कैंसर बच्चों को प्रभावित करने वाला नहीं है। और अंशु की इम्म्यूनोथेरपी करना ही निश्चित हुआ।

मैं फ़ोन पर डॉ. सज्जन के साथ जुडी रही और उन्होंने दो दिन बाद फिर बुलाया।

उन्होंने इम्म्यूनो की दवाई वाले वितरक से बात कर ली थी और दवाई में कुछ रिआयत भी करवा दी थी।

23 सितंबर को इनकी पहली इम्म्यूनोथेरपी शुरू हुई, डॉ. सज्जन के जन्मदिन के दिन ही। आता - जाता स्टाफ उन्हें जन्मदिन की शुभकामनाएँ दे रहा था तब ये बात ज्ञात हुई। अंशु के लिए ये भी एक शुभ संकेत था कि सज्जन सर के जन्मदिन पर ही उनकी इम्म्यूनो शुरू हो रही है। ये विचार कितना नादान था पर अंशु के लिए ये शुभ संकेत का पैगाम था।

सज्जन सर के कक्ष के बिल्कुल सामने बने 'डे केयर' कक्ष में आठ- दस पलंग लगे थे जहाँ कीमो - इम्म्यूनो करवाने वाले मरीज़ आया करते थे। वास्तव में नीति बाग़ के इस राजीव गाँधी अस्पताल के मुख्य अध्यक्ष या कहें कि कर्ता-धर्ता डॉ. सज्जन ही थे। रोहिणी वाले अस्पताल में तो रोगियों की बाढ़, बेड तक के लिए मशक्कत और बवाल और दवाइयों के खरीद के लिए लंबी- लंबी कतार ही मानसिक और शारीरिक रूप से हताश कर देती थी पर यहाँ कितना सुकून और शांति थी। अंशु तो यहाँ आकर इसलिए भी बहुत खुश थे।

अंशु को जब दवाई चढ़ रही थी तो उनकी आँख लग गई। मैं नर्स को इनका ध्यान रखने का कहकर बाहर निकल गई और बाहर निकलते ही डॉ. सज्जन अपने कमरे में बैठे दिख गए। मैं सीधा उनसे मिलने चली गई क्योंकि मन में बहुत से प्रश्न थे जो अंशु के सामने नहीं पूछ पा रही थी।

"आइए मैम ! ठीक हैं मिस्टर भाटिया?"

"जी सर ! आपसे मिलकर बहुत खुश हैं ये। कह रहे थे आप बिल्कुल डबास सर जैसे हो। आपसे बहुत पॉजिटिविटी मिली है इन्हें। थैंक यू सर!"

"थैंक यू मैम ! पेशेंट को दवाई से ज़्यादा ज़रूरी पॉजिटिव रखना होता है।" डॉ. सज्जन मुस्कुरा दिए।

"सर ! आपको लगता है इम्म्यूनो काम करेगी? डॉ.कुमार ने तो जवाब दे दिया है।"

"मैम, एक्चुअली मुझे बहुत बुरा लग रहा है आपका इतना पैसा खर्च करवाते हुए। इनकी कंडीशन तो ठीक नहीं है। मैं श्योर नहीं कि इम्म्यूनोथेरपी से असर आएगा पर शायद कुछ टाइम और मिल जाए इनको। मैं फेवर में नहीं

था इम्म्यूनो के पर सुरेंद्र ने मिस्टर भाटिया की ज़िद्द के बारे में बताया और कहा उसे मोरली हाई रखने के लिए करानी ही पड़ेगी।"

शायद मेरे अंदर दबी मायूसियत मेरे चेहरे पर आ गई जो डॉ. सज्जन ने महसूस कर ली।

"पर मैम होप तो रखेंगे ही न। मिरेकल भी तो होते हैं। मैं आपकी फीलिंग्स समझ रहा हूँ। इट्स रियली डिफिकल्ट टाइम।"

बात तो उन्होंने भी वही कहीं थी पर उनके बोल काँटों की तरह चुभे नहीं। शायद वो साथ ही साथ आशा की मरहम भी लगा रहे थे इसलिए ...!

उनसे मिलकर ऐसा लगा जैसे डबास सर से मिलकर आई हूँ अभी।

'पैसे अरेंज कर लेंगे ' और 'पैसे अरेंज करने ' में एक बड़ा फ़ासला होता है। मैं उसी फ़ासले को भरने में लगी थी। इंतज़ाम तो करना ही था, चाहे ब्याज पर या कुछ बेचकर। कर भी लिया था पर पैसों का जुगाड़ करना भी कम जानलेवा नहीं होता। अंशु पूछते -'कहाँ से करेंगे ? कहाँ से कर रही है ? पर इन्हें यही कहकर टाल देती -" विश्वास है न मुझ पर ? कर लिया है, बस पूछा मत करो। तुम ठीक होने पर ध्यान दो। तुम्हें इससे डबल कमाने हैं ठीक होकर। पैसों का इंतज़ाम मेरा एरिया है और खुश रहना, ठीक होना तुम्हारा।" और बस ये भावुक होकर यही बोलते हमेशा -' तू सोच भी नहीं सकती मैं ठीक होकर क्या करूँगा तेरे लिए। सब देखते रह जाएँगे।'

इम्म्यूनो और कीमो की प्रक्रिया निश्चित समयानुसार चलने लगी। सुबह आते और शाम तक घर वापिस जाते। पर पहली इम्म्यूनोथेरपी के समय एक दिन के लिए दाखिल होना पड़ा क्योंकि पहली दवाई चढ़ने के बाद कहीं कोई प्रतिकूल प्रक्रिया न हो इसलिए निगरानी में रखना आवश्यक था।

वक़्त के साथ - साथ डॉ. सज्जन से भी ये थोड़ा ज़्यादा खुलकर मन में आने वाले हर प्रश्न या विचार को साँझा करने लगे और वो भी पूरे इत्मीनान से इन्हें समय देकर संतुष्ट करते। मैंने अंशु को कीमो पर जाने के लिए इतना उत्साहित कभी नहीं देखा था। जब भी वहाँ इम्म्यूनो या कीमो के लिए जाना होता तो अपनी मर्ज़ी का खाना बनवाकर ले जाते। वहाँ जाकर कैनुला भी मुस्कुराते हुए लगवा लेते और दवाई भी बहुत आशावादी होकर चढ़वाते। ये उस अस्पताल के शांति और सुकून वाले वातावरण का असर था या डॉ. सज्जन के ओहरे का, पता नहीं, पर अंशु अब बहुत सकारात्मक रहने लगे।

पर एक बार जब हम इम्म्यूनो के लिए गए, उस दिन डॉ. सज्जन हमारे कारण बहुत परेशान हो गए। हुआ ये कि घर पर कबीर को उसकी किसी गलती पर डाँटा और अंशु उसके समर्थन में बोलने लगे और उसी के सामने मुझसे ही थोड़ा रूखापन दर्शाने लगे तो मेरे मुँह से अनजाने में निकल गया -" अंशु ! मुझे ही सँभालने दो।तुम्हें क्या पता कि मेरे लिए कितना मुश्किल है ये सब अकेले मैनेज करना।" तब वो एकदम चुप हो गए और मुझे अपने कहे शब्दों पर पछतावा हुआ। अस्पताल जाते हुए पूरे रास्ते वो मुझसे बेरुखी का बर्ताव करते रहे। समझती थी कि उनका आत्मविश्वास बीमारी ने वैसे ही कम कर दिया था और मेरे ये शब्द उनकी भावनाओं को ठेस पहुँचा गए हैं इसलिए कई बार 'सॉरी' भी बोल दिया। पर तब भी वो मुझसे नाराज़ ही रहे। डॉ. सज्जन के समक्ष भी उनका व्यवहार वैसा ही बना रहा और सज्जन सर कुछ- कुछ भाँप गए। और जैसे ही सर ने ये बात कही -" मैम, नेक्स्ट कीमो में मैं शायद न मिलूँ, कोई कॉन्फ्रेंस है। आप मैनेज कर लेना।"

अंशु को जैसे अवसर मिल गया और एकदम लिखा -'हाँ सर, ये सब मैनेज कर लेती है। यही तो सँभाल रही है सबकुछ और सँभालेगी। मैं तो बेकार हूँ अब इनके लिए। मेरी तो अब ज़रूरत ही नहीं है न बाहर और न घर में।' अंशु जब ये शब्द लिख रहे थे तो मेरे लिए उनकी आँखों में गुस्सा और चेहरे पर व्यंग्य स्पष्ट दिख रहा था। मैं तब अपने पर नियंत्रण न रख पाई और डॉ.सज्जन के सामने ही आँसू टप- टप बहने लगे।

डॉ. सज्जन थोड़े विचलित से हो गए। वो समझ ही नहीं पा रहे थे कि क्या बोलें? बस इतना समझ गए थे कि आज अंशु मुझसे बहुत गुस्से में हैं।

"मिसेस भाटिया, प्लीज़! क्या हो गया है आपको ?" और फिर अंशु की ओर रुख करके बोले -" यू आर सच आ स्वीट कपल ! आप दोनों को देखकर इतना अच्छा लगता है। ऐसा बिहेव मत करो प्लीज़ !"

मैंने अंशु को फिर 'सॉरी ' बोला और डॉ. सज्जन ने समझाना जारी रखा। अंशु के गुस्से के भाव अब भावुकता में तबदील होने लगे और फिर उनके भी आँसू बाहर झलक आए। उन आँसुओं के साथ गुस्सा - नाराज़गी भी धुल गई। न मैंने उन्हें ये बात दिल दुखाने के लिए कही थी और न ही वो मुझसे दिल से नाराज़ हो सकते थे। दोनों ही अपनी जगह बेक़सूर थे, कसूर था तो बस हमारे

हालातों का जिसने हम दोनों के तनाव और खीझ को बेरुखे शब्दों में निकाला। और अब दोनों के अश्कों ने मिलकर उस तनाव को मिटा दिया।

आज बच्चों ने अपने पापा को प्यार का उपहार कमीज और मुझे एक सूट दिया। घर भी बच्चों ने खुशी की चमक सा सजाया और शाम को हमें पार्टी देने के लिए एक बहुत बढ़िया टैरेस रेस्टोरेंट भी बुक करवाया। आज हमारी शादी की पच्चीसवीं सालगिरह थी। बच्चों के इस अगाध प्रेम ने अंशु और मेरे मन को छू लिया और बहुत खुशी दी। पर खुशी के साथ- साथ डर का साया भी चल रहा था। ऊपर से हँसता चेहरा पर अंदर कुछ नश्तर चल रहे थे। बार - बार एक ही विचार दिमाग को चीरता हुआ आता -'इनके साथ अगली सालगिरह होगी मेरी ??' पर अंशु को इतना खुश देखकर इस विचार को दिमाग से बलपूर्वक निकाला और सोचा आज तो इनकी बाँहों का सुख है, उसे तो जी लूँ कम से कम। क्या पता भगवान को तरस आ ही जाए!!!.....

त्योहारों के महीने अक्टूबर- नवंबर। कबीर और मेरा जन्मदिन, करवाचौथ, दीवाली............! मन में शांति और उमंग की चमक हो तभी त्योहार रोशनी बिखेरते हैं वरना तकलीफ़ ज़्यादा देते हैं। अंशु सदा से ही मेरे करवाचौथ का व्रत रखने के पक्ष में नहीं होते थे । हमेशा यही कहते -' व्रत रखने से नहीं बढ़ेगी मेरी उम्र, करवाचौथ मनाना है तो मेरे साथ घूमने -फिरने चल, खा - पी। मैं तो पति की इच्छा और बात मानने को करवाचौथ मानता हूँ ।' पर मैं फिर भी व्रत रख लेती तो कई बार खीझ भी जाते। पर इस बार बोले -'तू करवाचौथ का व्रत रखेगी न ? प्लीज़ रख लियो। मुझे तेरे साथ जीना है। मेरे लिए कुछ साल माँग ले भगवान से। और आज बिल्कुल दुल्हन की तरह तैयार भी हो जाइयो, मन कर रहा है तुझे तैयार हुए देखने का।' डर की सुनामी दोनों को घेरे हुए थी। मेरे लिए भी वो दिन आसान नहीं था। डॉक्टरों के कहे शब्द हर वक़्त कान में चुभते रहते थे। पर आज तो इनके लिए सजना ही था। इनकी पसंदीदा साड़ी पहनी, चूड़ियाँ भी पहनी और सिंदूर भी भरवाया इनसे । एक दुल्हन जैसा पूरा श्रृंगार किया। जब मैं सजी - धजी इनके सामने आई तो अंशु कुछ पल बस मुझे देखते ही रहे और फिर भरी आँखों से गले लगा लिया। फिर वहाँ पड़ी कॉपी उठाई और लिखा- 'तुझे छोड़कर जाने का मन नहीं है, यार बचा ले मुझे। तू बचा लेगी पता है।'

इन्हें बचाना था इसलिए मुझे अपना दर्द छिपाना था। मैंने इनकी पकड़ को और भी कस लिया क्योंकि इनके साथ न होने की डरावनी कल्पना करना मेरे

लिए भी मौत सा था। मैं भी कहाँ जी सकती थी इनके बिना। और फिर न जाने एकदम क्या विचार आया कि ये लिखा – 'मैं न भी होऊँ तेरे पास तब भी ऐसे ही खिले रंग डालियो, तू इसमें बहुत सुंदर लगती है। चाहे कहीं भी चला जाऊँ तुझे वहाँ से भी देखता रहूँगा।' जीवन का ह्रास और जीवन की आस जब टकराती है तो ऐसे ही भाव जगाती है।

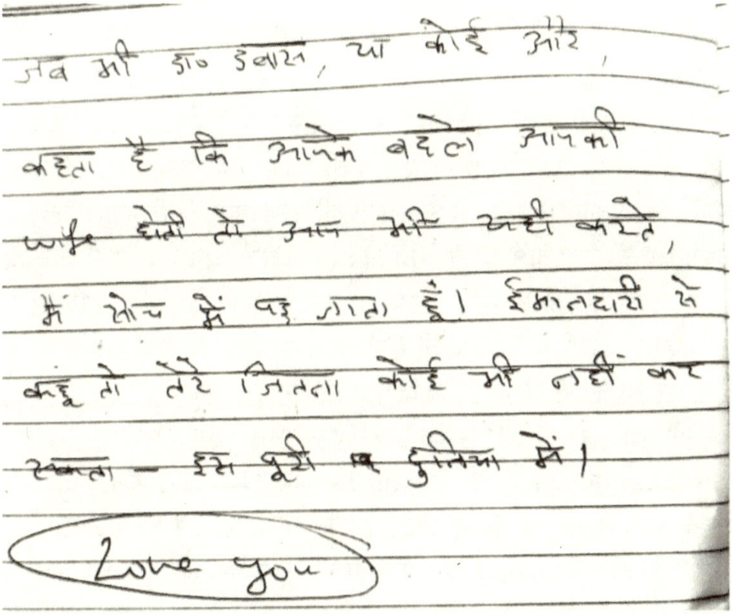
जब भी डॉ० डबास, या कोई और
कहता है कि आपके बदले आपकी
wife होती तो आप भी यही करते,
मैं सोच में पड़ जाता हूं। ईमानदारी से
कहूं तो तेरे जितना कोई भी नहीं कर
सकता – इस पूरी दुनिया में।
Love you

जब भी डॉ .डबास, या कोई और कहता है कि आपके बदले आपकी wife होती तो आप भी यही करते, मैं सोच में पड़ जाता हूं। ईमानदारी से कहूं तो तेरे जितना कोई भी नहीं कर सकता -इस पूरी दुनिया में।

Love you

कीमो और इम्म्यूनो अपने समय के अनुसार चलती रहीं। डॉ. सज्जन ने पहले ही बता दिया था कि इम्म्यूनो के कीमो जैसे ख़राब असर यानि साइड इफेक्ट्स नहीं आते पर धीरे - धीरे कीमो के शरीर पर दुष्प्रभाव पड़ने लगे। कुछ न खाने की इच्छा, उल्टी की प्रवृति, कभी - कभी अत्यधिक कमज़ोरी

आदि अंशु को बहुत परेशान करती। पर इस बार की थेरेपी में अंशु दुर्बल नहीं हुए बल्कि इनका वज़न सामान्य से ज़्यादा बढ़ गया। अंशु इस बात को अच्छा संकेत मान रहे थे और हमने भी उनके इस भ्रम को तोड़ा नहीं। वास्तव में ये भी एक प्रकार का साइड इफ़ेक्ट ही था। इतनी तेज़ दवाइयाँ अंदर से खोखला कर रहीं थी पर ऊपर से शरीर को फुला रही थीं। रक्त जाँच वगैहर तो नियमित रूप से होते ही और बीच - बीच में डॉ. सज्जन एक्स -रे या अल्ट्रासाउंड करवाकर कैंसर की वर्तमान स्थिति का मुआयना भी करते रहते। टीएलसी बूस्टर भी नियमबद्ध लगते।

लोग दीवाली का इंतज़ार करते हैं, कभी हम भी करते थे पर इस बार मैं यही दुआ माँग रही थी कि इस बार दीवाली न आए। पर समय को रोक पाना इंसान की औकात से बहुत परे है। लहरों की तरह आता है, किस्मत अच्छी हो तो सीप-मोती दे जाता है वरना कभी तो इंसान को ही अपनी चपेट में ले जाता है। 'ये दीवाली है, अगली नहीं ' इन पाँच शब्दों के वाक्य ने मेरे लिए दीवाली के अर्थ को ही पलट दिया था। सबकी खुशी के लिए घर को दीयों से रोशन तो कर लिया पर अपने इस खौफ़ से घिरे दिल को रोशन कैसे करती??............

दीवाली गुज़र गई और उसके तीन- चार दिन बाद इनकी इम्म्यूनो का दिन आ गया। इम्म्यूनो की प्रक्रिया के चलते डॉ. सज्जन एक अन्य डॉक्टर के साथ किसी दूसरे मरीज़ को देखने आए। वास्तव में वो डॉक्टर भी राजीव गाँधी, रोहिणी के ही थे जिन्हें वहाँ कई बार देखा था। वहाँ के अलग - अलग विशेषज्ञ निश्चित दिनों पर यहाँ के मरीज़ों की जाँच के लिए आते थे। मरीज़ का बेड थोड़ी ही दूरी पर था तो उनकी बातों से ये तो ज्ञात हो गया कि वो रेडिएशन विभाग से जुड़े डॉक्टर हैं। उस मरीज़ को देखने के बाद जैसे ही डॉ. सज्जन कक्ष से बाहर निकलने लगे उनकी निगाह एकदम अंशु पर पड़ गई और वो उन डॉक्टर के साथ हमारे पास आ गए। उन्होंने उनसे हमारा परिचय करवाने के बाद उन्हें अंशु की बीमारी और इलाज के बारे में संक्षेप में अपनी मेडिकल भाषा में बताया और फिर डॉ. सज्जन ने उनसे प्रश्न किया -" आपको लगता है कीमो के साथ रेडिएशन भी करवाएँ तो ज़्यादा इफ़ेक्ट आ सकता है ?"

उनका जवाब था - " आ भी सकता है पर ये कितना संभव है इस केस में ये देखना पड़ेगा। कोशिश कर सकते हैं। कैंसर बोर्ड की मीटिंग में इनकी फाइल रखते हैं, देखते हैं बातचीत करके।"

अंशु एकदम उत्साहित से हो गए क्योंकि ये खुद ही डॉ. सज्जन, डॉ.डबास को कई बार कीमो और रेडिएशन साथ - साथ करवाने की बात बोल चुके थे।शायद अंशु की संतुष्टि के लिए ही डॉ. सज्जन रेडिएशन के डॉक्टर को यहाँ लाए थे। अंशु ने उसी समय मुझसे डायरी माँगी और लिखा -'सर ! कर लो मुझ पर ट्राय। मुझे कोई दिक्कत नहीं है।'

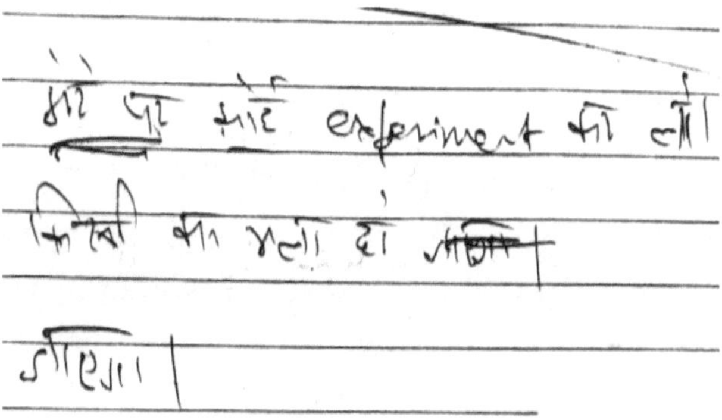

मेरे पर कोई experiment कर लो। किसी का भला हो जाएगा।

डॉ. सज्जन इनके कंधे पर हाथ रखते हुए बोले-" देखते हैं, बोर्ड मीटिंग में बात करेंगे और फिर फैसला लेंगे। आपके लिए जो भी करेंगे बेस्ट ही करेंगे।"

साधारण जीवन में इंसान छोटी सी शारीरिक तकलीफ से भी घबरा जाता है पर जब ज़िंदगी ही दाव पर लगी हो तो उन तकलीफ़ों को भी हँसकर गले लगाता है। आज ज़िंदगी- मौत की लड़ाई में अंशु हर पासा खेल लेना चाहते थे। शायद कोई पासा सही पड़ जाए और ज़िंदगी अंशु की मुट्ठी में आ जाए !! अंशु की सहनशीलता और जीने की प्रबल इच्छा शक्ति सचमुच काबिले तारीफ़ थी। डॉक्टर भी उनकी इस हिम्मत पर अचंभित होते थे। मौत का नाम ही अच्छे - अच्छों को धराशायी कर देता है और अंशु तो प्रतिदिन दुखदायी -दर्दनाक इलाज सहकर रोज़ ही उससे दो- दो हाथ करते थे।

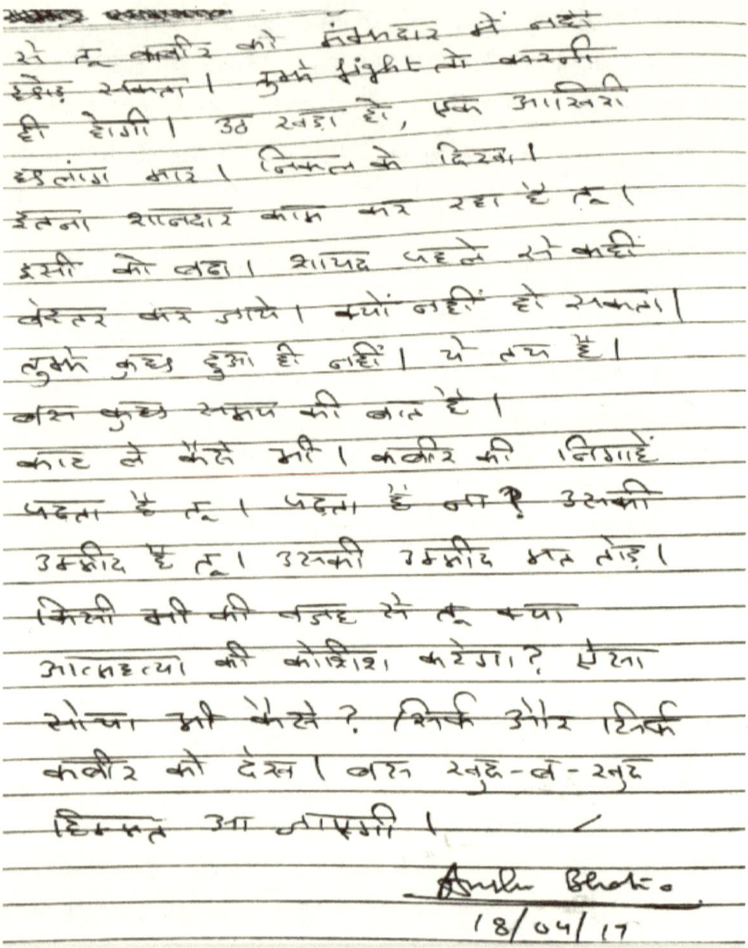
से तू कबीर को मंझधार में नहीं
छोड़ सकता। तुझे fight तो करनी
ही होगी। उठ खड़ा हो, एक आखिरी
छलांग मार। निकल के दिखा।
इतना शानदार काम कर रहा है तू।
इसी को बढ़ा। शायद पहले से कहीं
बेहतर कर जाये। क्यों नहीं हो सकता।
तुझे कुछ हुआ ही नहीं। ये तय है।
बस कुछ समय की बात है।
काट ले कैसे भी। कबीर की निगाहें
पढ़ता है तू। पढ़ता है ना? उसकी
उम्मीद है तू। उसकी उम्मीद मत तोड़।
किसी भी की वजह से तू क्या
आत्महत्या की कोशिश करेगा? ऐसा
सोचा भी कैसे? सिर्फ और सिर्फ
कबीर को देख। बस खुद-ब-खुद
हिम्मत आ जायेगी।
Anu Bhatia
18/04/17

कबीर को मंझधार में नहीं छोड़ सकता। तुझे तो fight करनी ही होगी। उठ खड़ा हो, एक आखिरी छलांग मार। निकल के दिखा। इतना शानदार काम कर रहा है तू। इसी को बढ़ा। शायद पहले से कहीं बेहतर कर जाये। क्यों नहीं हो सकता। तुझे कुछ हुआ ही नहीं। ये तय है। बस कुछ समय की बात है। काट ले कैसे भी। कबीर की निगाहें पढ़ता है तू। पढ़ता है ना? उसकी उम्मीद है तू। उसकी उम्मीद मत तोड़। किसी भी की वजह से तू क्या आत्महत्या की कोशिश करेगा ? ऐसा सोचा भी कैसे ? सिर्फ और सिर्फ कबीर को देख। बस खुद-ब -खुद हिम्मत आ जाएगी।

और अंशु की इस हिम्मत को डॉ. डबास ने भी तो बखूबी थामा हुआ था। इलाज कहीं भी चल रहा हो पर डबास सर से इनका नित्य संपर्क बना रहता और वो भी अवसर पाते ही इनकी मानसिक शक्ति की धार को तेज़ करने के लिए घर मिलने आ जाते। कभी नम्रता से मैसेज पर बातें करके जी हल्का कर लेते तो कभी डबास सर के घर जाकर बच्चों से खेलकर और उनके साथ छुट्टी मनाकर। जब कभी मनोबल टूटने लगता तो रितेश के घर चले जाते या उसे संदेश भेजकर अपने पास बुला लेते। बुरे वक़्त ने सैंकड़ों अच्छे लोगों के साथ जोड़ दिया था, उन लोगों के अपनेपन की पहचान करा दी थी जिन्हें मात्र हमने जानकार मानकर रिश्ता निभाया पर उन्होंने इस बुरे वक़्त में वो कर दिखाया जिसकी अंशु और मैंने कभी कल्पना भी नहीं की थी। वहीँ अंशु के मन में कुछ रिश्तों को लेकर मलाल भी था क्योंकि अच्छे समय में जिन पर ये जान छिड़कते थे वो आज इनके बुरे वक़्त में दूर किसी कोने में खड़े मिलते थे और कुछ तो दिखे ही नहीं। उस बुरे वक़्त ने आईने की तरह अपने -परायों का स्पष्ट अक्स दिखा दिया था।

Anshu Bhatia is with **Anu Bhatia** in **Manali, Himachal Pradesh**.
February 4, 2018 ·

Just 2 years back.....
Life was so smooth and tranquil. Like still water in a pond. We had never experienced even weak, feeble ripples in that quiet pond. Nature had blessed us by not throwing even a small pebble to us.
And then the storm came. Furious, mad, wrathful. It shook me badly. Took me deep down. I struggled to breath. I tried to keep afloat. I found myself in and out of water.
Some expected help boats never arrived.
Some unexpected gave their hands to help.
But there was a hand who never left my hand all this while. And still holding my hand.
And that is yours. And when you say everything will be alright I believe you. That belief keeps my spirit high.
Whenever I try to thank you - you say anyone in my shoes would have done this. I doubt
Thank you Anu. I love you more than anything, anyone in the world....

मेरे रिश्तों के पुराण की गहराई ने अंशु के रेडिएशन के निर्णय की बात को तो बीच में ही छोड़ दिया। डॉ. सज्जन ने फ़ोन पर बताया कि रेडिएशन के विचार से कैंसर बोर्ड सहमत नहीं है। कीमो के साथ रेडिएशन संभव नहीं। पर अंशु जानना चाहते थे कि कारण क्या है इस असहमति का। डॉ. सज्जन इनके स्वभाव को समझ गए थे तो उन्होंने राजीव गाँधी, रोहिणी के उन डॉक्टर से स्वयं मिलकर शंकाओं का निवारण कर लेने का सुझाव दिया।

अगले दिन हम उन्हीं रेडिएशन के डॉक्टर से मिलने राजीव गाँधी पहुँच गए।

"मिस्टर भाटिया कीमो - इम्म्यूनो के साथ रेडिएशन लेने से जान का खतरा भी हो सकता है। रेडिएशन से लंग्स में पानी भर सकता है जो जानलेवा हो सकता है। इसलिए आप इम्म्यूनो और कीमो ही करवाओ। बिल्कुल ठीक चल रहा है आपका इलाज।"

रेडिएशन का विकल्प न होने की बात सुनकर अंशु एक बार को तो मायूस हो गए पर फिर खुद ही ये कहते हुए अपने को मायूसियत से उभार लिया -' डॉ. सज्जन का इलाज ही सही है। कहीं एक साथ ज़्यादा सबकुछ करके कोई गड़बड़ ही न हो जाए।'

चलते- चलते, करते- कराते हमने इम्म्यूनोथेरपी की अंतिम दहलीज़ पर कदम रख दिया। आज आखिरी थेरेपी के बीस दिन बाद पेट् स्कैन करके अपनी इस परीक्षा का नतीजा जानना था। अंशु इतनी सारी कीमो, इम्म्यूनो कराने के बावजूद भी बहुत स्वस्थ दिखते थे। कई रिश्तेदार- मित्र मुझे यहाँ तक कह देते कि जितना तुम बताती हो अंशु की बीमारी की गंभीरता और डॉक्टरों की कही बातें, इसे देखकर ये सब सच तो नहीं लगता। और उनका यह सोचना गलत था भी नहीं। शायद ये इनका आंतरिक बल और हार न मानने का ज़ज़्बा था जिसने इन्हें ऐसा रखा हुआ था। डॉक्टर के पास जब नियमित जाँच के लिए जाते या थेरेपी कराने जाते तो अपने कपड़ो का चयन करते, गले के होल को बिब के ऊपर एक स्कार्फ़ या मफलर से बहुत तरीके से ढकते। अंशु सदा बच्चों को ये बात सिखाते थे -'*कोशिश न करना कायरता है, कोशिश करके जीत न मिले तो कोई दुःख नहीं, फिर कोशिश करो।*' इस तरह की सोच रखने वाला खुद कैसे न लड़ता ?? भले ही शारीरिक कष्टों ने बीच - बीच में उन्हें तोड़ा पर उन्होंने हताश होकर ज़िंदगी से मुँह न मोड़ा। एक के बाद एक इलाज कराते रहे। एक बार

नम्रता बहुत भावुक हो गई तो उसने डबास सर को कहा -" इसे ठीक कर दो न तुम, ये बिल्कुल ठीक तो दिखता है।" तब डबास सर ने यही कहा था -

"ये सच में फाइटर है। ये लास्ट तक ऐसा ही दिखेगा, एकदम ही ग्राफ गिरेगा अचानक।" मैं सर की ये बात कभी भी पूरी तरह समझ नहीं पाती थी या शायद समझना नहीं चाहती थी।

इम्म्यूनो की प्राथमिकता ने इनकी आवाज़ की चाह को कुछ समय के लिए सुप्त कर दिया था पर अब वो सोई हुई चाहत फिर जागृत हो गई और शोर मचाने लगी। डॉ. डबास से बारंबार स्पीच थेरेपी की ज़िद्द करने लगे। यही लिखते -' मुझे पढ़ाना है, अनु पर बहुत भार आ गया है, मुझे उसकी हेल्प करनी है।' पर सर हमेशा इनकी बात को किसी न किसी तरह बहलाकर टाल देते। वास्तव में डबास सर जानते थे कि भले ही ऊपर से ये मज़बूत खड़ा है पर अंदरूनी ताकत का विघटन हो रहा है। अगर ये बोलने में ज़्यादा ज़ोर लगाएगा तो साँस का उखड़ना या साँस लेने में दिक्कत जैसी परेशानियाँ घेर सकती हैं। जब अंशु को डबास सर से इसमें समर्थन नहीं मिला तो इन्होंने किसी तरह साकेत के एक अस्पताल का स्पीच थेरेपिस्ट ढूँढ़ निकाला। मदन मिश्रा, लगभग तीस साल का एक पतला दुबला लड़का। मैं भी कहीं डबास सर की तरह इनका समर्थन न करूँ इसलिए अंशु ने पहली बार उसे तब बुलाया जब मैं स्कूल गई हुई थी। फिर मुझे बताना तो इनकी मज़बूरी थी पर मुझे कसम दे दी कि डबास सर को न बताऊँ।

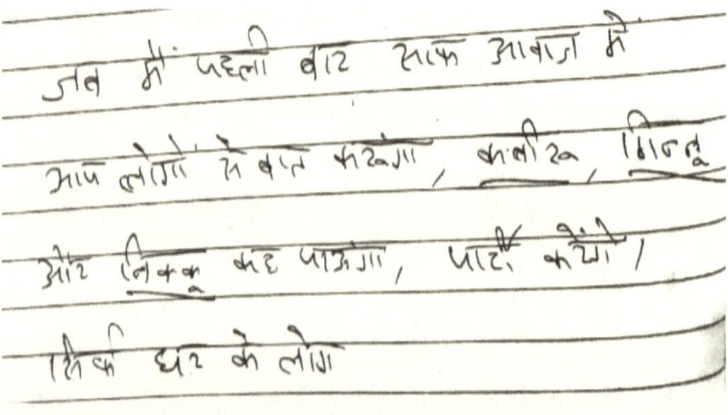
जब मैं पहली बार साफ आवाज मे
आप लोगों से बात करूंगा, कबीरू, गिन्नू
और निक्कू कह पाऊंगा, पार्टी करेंगे।
सिर्फ घर के लोग

जब मैं पहली बार साफ आवाज में आप लोगों से बात करूंगा, कबीरू, गिन्नू और निक्कू कह पाऊंगा, पार्टी करेंगे। सिर्फ घर के लोग

उसने मुँह में हवा भरने वाले यंत्र से सबसे पहले साँस को खींचना और फिर गले के होल पर अँगूठा रखकर बोलने के प्रक्रिया आरंभ करवाई। पर ये आसान नहीं था। बार - बार प्रयास से अंशु की आवाज़ तो न निकलती पर बहुत बुरी तरह या तो खाँसी छिड़ जाती या साँस फूलने लगती। मैंने घबराकर डबास सर को इनकी स्पीच थेरेपी करवाने के बारे में बता दिया क्योंकि इनकी कसम तोड़ना इनकी जान जोखिम में डालने से बहुत बेहतर था। डबास सर की निगरानी में यदि ये होता तो मैं निश्चिंत होती पर जो करवाने आ रहा था उसका अनुभव और तरीका कितना उचित है इसका विश्वास मुझे बिल्कुल न था।

"मैम, करवाने दो उसे जो करवा रहा है। उसे अपने मन की हर इच्छा पूरी कर लेने दो। वैसे मुझे पता है अंशु खुद ही मुझे बता देगा पर आप बताते रहना कि वो क्या और कैसे करवा रहा है।"

अंशु चाहते थे कि वो थेरेपिस्ट प्रतिदिन आ जाए और जल्दी से आवाज़ ला दे पर वो हफ़्ते में तीन-चार बार ही आता क्योंकि साकेत से आना पड़ता था। अंशु के अपनत्व के भाव ने उसे भी अपना बना लिया। चाहे कोई रिश्तेदार हो, दोस्त या सिर्फ़ जानकर आवभगत करना, खिलाना -पिलाना इनके स्वभाव का हिस्सा था। अस्पताल तक में जब कोई मिलने आता तो उसे भी बिना कुछ खिलाए- पिलाए न जाने देते। उसका भी अंशु के साथ एक भावात्मक संबंध बन गया। वो अंशु को बहुत सकारात्मक भाव से समझाकर अभ्यास कराता। अंशु कई बार अभ्यास करते हुए आवाज़ न निकलने पर खीझ जाते और बहुत दबाकर गले पर अँगूठा रखकर बोलने का प्रयास करते जिससे साँस उखड़ने लगती और प्रक्रिया को रोकना पड़ता। डबास सर की बात सही निकली क्योंकि एक दिन अंशु ने ये सारी बातें खुद ही डबास सर को बता दीं। उन्होंने अंशु के मनोबल को बनाए रखने के लिए यही कहा कि अभ्यास करता रह पर बहुत धीरे - धीरे। और एक दिन अभ्यास के दौरान एक भारी और तेज़ आवाज़ सुनाई दी- 'ओउम ' और हम सब कमरे में दौड़ते पहुँचे। हाँ, वो अंशु की ही आवाज़ थी और फिर अंशु ने दो- तीन बार 'ओउम ' का ही उच्चारण किया। सबकी आँखे नम थीं, मेरे रोंगटे खड़े हो गए थे और अंशु की आँखों और चेहरे पर जो भाव था वो सिर्फ़ अहसास था और अहसास शब्दों से बहुत ऊपर होता है। अब अंशु को वो शब्द बोलना था जो वो हमेशा से सबसे पहले बोलना चाहते थे

-'कबीरु !' पर उसके बाद चार- पाँच बार प्रयास किया किंतु आवाज़ नहीं निकली। थेरेपिस्ट ने यही कहकर इन्हें तसल्ली दी - "आज के लिए काफ़ी थकान वाली प्रक्रिया हो गई है। गले को आराम की ज़रूरत है, कल अपने बेटे का नाम बोल लेना।"

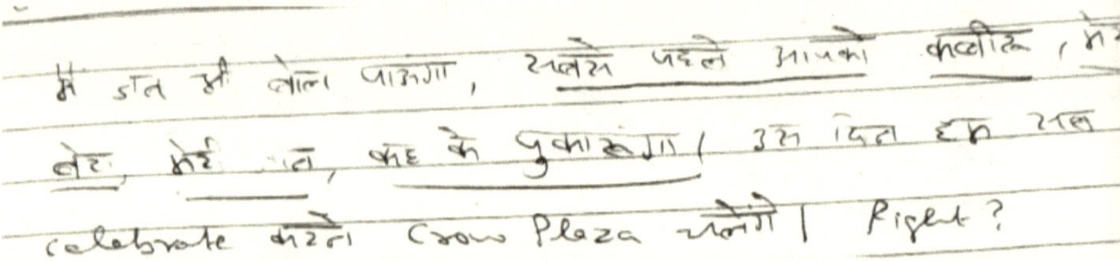
मैं जब भी बोल पाऊंगा, सबसे पहले आपको कबीरु, मेरे बेटा, मेरी जान, कह के पुकारूंगा। उस दिन हम सब celebrate करने Crown Plaza चलेंगे। Right ?

मैं जब भी बोल पाऊंगा, सबसे पहले आपको कबीरु, मेरे बेटा, मेरी जान, कह के पुकारूंगा। उस दिन हम सब celebrate करने crown plaza चलेंगे। Right ?

आज अंशु के लिए कितना बड़ा दिन था, कितने समय से इस घड़ी का बेसब्री से इंतज़ार कर रहे थे। थेरेपिस्ट के जाने के बाद भी थोड़ी - थोड़ी देर में स्वयं ही कोशिश करते पर अक्सर आवाज़ न निकल पाती। पर हाँ, वो 'कबीरू' बोलने में सफल हो गए। सबसे पहले ये खुशखबरी डॉ. डबास को दी और मैसेज पर लिखा -'अब जब आपसे मिलूँगा तो 'डबास सर' कहकर बुलाऊँगा।' इतने खुश थे कि जो लोग इनसे प्रतिदिन व्हाट्सएप्प पर जुड़े हुए थे उन तक ये ख़बर मिनटों में पहुँचा दी। सच बोलूँ तो मुझे 'नज़र न लग जाए' जैसा विचार आया जब ये सबको बता रहे थे क्योंकि बहुत मुश्किल से और बहुत समय के बाद थोड़ी सी खुशी मिली थी। थेरेपिस्ट समयानुसार अभ्यास करवाने आता रहा। ये 'कावेरी', 'प्राची', 'अनु', 'लव यू' दिनोंदिन करके बोलते रहे पर दो- तीन शब्दों से ज़्यादा न बोल पाते और साँस फूल जाती। पर ये खुशी चार दिन भी नहीं टिकी। अपने ज़ज़्बे से इन्होंने अपनी इच्छा तो पूरी कर ली पर उसकी कीमत पुनः फूड पाइप लगवाकर अदा करनी पड़ी।

मुझे कबीर को 'कबीरु' (बोलता) है।

मुझे कबीर को कबीरु बोलना है।

अंशु ने हमेशा की तरह बहुत छटपटाते हुए फूड पाइप तो लगवा ली पर अब तनाव उन पर हावी हो गया। फूड पाइप लगना और आवाज़ का फिर चले जाना, इससे अंशु की हँसी तो जैसे खो ही गई तथा एक दिन तो आत्महत्या करने का भाव सिर पर चढ़ गया।

तेज़ - तेज़ रोने लगे और बस लिखते जा रहे थे -'मुझे ज़हर देकर मार दे या खुद कुछ कर लूँगा। डबास सर से कह दे कोई इंजेक्शन दे दें ऐसा कि जल्द से जल्द ख़त्म हो जाऊँ।' सँभाले सँभल नहीं रहे थे तो देर रात डबास सर को फ़ोन किया। उन्होंने वीडियो कॉल पर अंशु को बहुत कुछ कहकर समझाया और थोड़ा शांत किया। नींद की दुगनी डोज़ देकर सुलाने को कहा और अगले दिन अस्पताल बुलाया।

"अंशु जानता हूँ तू परेशान है। तेरी हालत में कोई भी हो तो होगा ही। पर अपने पर काबू तो रखना ही पड़ेगा। खुद ही कहता है 'कुछ साल दे दो' ऐसे हार मानेगा तो कैसे बात बनेगी। इसलिए आज तुझे डॉ. विशाल छाबड़ा से मिलवाऊँगा। वो बहुत बढ़िया साइकोलोजिस्ट हैं। दिमाग मज़बूत रहेगा तभी शरीर भी झेल पाएगा।" उन्होंने अंशु को फिर एक बार अपनी मुस्कान और सकारात्मक बातों से जीत लिया। रितेश हमें डॉ. छाबड़ा से मिलवाने ले गया और फिर एक बार अंशु और मैं भगवान की मर्ज़ी कहूँ या किस्मत पर हैरान थे। डॉ. छाबड़ा ने बताया कि उनका बेटा और बेटी वेंकटेश्वर स्कूल में ही पढ़ते हैं। परिचय तो अस्पताल में हो गया पर अंशु को समझने और समझाने के लिए एक लंबा सत्र देना आवश्यक था इसलिए शाम को हम उनके रोहिणी में ही बने क्लिनिक पर पहुँच गए।पहले तो अंशु ने उनसे बहुत औपचारिक होकर बात की। *दिल के दरवाज़े किसी अनजान के सामने इतनी सहजता से खोल देना सरल नहीं होता* और एक मनोवैज्ञानिक होने के कारण डॉ. छाबड़ा ये बात भलीभाँति समझते थे। इसलिए उन्होंने अंशु के दिल के

दरवाज़े पर बस हल्की सी दस्तक दी ताकि वो उस प्यारभरी दस्तक को महसूस कर खुद ही अपनी भावनाओं और तनाव को उनके सामने खोल दें। और ऐसा ही हुआ भी।

अंशु ने पहली बात यही लिखी -'आप भी यही कहोगे कि मुझे ऐसी बातें नहीं सोचनी चाहिएँ, फेस करना चाहिए सब कुछ ...... जैसे सब बोलते हैं।'

डॉ. छाबड़ा ने हल्की सी मुस्कान के साथ बोला -" बिल्कुल नहीं। मैं ये बिल्कुल नहीं कहूँगा क्योंकि यदि मैं आपकी सिचुएशन में होता तो मैं भी ये बिल्कुल न कर पाता बल्कि सच मानो तो तुम जितनी हिम्मत भी न कर पाता।"

बस इसके बाद तो अंशु के दिल के घाव शब्दों में एक -एक करके ऐसे फूटते गए कि उन्होंने मुझे तो आँसुओं की बारिश से भिगो ही दिया, डॉ. छाबड़ा भी अपने को भावुक होने से ना रोक पाए।

अंशु के मन के भाव रिस गए थे और आँसुओं ने मन को कुछ हद तक खाली कर दिया था इसलिए जब अंशु शांत हुए तो डॉ. छाबड़ा ने यही कहा-" अंशु ! मैं तुम्हारी तकलीफ़ कम तो नहीं कर सकता पर मेरी दवाइयाँ उन्हें महसूस करना कम करवा सकती हैं। तुम्हारा दिमाग थोड़ा कम सोचेगा तो तुम हल्का महसूस करोगे और शायद कुछ दिनों में दवाइयों का असर इतना भी हो सकता है कि तुम मन से अपने को खुश फील करने लगो।"

उन्होंने पंद्रह दिनों की दवाइयाँ दे दीं और अंशु नियमित रूप से वो दवाइयाँ लेने लगे। शुरू - शुरू में तो उन दवाइयों का असर कुछ खास नहीं दिखा क्योंकि अंशु अक्सर बेचैन और विचलित हो जाते पर धीरे - धीरे दवाइयों का असर दिखने लगा। मानसिक रोग तो कुछ सीमा तक नियंत्रण में आ गया पर बढ़ती बीमारी शरीर पर अपना असर दिखा रही थी।

एक दिन अंशु बच्चों के साथ टीवी देखते हुए हँस रहे थे कि अचानक एक पल को स्तब्ध हुए और फिर बेहोश हो गए। हमने आवाज़ें लगाकर हिलाया पर कुछ हरकत नहीं हुई। उस डेढ़ से दो मिनट के समय ने हम सबका खून सुखा दिया और जब अंशु के सामान्य होने पर हमने पूछा तो वो आश्चर्य से हमें देखने लगे क्योंकि उनको तो कुछ पता ही नहीं चला कि ऐसा कुछ भी हुआ था। उन्हें कुछ याद नहीं था। अब इन्हें पीठ में भी अक्सर भयंकर दर्द उठता और दर्द निवारक दवाइयाँ देनी पड़तीं। डॉ. डबास ने यही कहा कि इतनी थेरेपी हुई हैं, उसका ही दुष्प्रभाव है ये सब।

बीस दिन गुज़र गए और आज फिर हम उसी पेट् स्कैन विभाग की गिरफ़्त में थे। अंशु उस स्कैन मशीन के चंगुल से तो निकल आए थे पर परिणाम का फंदा अभी भी कसा हुआ था। मम्मी भगवान के आगे हाथ पसारे बैठीं थीं, मैं बस इतना माँग रही थी कि कम से कम बढ़ा हुआ न आए और अंशु की चुप्पी ही उसके शब्द बनकर उसकी दशा बता रही थी। बच्चों के सहमे चेहरे और घर में हमेशा की तरह परिणाम से पूर्व का वही सन्नाटा !!

अंतिम पड़ाव
(मौत से लुक्का-छुप्पी)

अच्छी रिपोर्ट देखने के लिए तो आँखें तरस चुकी थीं किंतु वो कभी न आती। परंतु इस बार जो रिपोर्ट आई उसने हमें गड्ढे में नहीं बल्कि गहरी खाई में ढकेल दिया। आकार तो कई गुना बढ़ा हुआ था ही और शरीर के काफ़ी अंग ट्यूमर से ग्रस्त और प्रभावित हो चुके थे। लंग्स से बढ़ता हुआ रीढ़ की हड्डी तक पहुँच चुका था। यही कारण था कि अब अंशु को पीठ में असहनीय दर्द उठता था।

"सर! कुछ साल दे दो! प्लीज़ सर प्लीज़!! अब क्या करेंगे ?? डॉ. सज्जन से पूछो सर कोई और ट्रीटमेंट या कीमो ट्राय कर लें। सर, कुछ साल दे दो। मुझे बहुत कुछ सेटल करना है। अनु के लिए बहुत मुश्किल हो जाएगी। प्लीज़ सर .... बस कुछ साल !!!!'

(1) ~~On~~ Panic Attack only

↓

(2) I want to survive

(1) Please try some trial drug on me. Risk will be mine.

1 Panic Attack only
2 I want to survive
3 Please try some trial drug on me . Risk will be mine

अंशु डबास सर के आगे बस और बस लिखते ही जा रहे थे। रिपोर्ट ने उन्हें समझा दिया था कि ये बीमारी अब उन्हें छोड़ेगी नहीं, ले जाकर ही दम लेगी। पर बस उन्हें कुछ वक़्त मिल जाए यही फ़रियाद थी उनकी।

"अंशु! अब तू कहीं नहीं जाएगा। अब बस मैं ही तेरा इलाज करूँगा, जो भी करना है। सब करवा लिया तूने, बहुत हो गईं थैरेपीज़। अब मैं अपने आप जिस डॉक्टर से बात करनी होगी कर लूँगा। पर अब किसी कीमो के लिए हॉस्पिटल एडमिट नहीं होना और न कहीं जाना है। जो इलाज करवाना होगा मैं घर पर ही करवा दूँगा। अब मैं जो कहूँगा वही करना है बस !!" आज डॉ. डबास ने ये बातें अंशु को थोड़ी गंभीरता से पर ऐसे बोलीं जैसे बड़ा भाई पूरे हक़ से बोल रहा हो। इतने में रितेश कमरे में दाखिल हुआ तो डबास सर ने एकदम कहा -"रितेश, जा ज़रा अंशु को फोर्टिस का एक चक्कर लगवा कर ला।" रितेश समझ गया कि सर उसे अंशु के साथ थोड़ा समय व्यतीत करने के लिए कह रहे हैं। रितेश अंशु को लेकर बाहर निकल गया।

"सर ! मन बहुत घबरा रहा है। अब क्या करेंगे ? कौन सा इलाज ? सर अंशु को ऐसे........." सर ने मुझे बीच में ही टोक दिया।

"देखो ! अब हॉस्पिटल लाकर कीमो वगैहर कुछ नहीं करवानी। नहीं करने खर्च अब हर बार पंद्रह - बीस हज़ार रुपए। मैं घर में ही माइल्ड कीमो का इंतज़ाम करवा दूँगा। हर हफ़्ते घर आकर ही कीमो चढ़ा देंगे।"

"सर! टाइम तो है न अंशु के पास ??" और अब न आँसू रुके और न ये शब्द।

"ज़्यादा सोचो मत। बस अब स्कूल जाना बंद कर दो। प्रिंसिपल मैम से छुट्टी ले लो अब। अंशु के साथ ही रहो ज़्यादा से ज़्यादा।"

मेरे प्रश्न का जवाब न देकर भी सर ने इतना गहरा जवाब दे दिया।

घर में ही कीमो की दवाई चढ़ाने की व्यवस्था कर दी। पहली बार रितेश अपने साथ एक नर्स लड़के को लेकर आया और उसे सारी प्रक्रिया समझा दी

तथा कीमो की दवाई का इंतज़ाम भी करवा दिया। कीमो की प्रक्रिया आरंभ हो गई पर अंशु की पीठ का दर्द बद से बदतर होता जा रहा था। अब तो दिन में दो या तीन दर्द निवारक देने पड़ते पर वो भी कुछ समय की लिए ही असर करते। और साथ ही साथ अब अंशु सप्ताह में लगभग तीन- चार बार बेहोश हो जाते पर उन्हें अपनी यह अवस्था ज्ञात ही न होती। डबास सर दवाइयों से ही दर्द को दबाना चाहते थे क्योंकि इनकी दिनोंदिन ढलती दशा पर किसी अन्य थेरेपी का भार नहीं डालना चाहते थे। पर जब पीठ की असहनीय पीड़ा जान लेने लगी तो उन्हें विवश होकर रेडिएशन करवाने का निर्णय लेना पड़ा। पंद्रह रेडिएशन का चक्र निश्चित हुआ जो प्रतिदिन हुआ करेगी। प्रति सप्ताह कीमो और प्रतिदिन रेडिएशन ...... कितना दम चाहिए इस तरह की दम निकाल देने वाली प्रक्रियाओं को झेलने के लिए और अंशु बिना किसी शिकायत के सब सह रहे थे उन्हें जीना था हमारे साथ.......हमेश यही लिखते -'मुझे जीना है तेरे और बच्चों के साथ। डॉक्टर्स से कह कोई नई दवाई मुझ पर आज़मा लें।' शरीर की कमज़ोरी अत्यधिक बढ़ चुकी थी पर फिर भी हिम्मत इतनी करते कि रेडिएशन विभाग तक व्हील चेयर पर जाने की बजाय चलकर जाने का ही अधिक से अधिक प्रयास करते। पर वहाँ जाते ही वेटिंग एरिया के बेंच पर बेसुध सा होकर पड़ जाना उनकी दशा का परिचय दे देता।

चौथी - पाँचवी रेडिएशन के उपरांत इनके दर्द में आराम आने लगा। अब दर्द होता भी तो बर्दाश्त लायक होता और धीरे - धीरे तो पीठ दर्द की समस्या काफ़ी कम हो गई तथा दर्द से राहत मिलने पर अंशु अच्छा महसूस करने लगे। दूसरी ओर डॉ. छाबड़ा की दवाइयाँ तनाव को भी हावी न होने देतीं। *प्रफुल्लित मन लबों पर मुस्कुराहट ले ही आता है।* उन्होंने उसी मन के साथ एक दिन मुझे स्कूल में मैसेज किया - आज मैं बहुत फिट महसूस कर रहा हूँ। रेडिएशन नहीं जाते आज, कहीं घूमने चलते हैं -डेट पर।' मैंने प्रत्युत्तर में लिखा - ' पक्का चलेंगे कहीं आज पर रेडिएशन करवाने के बाद।'

वैसे तो डबास सर ने जब से कहा था कि स्कूल से छुट्टी ले लो' तब से स्कूल बहुत कम जाती थी या बहुत कम देर के लिए जाती थी पर फिर भी जब भी डबास सर मिलते यही कहते -" मत जाया करो स्कूल अब।" मैंने मैम को डबास सर के ये शब्द बताए तो उन्होंने मुझे खुद ही स्कूल न आने के लिए कह दिया। यहाँ एक बात ज़रूर कहूँगी कि कई बार लोगों को कहते सुनती थी -'

दुनिया बहुत बुरी है, कोई किसी का नहीं।' पर अंशु और मेरे इस सफर में हमें अच्छे लोग ही अधिक मिले। मैंने तो यही अनुभव किया कि अच्छाई का पलड़ा ही भारी है और अच्छे लोगों से दुनिया भरी पड़ी है। इसलिए ही दुनिया चल रही है।

अंशु की रेडिएशन सफलतापूर्वक समाप्त हो गई और दर्द भी लगभग गायब हो गया पर अब एक नई समस्या ने अंशु को चपेट में ले लिया। लगातार उल्टियों ने इनका बुरा हाल कर दिया। दिन में कम से कम पाँच- छह बार इनका शरीर साफ़ करना पड़ता, कपड़े बदलने पड़ते, बिस्तर -चादर सब बार - बार नया करना पड़ता।उल्टियों ने अंशु को इतना निढाल कर दिया कि अस्पताल भर्ती करवाना पड़ा।

तीन दिन अस्पताल रहे। ग्लूकोज़, दवाइयाँ, इंजेक्शंस चढ़ाए तब जाकर हालत में सुधार आया। अंशु, जिनका दिन अख़बार पढ़े बिना शुरू ही नहीं होता था, वहाँ भी अस्पताल के पलंग पर बैठे हुए अखबार ही पढ़ रहे थे। तभी डबास सर अपनी टीम के साथ इनसे मिलने आए और इनकी ओर अपनी उसी मुस्कान के साथ देखते हुए मस्ती में बोले -"मेरे बिना मन नहीं लगता इसलिए बहाने से आ ही जाता है बार- बार।"

अंशु ने तुरंत लिखा - 'सर ! सच में आपके बिना मन नहीं लगता। जब ठीक हो जाऊँगा तो मुझे अपनी टीम में ही रख लेना, बस आप मेरा हाथ मत छोड़ना। 'कुछ साल दे दो सर' कबीर को बड़ा करना है, पढ़ाना है।'

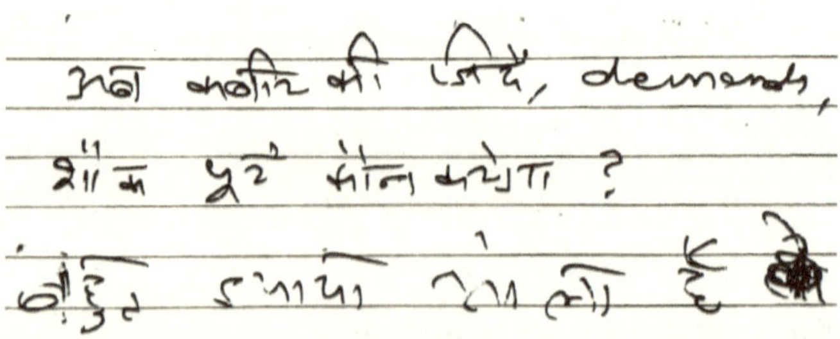

अब कबीर की जिदे, demands, शौक पूरे कौन करेगा ?

बहुत ज्यादा भोला है

"और बेटियों की शादी नहीं करनी क्या ? और मैम की कोई चिंता नहीं बस हमेशा कबीर की ही बात करता है। बच्चे चाहे कितने भी बड़े हो जाएँ माँ- बाप के लिए बच्चे ही रहते हैं। बेटियों के भी सारे काम करने हैं तुझे।" और सर हँसते हुए डिस्चार्ज फाइल पर हस्ताक्षर करते हुए बाहर की ओर निकल गए।

अंशु सर की ऐसी ही बातों से जी उठते थे। अंशु की हिम्मत को सदा सर की यही मुस्कान और बातें परवान चढ़ाती थीं।

अंशु की ब्लड रिपोर्ट्स सही आई थीं और दशा भी सुधर गई थी इसलिए ही सर ने घर भेज दिया था। पर उनकी हालत दो दिन में ही फिर बिगड़नी शुरू हो गई। उन्हें बेहोशी के वो दौरे बहुत ही कम अंतराल में पड़ने लगे और उल्टियों का सिलसिला पहले से भी अधिक बुरी दशा में जारी हो गया। न कुछ खा पाते, न पी पाते। जैसे ही पानी तक भी अंदर जाता उसी पल उल्टी के रूप में बाहर आ जाता। शरीर में इतनी कमज़ोरी आ गई कि दो लोग पकड़कर वाशरूम तक लेकर जाते और फिर एक समय तो ये आ गया कि पापा और मेरे पकड़ने पर भी सँभल नहीं पाए और इन्होंने बिल्कुल ही अपना शरीर छोड़ दिया। जब शरीर में पानी तक न रुक पा रहा हो तो शरीर कैसे चलेगा?? फरवरी 14 को अस्पताल से वापिस लेकर आई थी और इनकी दुर्दशा ने फरवरी 19 को पुनः फोर्टिस के दरवाज़े पर लाकर खड़ा कर दिया।

पापा और प्राची मेरे साथ अस्पताल आ गए, कावेरी ऑफिस थी और घर पर नानी के साथ रह गया सहमा -डरा कबीर...।कबीर, जिसकी आँखों में कई सवाल थे पर फिर भी आँखें शून्य थीं। उसके तो माँ - बाप दोनों ही उससे छूटे हुए थे। पापा को ज़िंदगी की लड़ाई ने मज़बूर कर दिया था और माँ सिर्फ़ पत्नी की ही भूमिका निभा रही थी। वो अंदर से कितना अकेला था। हम बड़े तो किसी से बोलकर अपना मन हल्का कर लेते पर उस बच्चे को तो अपने अहसासों को बताने वाले शब्द भी नहीं आते थे। बस आँसू ही थे जो कभी - कभी अपनी बहनों से बाँट लिया करता था। ओह्ह्ह्ह ....

ग्लूकोज़ की बोतलें तो कभी दवाइयों की शीशियाँ बस चढ़ती ही जा रही थीं। दिन में तीन- तीन बार सी बी सी (कम्पलीट ब्लड काउंट) टेस्ट होता। कभी किडनी फंक्शन टेस्ट तो कभी एक्स -रे और अल्ट्रासाउंड। एक के बाद एक जाँच और जब - जब जाँच तब- तब परिणाम में गिरावट और गिरावट। पर ऐसी स्थिति में भी कोई मुस्कुरा कैसे सकता है ?? पर अंशु से जब भी कोई मिलने

आया उसने मुस्कुराहट के साथ ही अभिवादन किया। और सिर्फ़ अभिवादन ही नहीं बल्कि जब कोई हाल पूछता तो अपना वही अँगूठा ऊपर करके सबको अचंभित कर देते। यहाँ तक कि मेरा हाथ पकड़कर पास बुलाकर इशारे से कहते 'कुछ खिला - पिला इनको।' शरीर पतन की ओर पर मनोबल बरक़रार ..... तभी तो डॉक्टर तक भी इनके इसी जिगरे के कायल हो गए थे।

फरवरी 21 कावेरी का जन्मदिन आ गया। उसे लिखकर कहा -'तेरा गिफ्ट मुझ पर उधार रहा।घर वापिस जाऊँगा तो तेरा गिफ्ट दूँगा और बढ़िया सा बर्थडे मनाएँगे। पार्टी पक्की।' कावेरी 20 तारीख की रात 12 बजे अपने जन्मदिन की शुरुआत अपने पापा के साथ करके ही घर गई थी। अंशु को बर्थडे कैप पहनाई, केक काटा और खिलाया। अंशु मुस्कुरा रहे थे पर आँसू भी डबडबा रहे थे। कावेरी अपने पापा के गले लगी, फोटो खिंचवाई और आँसुओं को छिपाने की कोशिश करके भी न छिपा सकी। हम सब पर एक समान डर छाया हुआ था पर सबने उसे अपने दिल में ही दबाया हुआ था।

कावेरी के जाने के बाद मुझे अपने पास बिस्तर पर बैठाया और लेटे-लेटे ही लिखा -' मैं इस बार घर वापिस जाऊँगा ??'

उस वक़्त ऐसा लगा कि काश कोई मुझे चाकू घोंप दे। नहीं देखा जा रहा था अंशु की आँखों में वो खौफ़ और चेहरे की वो लाचारी.......पर फिर भी इन्हें कसकर थामते हुए बोला-" मैं तुम्हें कहीं नहीं जाने दूँगी। तुम्हारी मेरी सात जन्मों की डील है।" और ये आँसुओं के साथ ही मुस्कुरा दिए।

अंशु डबास सर से वादा ले चुके थे कि जब तक अस्पताल रहेंगे सर दिन में दो बार मिलने आएँगे और सर अपना वादा निभाने की पूरी कोशिश करते। अगर वो किसी कारणवश न भी आ पाते तो रितेश तो पक्का ही मिलने आता। पर इनकी हालत इतने उपचार के बावज़ूद भी गिरती ही जा रही थी। किडनी टेस्ट की सारी रिपोर्ट ऊपर- नीचे आई थीं और टी एल सी तो दिन में दो- दो बूस्टर लगने पर भी कम ही आ रहे थे।

पर एक सुबह इनको इतनी खाँसी उठी कि चेहरा लाल हो गया। डॉ. डबास ने फ़ौरन अपने एक डॉक्टर और नर्स को भेजा।उन्होंने सक्शन पाइप से इनके गले के होल से म्यूकस निकालने की प्रक्रिया आरंभ की पर तब जो हुआ उससे सबके हाथ - पाँव फूल गए। इनके उस गले के छेद से खून का फव्वारा सा फूट गया और जो जूनियर डॉक्टर तथा नर्स आए थे उन्होंने मुझे

ही उसकी फोटो खींचकर डबास सर को भेजने के लिया कहा क्योंकि उनकी दशा उनके सँभाले भी सँभल नहीं रही थी। मुझसे न फ़ोन पकड़ा जा रहा था, न कैमरा खुल रहा था। तेज़- तेज़ हाथ और शरीर काँप रहा था पर इस हालत में भी फोटो खींची और सर को भेजी भी। ये तो पता नहीं संगदिल हो गई थी या पत्थर बन गई थी जो अंशु को ऐसी हालत में देखकर भी फोटो खींच रही थी, पर *वक़्त और मज़बूरी वो करा सकते हैं जो हम कभी सोच भी नहीं सकते।*

पाँच मिनट में रितेश अपनी टीम के डॉक्टर हिमांशु और डॉक्टर निमित के साथ पहुँच गया और तब उन्होंने किसी तरह अंशु के रक्त बहाव को रोका।

जब नींद का इंजेक्शन तथा दर्द निवारक देने से अंशु की आँख लग गई तब मैंने एकदम डबास सर को फ़ोन किया क्योंकि आज वो गुड़गाँव वाले फोर्टिस में किसी सर्जरी में उलझे थे और इसलिए अस्पताल नहीं आए थे।

"सर ! ये क्या हो रहा है इनको ?? इतना ब्लड........सर, प्लीज़ बचा लो इनको। मैं नहीं जी पाऊँगी इनके बिना। सर, कुछ तो करो प्लीज़ !!"

"मैम ! रुक गया न ब्लड अब। हिम्मत तो रखनी पड़ेगी और इलाज तो कर ही रहे हैं पर अब अंशु की बॉडी इलाज ले नहीं रही। ब्लड लोस्स काफी हो गया है और वैसे ही टी एल सी कम हैं तो प्लाज़्मा चढ़ाना पड़ेगा। मैं कल आकर मिलता हूँ। मैम, बच्चों के लिए 'बी 'स्ट्रांग "

उन्होंने तो कहकर फ़ोन रख दिया पर 'स्ट्रांग बनने ' और 'स्ट्रांग रह पाने ' में बहुत अंतर होता है। नहीं रह पा रही थी .....पर सर भी इस स्थिति में और क्या कहते ???

वहाँ घर पर कबीर अपने पापा से मिलने की ज़िद्द कर रहा था। उस बेचारे को तो अपने पापा की बीमारी की गंभीरता का रत्ती भर अंदाज़ा भी नहीं था। जब अंशु के सामने कबीर की ज़िद्द की बात कावेरी ने बताई तो अंशु ने एकदम 'नहीं' का इशारा किया। लिखा -' उसके फाइनल एग्ज़ाम चल रहे हैं। मैं दो-चार दिन में घर आ ही जाऊँगा। उसे पढ़ने दो।' पर वास्तविकता ये थी कि अंशु अपनी ये हालत कबीर को दिखाना ही नहीं चाहते थे। हमेशा एक मज़बूत, हिम्मतवाले पिता की छवि दी है, उस छवि को मिटा कर उसके आत्मविश्वास को चकनाचूर नहीं करना चाहते थे। पर सच में कबीर अपने पापा को देखने के लिए कितना अधीर होगा। ऐसे समय में परीक्षा देना ....उसके लिए तो दुगनी

सज़ा थी और यहाँ प्रतिदिन आने वाली रिपोर्ट्स हमारे लिए मौत की सज़ा से कम नहीं थीं। डॉ. डबास के निर्देश पर प्लाज़्मा भी चढ़ रहा था पर प्लेटलेट्स और टी एल सी की संख्या स्थिर तक नहीं हो रही थी। घंटो के हिसाब से कम से कमतर हो रहे थे।

डबास सर जब भी आते अंशु उनका हाथ पकड़ लेते थे और उनकी आँखों में ज़रूर देखते शायद आँखों में वास्तविकता ढूँढ़ना चाहते थे।कभी लिखकर तो कभी सिर्फ़ आँखों से बोल देते -"सर ! कुछ साल दे दो !'

पर मैंने महसूस कर लिया था कि डबास सर अब इनसे आँख मिलाकर बात बहुत कम करते थे। एक काबिल डॉक्टर के साथ-साथ एक अच्छे इंसान भी तो हैं जिन्हें अंशु ने अपने संग बाँध लिया था। और उन्हें पता था कि बंधन टूटने का वक़्त करीब है।

अंशु सैमी प्राइवेट कमरे में थे। दूसरे मरीज़ की पत्नी उसके लिए सेब काट रही थी। अंशु ने इशारे से मुझे बुलाया और सेब खाने की अपनी इच्छा बताई। कितने दिनों से कुछ ठोस आहार नहीं खाया था।उनके अंदर तो अब सब कुछ जाना बंद सा हो चुका था सिर्फ़ ग्लूकोज़ पर थे बस। मैंने डॉ डबास को फ़ोन करके उनकी इच्छा बताई।

"सेब को अच्छे से धोकर घिस लो और दे दो थोड़ा। जो माँगता है उसे दो मैम।" सर के ऐसे बोल बहुत कुछ कह जाते पर विश्वास करने की हिम्मत नहीं थी।

मेरी मौसी अस्पताल के पास ही रहती थीं और रोज़ ही दिन में तीन- चार बार आया -जाया करती थीं। मेरे फ़ोन करते ही वो सेब, पिलर आदि सब लेकर आ गईं। सेब का बिल्कुल गूदा सा बनाकर जब अंशु को खिलाने लगी तो उन्होंने मेरी मौसी की ओर देखा और इशारे से ही समझा दिया कि अनु को भी कुछ खिला दो।

"अभी भी उसकी ही चिंता कर रहा है। पता है हमें तू बहुत प्यार करता है उसे। तू खा आराम से, मैं उसे खिला दूँगी।" मौसी ने यह बात कही तो हँसते हुए पर भावुक हो गईं।

अंशु ने सेब खाने के लिए मेरे हाथ से कटोरी ले ली।अपने हाथ से खाकर जो संतुष्टि और आनंद आता है वो दूसरे के हाथ से खाने पर नहीं मिलता। और उन्हें तो मुँह से कुछ भी खाए हुए लगभग एक महीना हो गया था। । अपने हाथों

से खाकर उसके स्वाद का आनंद लेना चाहते थे। पर अभी अंशु ने चम्मच मुँह से ही लगाया था, चुटकी भर सेब का गूदा ही अंदर गया होगा और ऐसी जानलेवा खाँसी उठी कि इन्हें सँभालना मुश्किल हो गया। कई जतन करने के बाद यह सामान्य हुए। सेब के स्वाद के लिए भी तरस रहे हैं ......हे भगवान! कितनी परीक्षा लेगा और इनकी ?? मन से यही गुहार निकली। बेचारे मन मसोसकर और खाँसी के कारण निढाल होकर सो गए। इनकी बेबसी आत्मा तक को खरोंच रही थी पर मैं करती भी तो क्या करती??...........

सुबह एक सी बी सी टेस्ट हुआ फिर दोपहर को। सुबह से दोपहर तक में प्लेटलेट्स और टी एल सी की संख्या के इतनी गति से गिरने ने सभी डॉक्टरों के दिमाग को सन्न कर दिया था। शुरू - शुरू में तो अंशु अपनी रिपोर्ट पूछते थे पर अब तो इन्होंने पूछना ही बंद कर दिया था क्योंकि न डॉक्टर सही से जवाब देते और न मैं क्योंकि बताने लायक कुछ था ही नहीं।

अब इन्हें 'आइसोलेशन रूम' में रखने का निर्णय लिया गया क्योंकि शरीर को छोटे से छोटा संक्रमण भी चपेट में ले सकता था और इनका कमरा बदल दिया गया। डबास सर जब रितेश और डॉ. हिमांशु के साथ इनसे मिलने आए तो अंशु ने मुझसे डायरी माँगी।

'मैं ये सब झेल लूँगा बस मुझे कुछ साल दे दो। मैं हार नहीं मानूँगा बस आप साथ रहना।'

सर डायरी पढ़कर टूटी सी मुस्कान के साथ बोले -" मेरे फाइटर, तेरे पास बहुत साल हैं। बस टी एल सी बढ़ा ले यार।"

फिर अंशु ने लिखा -' संतरा खाना है और आइसक्रीम!'

"ठीक है अभी देते है तुझे संतरा और फिर आइसक्रीम भी खिला देंगे।........ मैम ! इसे फ्रेश संतरे का जूस निकलकर कुछ ड्राप पिला दो।"

सर जैसे ही बाहर निकले मैं भी उनके पीछे बाहर निकल आई। सर मुझे देखकर रुकना नहीं चाह रहे थे। मेरे आँसुओं और टूटने से डरते थे शायद। पर जब मैं सामने ही खड़ी हो गई तो उन्हें रुकना ही पड़ा।

"सर ! आज सुबह मोशन भी ब्लैक आया और गले से गाढ़े से रंग का पानी निकला। सर, क्या हो रहा है इनको ? प्लाज़्मा और चढ़ा दो ताकि टी एल सी कंट्रोल हों।"

"मैम ! प्लाज़्मा भी नहीं चढ़ा सकते अब क्योंकि शरीर को इंफेक्शन एकदम पकड़ लेगा। किसी का ब्लड चढ़ाना भी अब सेफ नहीं है।"

"सर ! कुछ तो करो। ऐसे नहीं देख पा रही इनको।"

"मैम ! आपको पहले ही सब बता दिया था मैंने। ग्राफ गिरना ही था, कहा था मैंने। अगर कीमो की टीम का कोई डॉक्टर आए और वेंटिलेटर स्पोर्ट पर डालने की बात कहे तो मना कर देना। साइन मत करना। मैं अपने आप बात कर लूँगा। अब उसके पास जाओ, ऑरेंज खिलाओ उसको। मैम, अब अंशु की नहीं बच्चों की सोचो।"

'अंशु की न सोचूँ '... सर ने तो आसानी से कह दिया पर अंशु के बिना ज़िंदगी अकल्पनीय थी मेरे लिए। पर अंशु की ऐसी हालत देखना भी तो सहनीय कहाँ था ? मन में यही आता कि दवाइयों पर ही रहे, इलाज चलता रहे पर कम से कम सामने तो बैठा है, हमारे साथ तो है। ....पर क्या वो सचमुच साथ था हमारे। हमारी उसे अपने साथ ऐसी हालत में भी रखने की इच्छा क्या हमारा स्वार्थ नहीं है ?? ये स्वार्थ अंशु के लिए गर्म लोहे की सलाखों की मार से कम तो नहीं है??...........उफ्फ्फफ़ !!!

अंशु को संतरे के जूस की दो-तीन बूँदें मुँह में डालीं पर वो भी गले के छेद से बाहर निकल आईं। फिर इन्हें उसका स्वाद महसूस करवाने के लिए हल्का सा जूस इनके होंठों पर लगा दिया ताकि जीभ का स्पर्श इन्हें संतरे के स्वाद का सुख दे सके।

गले से निकलने वाला रक्त जैसा पानी अब कई - कई बार निकलता और बहता ही जाता। टी एल सी और प्लेटलेट्स काउंट तो असामान्य गति से गिर रहे थे।

नम्रता, ओंकार अंकल और आंटी के साथ अंशु को मिलने आई। नम्रता को देखकर मैं अपने को रोक न सकी और बस रोती और रोती ही गई। उसने मुझे रोका भी नहीं, बस अपने से लिपटाए रखा और खुद भी रोती रही।ओंकार अंकल - आंटी सबकी आँखें बस झलक ही रही थीं। आँसुओं के सूख जाने पर जब हम सब कमरे में गए तो अंशु नम्रता और अंकल - आंटी को देखकर अपना वही अँगूठा ऊपर करते हुए मुस्कुराया। अंकल ने भी बदले में वही किया पर एकदम बाहर आ गए क्योंकि अपनी भावनाओं को रोक नहीं पाए। अंशु को

कोई भी इस दशा में नहीं देख पा रहा था। अंकल - आंटी तो अंशु को मिलकर चले गए पर नम्रता तो आज पूरा दिन मेरे पास रहने ही आई थी। अंशु के सामने नम्रता के कई बार आँसू निकले क्योंकि अंशु भी नम्रता को देखकर भावुक हो गए थे, कभी एक आँख से आँसू दुलकता तो कभी दूसरी और कभी दोनों आँखों से। नम्रता ने अंशु के बालों में एक बहन की तरह स्नेहमयी हाथ फेरा, अंशु का हाथ पकड़कर उसे हिम्मत दी और उसे कहा -" तुम्हारे सर सही कहते है, तुम सही में फाइटर हो।"

वास्तव में नम्रता आज सर की परछाई बनकर आई थी। सर जो मुझे कह नहीं पा रहे थे वो सब नम्रता के द्वारा उन्होंने कहलवाया।

"अनु ! पति- पत्नी का साथ बहुत ही अलग होता है, ये रिश्ता कभी कोई पूरा नहीं कर सकता। पर अब हिम्मत रखनी है तुम्हें। बच्चों को अब तुम्हें ही सँभालना है। अब अंशु से दूर हो जा तू।छोड़ दे उससे मोह वरना वो कभी नहीं जा पाएगा। इतना ही साथ था उसका। कबीर को बुला ले आज ही उससे मिलने के लिए। और अब अंशु को घर ले जा बच्चों के पास, जितना भी टाइम है। कुछ नहीं बचा उसके शरीर में।" नम्रता ने ये सभी बातें धीरे- धीरे करके बोल दीं और मैं उसकी आँखों में ही देखती रह गई। उसकी आँखें भी सजल थीं और मेरी भी।

फिर बोली - " सुरेंद्र कितने दिनों से न ठीक से कुछ खा पा रहे हैं, न सो पा रहें हैं। पर वो हेल्पलेस हैं, पूरी कोशिश कर ली पर अब अंशु की वापसी ....!"और उसने 'नहीं ' में सिर हिलाते हुए मुझे अपने साथ लिपटा लिया। मुझे आने वाली तबाही के लिए मानसिक रूप से तैयार करके चली गई। पर जब तक अपना इंसान सामने होता है हम इसके लिए कभी और कभी तैयार नहीं हो पाते, चाहे सब पता हो और स्पष्ट दिख रहा हो।

मैंने नम्रता के कहते ही प्राची को फ़ोन कर दिया था कि कबीर को अपने साथ लेकर आ जाए। कबीर और प्राची आ गए। कबीर मुझे देखते ही मुझसे लिपट गया और ऐसे लिपटा कि छोड़ ही नहीं पा रहा था। असुरक्षा और डर का भाव उसे मुझे छोड़ने ही नहीं दे रहा था। मैंने उसे चूमा और बहुत प्यार से सँभाला। कमरे में घुसा तो अंशु की आँखें बंद थीं। अपने पापा को देखकर उसे जो झटका लगा वो उसके चेहरे पर साफ़ नज़र आ गया। एक हफ़्ते में ही अपने

पापा का इतना बदला रूप देखकर सकते में आ गया था वो। मैंने अंशु को आवाज़ लगाई और हाथ पकड़ कर बोला -" देखो कबीर आया है तुमसे मिलने।" अंशु ने कबीर को देखा तो एकदम मुस्कुराए और उसको पास बुलाया। उसके चेहरे और सिर पर हाथ फेरा और फिर इशारे से पूछा -'पेपर कैसे हो रहे हैं ?' कबीर ने हल्की सी गरदन हिला दी। फिर कबीर को अपना वही अँगूठा ऊपर करके दिखाया जो 'शाबाशी ' का सूचक था।और फिर मुझे इशारा किया -'इसे घर भेज दे।'

कबीर बहुत बुरी तरह सहम गया था। मैंने उसे गले लगाकर बोला-" आ जाएँगे हम जल्दी घर।" और फिर अपने पापा के साथ उसे घर वापिस भेज दिया।

शाम को डबास सर घर वापिस जाने से पहले अंशु से मिलने आए। अंशु से कितने लोग मिलने आते पर सर को देखते ही अंशु के चेहरे और आँखों में जो भाव आता था वो मैंने और किसी के लिए नहीं देखा था। इस हालत में भी सर के लिए उनकी वही अनुभूति स्पष्ट दिख रही थी।

"हीरो! क्यों तंग कर रहा है सबको। टी एल सी बढ़ा, लगा ज़ोर।" सर ऊपरी तौर पर तो ये बात मुस्कुराते हुए कह रहे थे पर उनकी हालत इस समय फुटबॉल के उस खिलाड़ी जैसी थी जो अपने खेल में माहिर होने के बावज़ूद भी पैरों से अपंग होने के कारण चाहकर भी सामने पड़ी बॉल को लात न मार पा रहा हो।

अंशु ने अस्पताल के कमरे और चढ़ती दवाई की ओर हताश होकर इशारा किया जैसे कह रहे हों -' हॉस्पिटल में कैद हूँ और हर तरह का इलाज सह रहा हूँ और क्या करूँ मैं???

सर इनकी सांकेतिक भाषा समझ गए। फिर नर्स को बोले - इनके लिए व्हील चेयर मँगवाओ। थोड़ा सा कमरे के बाहर चक्कर लगवा दो। " फिर अंशु की तरफ देखकर बोले -" जा, थोड़ा बाहर तक घूम कर आ।"

अंशु को यूरिन बैग की पाइपों के साथ व्हील चेयर पर बैठाकर पंद्रह - बीस कदम तक का ही चक्कर लगवाया कि अंशु ने वापिस चलने का इशारा कर दिया और हम उसी समय कमरे में लौट आए।

अंशु को बिस्तर पर लेटाते ही उनका पूरा शरीर ऐसे काँपने लगा जैसे बिजली के ज़बरदस्त झटके लग रहे हों। ये इतना तेज़ काँप रहे थे कि पलंग के

हिलने की भी तेज़ आवाज़ आ रही थी। कावेरी-प्राची और मेरी ऊपर की साँस ऊपर थी और नीचे की नीचे। प्राची हाथ जोड़कर काँपते हुए मुँह ही मुँह में कुछ बुदबुदाई जा रही थी। कावेरी के आँसू टपकते जा रहे थे और मैं......... अंशु की तकलीफ़ ने मेरे दिलोंदिमाग को बेजान कर दिया था। सर अपने घर के रास्ते में थे पर डॉ. हिमांशु और डॉ. निमित फ़ौरन आ गए।पंद्रह - बीस मिनट के उपचार के उपरांत इनका शरीर थोड़ा सामान्य हुआ पर अंशु लगभग बेहोश हो गए थे।

रात को फिर प्लेटलेट्स और टी एल सी की रिपोर्ट आई और रिपोर्ट के आते ही कीमो टीम के दो डॉक्टर चले आए।

जिन प्लेटलेट्स की संख्या शरीर में 150 -410 के बीच होनी चाहिए वो दिनोंदिन, घंटों - घंटों गिरते -गिरते 17 पहुँच गए थे।

"मैम! आपके हस्बैंड ज़िंदा कैसे हैं इतने प्लेटलेट्स में ?? अब इन्हे वेंटिलेटर स्पोर्ट पर ही रखना पड़ेगा। ऑर्गन्स भी फेल हो रहे हैं मैम!! अभी शिफ्ट करवा लेते हैं। " उनमें से एक डॉक्टर ने बोला।

डॉ. डबास मुझे पहले ही कह चुके थे कि वेंटिलेटर के लिए 'हाँ ' नहीं करना और सर से बहुत पहले ही अंशु ही ये कह चुके थे। जब आखिरी वाली पेट् स्कैन रिपोर्ट आई और पीठ दर्द, कमज़ोरी, उल्टियों के कारण इनकी हालत बहुत बिगड़ गई थी तब एक दिन मैं इनकी पीठ पर दर्द निवारक दवाई लगा रही थी। अंशु दवाई लगवाते- लगवाते एकदम बैठ गए और सामने पड़ी डायरी उठाई और लिखा -'अनु ! मैं तुम्हें छोड़कर जाना नहीं चाहता पर एक प्रॉमिस करेगी कि जिस दिन मैं इस हालत में आ जाऊँ कि वेंटिलेटर की नौबत आ जाए, प्लीज़ मुझे जाने दियो। मुझे मशीनों पर डालकर तंग मत करियो। प्रॉमिस कर यार।'

तब तो मैंने इन्हें ये कहकर चुप करवा दिया कि ऐसी बातें बोलने से पहले मेरे बारे में बिल्कुल नहीं सोचते न, मुझ पर क्या बीतती है ?? पर आज समझ आ रहा था कि अंशु की दूरदर्शी नज़र पहले से ही अपना अंत जानती थी और तब भी इतनी प्रबल शक्ति से लड़े और अब भी लड़ रहे हैं। सर सही कहते थे-" अंशु को पता है उसका टाइम पास आ गया है। तुम दोनों एक दूसरे को बेफकूफ बना रहे हो। वो आपके लिए हिम्मत रखे हुए है और आप उसके लिए।"

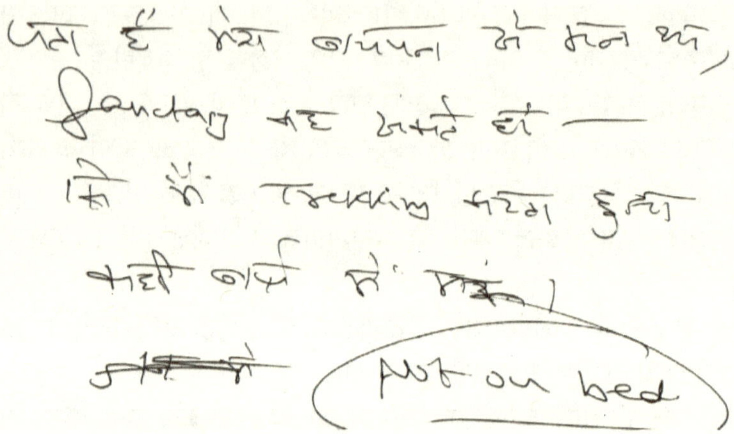
पता है मेरा बचपन से मन था,
fantasy कह सकते हो —
कि मैं trekking करता हुआ
कहीं बर्फ में मरूं।
Not on bed

> *पता है मेरा बचपन से मन था, fantasy कह सकते हो - कि मैं trekking करता हुआ कहीं बर्फ में मरूं।*
>
> *Not on bed*

मैंने कीमो के डॉक्टर को वेंटिलेटर के लिए मना कर दिया तो वो थोड़े गंभीर और सख़्त होकर बोले -" मैम, फिर हम इनकी लाइफ की श्योरटी नहीं दे सकते। वेंटिलेटर पर शायद हालत स्टेबल हो जाए। आप ये रिस्क क्यों ले रहे हो ?"

"सर ! आप डॉ. डबास से बात कर लीजिए। वेंटिलेटर स्पोर्ट पर नहीं डालना मैंने इन्हें।"

"ठीक है मैम, हम कर लेंगे डॉ. सुरेंद्र से बात।" और उन्होंने मुझसे उस पेपर पर हस्ताक्षर ले लिए जिसमें लिखा था -' परिजनों की असहमति के कारण वेंटिलेटर स्पोर्ट नहीं दी गई। किसी प्रकार की अनहोनी होने पर डॉक्टर या अस्पताल ज़िम्मेदार नहीं होगा।'

पूरी रात गले के उस होल से काला रक्त भरा पानी निकलता रहा। वार्ड बॉय ने कम से कम चार - पाँच बार इनके कपड़े और बिस्तर बदला। बिस्तर पर भी ये हाथ -पाँव मार रहे थे। पर उसे क्या हो रहा है, न अंशु से बताते बनता था, न हमसे पूछते। बस छटपटाहट से पता चल रहा था कि जानलेवा कष्ट और पीड़ा में हैं। आधी रात को फिर इनका रक्त का नमूना लिया गया जिसकी

रिपोर्ट सुबह तक आनी थी क्योंकि जिस गति से प्लेटलेट्स गिर रहे थे उस पर नज़र रखना अत्यावश्यक था।

अभी सुबह के नौ भी नहीं बजे थे। अंशु ने मुझे अँगुली से इशारा करके अपने पास बुलाया और सबसे पहले मेरे सिर पर बहुत प्यार से हाथ फेरा और फिर होंठ हिलाकर बोले -'डबास सर!!'

"आएँगे अभी वो अंशु। आते ही हैं रोज़।आज भी आएँगे पक्का।"

'न ' में गर्दन हिला दी और हाथ को धीरे- धीरे ऊपर-नीचे करने लगा जिसका मतलब था -'अभी बुला।' फिर मोबाइल की ओर देखकर फ़ोन करने को कहा और बहुत विचलित से हो गए। मैंने एकदम कहा -"अच्छा करती हूँ, तुम शांत रहो।" और मैंने सर को फ़ोन मिला दिया। फ़ोन गौरव ने उठाया।

"जी मैम!"

"सर से बात करनी है।"

"वो तो सर्जरी कर रहे हैं अभी मैम। कुछ अर्जेंट है?"

"गौरव, प्लीज़ सर को कह देना फ़ौरन फ़ोन कर लें फ्री होते ही।" उसने "जी, पक्का!" कहकर फ़ोन रख दिया।

मैंने अंशु के सामने ही फ़ोन किया था ताकि इन्हें तसल्ली हो जाए। ये दस-पंद्रह मिनट तो थोड़ा शांत रहे पर फिर हद से ज़्यादा बेचैन होने लगे। बार - बार इशारा करने लगे -'अभी बुला सर को। फ़ोन कर।' मैं जानती थी कि सर के लिए सर्जरी से इतनी जल्दी फ़ारिग होना आसान नहीं है पर इनकी अधीरता के कारण मैंने फिर फ़ोन किया।

"जी मैं ! " गौरव ने ही फ़ोन उठाया पर फिर एकदम सर फ़ोन पर आ गए या पता नहीं कि गौरव ने स्पीकर पर फ़ोन कर दिया!!

"जी मैम, क्या हो गया ?? "

"सर ! अंशु आपको ही बुला रहे हैं। रुक ही नहीं रहे।" मेरे कहते ही सर एकदम बोले -" आता हूँ दस मिनट तक। कह दो उसे।"

सर को फ़ोन रखे हुए अभी दस मिनट भी नहीं हुए थे और डबास सर, डॉ. हिमांशु के साथ आ गए। कमरे के अंदर अपनी ऑपरेशन थिएटर वाली पोशाक में ही दाखिल हुए और अंशु के पास आकर उसका हाथ पकड़ लिया।

"जी बॉस ! आज्ञा !! क्या हो गया ?" सर अपने उसी दोस्ती वाले अंदाज़ में बोले।

अंशु ने बेड ऊपर करके बैठाने का इशारा किया और सामने ही पड़े फोर्टिस के नोटपैड पर लिखने लगे-

' सर ! कुछ तो करो प्लीज़! कुछ साल दे दो बस। नहीं जाना सबको छोड़कर।' फिर मेरी तरफ संकेत करके ये समझाना चाहा -'इसका क्या होगा ? ' तब सर ने अंशु के सिर पर हाथ फेरा -" यार ! क्या करूँ ? तू अपने टी एल सी ही ऊपर नहीं ला रहा। तू मुझे टी एल सी दे दे बस, मैं पक्का तुझे कई साल दे दूँगा। मैं तेरे अंदर टी एल सी नहीं बढ़ा सकता, वो तेरी बॉडी ही कर सकती है।" आज सर की मुस्कुराहट पर उनकी लाचारी भारी पड़ रही थी।

तब अंशु ने लिखा -' मैंने तो हार नहीं मानी पर आप मुझे छोड़ रहे हो अब। हार मान रहे हो क्या सर...................

लिखते - लिखते जो इन्होंने लिखा उसे देखकर बच्चे, पापा और मैं भौंचक्के रह गए। सर को भी एक बार को तो थोड़ा झटका लगा परंतु डॉक्टर होने के नाते इस अवस्था का उन्हें पहले से ही अंदाज़ा था कि ऐसा होगा इसलिए पल भर में ही सामान्य हो गए। अंशु ने आखिरी के दो - तीन शब्द दो-दो, तीन- तीन बार दोहराकर लिखे और 'सर' तो पाँच-छह बार लिखा।' हार हार मान रहे रहे रहे होहोहो sirsirsirsirsir' और लिखावट भी अजीब सी आई थी।

डबास सर ने अंशु के हाथ से डायरी ले ली और बोले -" देख, अब बहुत इलाज हो गया। ज़्यादा इलाज भी कई बार उल्टा पड़ जाता है इसलिए मैं आज तुझे घर भेज रहा हूँ। बच्चों के पास जाना है न? बच्चों के साथ रह। घर पर शायद हालत सुधरे, टी एल सी ऊपर आ जाएँ। और मैं तो रोज़ घर मिलने आ ही जाया करूँगा।"

अंशु ने 'हाँ ' में गर्दन हिला दी और बिस्तर नीचे करने का इशारा किया क्योंकि दिख रहा था कि वो बेसुध से हो रहे हैं।

सर कमरे से बाहर आ गए और उनके साथ मैं भी।

"मैम! आज इसे घर ले जाओ। अब बच्चों के साथ रहने दो। मैं एम्बुलेंस वगैरह का इंतज़ाम करवा दूँगा।"

"पर सर ये ऐसे क्यों लिख रहे हैं ? क्या हो रहा है इन्हें?"

"बॉडी में सोडियम कम हो रहा है इसलिए। आप सब बातें छोड़ो। बस इसे घर ले जाओ अब।"

इतने में आधी रात लिए गए रक्त के नमूनों की रिपोर्ट लेकर नर्स आ गई। सर ने रिपोर्ट देखी तो बोले -" नीचे जाकर घर ले जाने का इंतज़ाम करवाता हूँ और एक लड़के का भी इंतज़ाम करता हूँ जो नर्सिंग का काम कर सके। आप अभी ओ पी डी में आ जाना। रेंट पर हॉस्पिटल जैसा बेड, स्टैंड, और सब ज़रूरी सामान मिलता है, उससे बात कर लेंगे।"

"सर...." मैंने उनकी आँखों में देखकर बोला।

"घर ले जाओ अब इसे। बच्चों के सामने ही जाने दो इसे।" और कहते - कहते रिपोर्ट मेरे हाथ में थमा दी।

सोडियम बहुत नीचे था तो क्रेटिनिन बहुत ऊपर ; हीमोग्लोबिन भी बहुत कम था और जब प्लेटलेट्स देखे तो आँखों पर विश्वास ही नहीं हो पा रहा था। रात की रिपोर्ट में संख्या 17 थी और अब सिर्फ़ 6। दिल बैठा नहीं, ढह गया। अज्ञात आशंका कहूँ या ज्ञात यथार्थ समझ नहीं पा रही पर डर ने ऐसा घेर लिया कि सीधे कमरे में गई और अंशु की छाती पर सिर रखकर कुछ देर बस लेटी रही। मेरे हाथ से निक्की ने रिपोर्ट ली वो भी पढ़ते ही सामने पड़ी कुर्सी पर 'धम्म्म' से गिर सी गई। इनकी रिपोर्ट और इन्हें घर भेजने का सर का निर्णय हमें सब कुछ समझा रहा था। पर हम सबको अंदर की चीखों ने मौन कर दिया था।

फिर हिम्मत करके उठी और डबास सर के पास ओ पी डी में पहुँच गई। उन्होंने डॉ. निमित को मेरे साथ किराए पर ज़रूरत के चिकित्सा उपकरणों के प्रबंध में लगा दिया और गौरव घर ले जाने के लिए आवश्यक दवाइयों का इंतज़ाम करने में लग गया। हमने किराए पर अस्पताल की तरह का ऊपर उठ जाने वाला गद्देनुमा पलंग, बॉटल्स स्टैंड, यूरिन पैन आदि आदि सब चीज़ों की व्यवस्था कर ली। और उसका पंद्रह दिनों के किराए का अग्रिम भुगतान भी कर दिया। यही निश्चित हुआ कि पंद्रह - पंद्रह दिनों के अंतराल में सामान का किराया भरते रहेंगे। पर *भावी सोच को यथार्थ बनने के लिए एक लंबा रास्ता तय करना पड़ता है इसलिए उनका मिलना इतना सरल नहीं होता।*

सर अंशु के लिए एक कुशल, विश्वासपात्र पुरुष नर्स का इंतज़ाम करने में लगे थे जो अंशु की देखभाल के लिए हमारे साथ ही घर जाए और फिर वहीं रहे। कागज़ी कार्यवाही, डिस्चार्ज पेपर्स आदि बनने में समय लगना था इसलिए मैं ऊपर कमरे में लौट आई।

"मम्मी ! पापा को आइसक्रीम खानी है।" कावेरी ने बोला।

अंशु जाग चुके थे और मुझे देखकर कावेरी की कही बात पर 'हाँ' में गर्दन हिलाने लगे।

"अंशु अभी घर जा ही रहे हैं, घर जाकर खिला दूँगी।" वास्तव में ये मेरा भय बोल रहा था कि कहीं आइसक्रीम खाते ही कोई और तकलीफ़ इनपर वार न कर दे। पर ये नाराज़ से हो गए।

"अंशु! मँगवा रही हूँ। वनीला या स्ट्रॉबेरी ??" मैंने मुस्कुराते हुए पूछा। अंशु ने 'वनीला' कहते हुए अपने लब हिलाए।

जैसे ही आइसक्रीम आई अंशु ने मेरे हाथ से वनीला का छोटा सा कप ऐसे लिया जैसे कोई छोटा बच्चा अपने पापा के हाथ में नया खिलौना देख कर उतावला होकर छीन लेता है।

अंशु आइसक्रीम का चम्मच मुँह से लगाए जा रहे थे। बेखबर- बेख़ौफ़ होकर आइसक्रीम खाते हुए इतने मासूम लग रहे थे जैसे कोई चार- पाँच साल का बच्चा हो। आइसक्रीम का कप अपने मुँह के बिल्कुल पास चिपकाया हुआ था और चम्मच से आइसक्रीम ऐसे खा रहे थे जैसे कोई चुरा न ले। वो दृश्य हम सबकी आत्मा को छलनी कर रहा था, सबकी आँखों में आँसुओं का उफान उमड़ रहा था क्योंकि जो दर्दनाक और मार्मिक दृश्य हम देख रहे थे, वो हो तो अंशु के शरीर पर ही रहा था परंतु वो उसे महसूस तक नहीं कर पा रहे थे क्योंकि अंशु ने अब अपने मस्तिष्क पर नियंत्रण खो दिया था। वो आइसक्रीम खाए जा रहे थे और आइसक्रीम उनकी नाक, उनके गले के उस छेद से बाहर बहती जा रही थी और वो फिर भी बस खाए जा रहे थे और उनके चेहरे पर उसे खाते हुए जो सुकून और संतुष्टि छाई हुई थी वो दुनिया की हज़ारों -लाखों नियामतों से भी कहीं ऊपर थी।अगर आज अभी उनको आइसक्रीम न खिलाई होती तो इसका पछतावा मुझे शायद ज़िंदगी भर नोचता रहता। आइसक्रीम खाते हुए उनके इस सुख में बाधक बनने की मेरी हिम्मत ही नहीं हुई इसलिए नाक और गले से बहती आइसक्रीम को बहने ही दिया, उसे पोंछा नहीं। आइसक्रीम का वो नन्हा सा कप पूरा खत्म हो जाने पर मुस्कुराते हुए देखा और अपनी जीभ होंठों पर चलाते हुए समझाया 'मज़ा आ गया' और पूरा खत्म करने पर पेट पर हाथ फेरा जैसे कह रहे हों 'तृप्ति हो गई।' पर आइसक्रीम को पेट तक पहुँचाने वाले शरीर के सभी रास्ते बंद हो चुके थे।*अपने पर यातना सहना*

फिर भी आसान होता है पर अपनों को यातना भोगते देखना बहुत ही मुश्किल और घातक।

गौरव ने मुझे फ़ोन करके नीचे ओ पी डी के कक्ष में आने को कहा। मैं इनके गले और नाक से आइसक्रीम को साफ़ करके और वार्डबॉय से इनके कपड़े बदलवाकर ओ पी डी में पहुँच गई। सर, डॉ. हिमांशु और गौरव कमरे में ही थे।

"मैम! एम्बुलेंस वाली वैन के लिए कह दिया है पर जिस लड़के को अंशु की देखभाल के लिए बुलाया है वो पंजाब से आ रहा है इसलिए ढाई -तीन बजे तक पहुँचेगा। बस तभी आप लोग निकल जाना और गौरव ने दवाइयों वाले को भी कह दिया है।" सर की बात समाप्त होते ही गौरव बोला –"मैम ! वो कुछ दवाइयाँ तो अभी यहीं पहुँचा देगा और कुछ आपके घर दे जाएगा।"

सर ने डॉ. हिमांशु से पूछा -" और वो रेंट वाला सामान कब तक पहुँचा देंगे ? वही कर देंगे न सब कुछ सेट ? "

"जी ! इनके घर पहुँचने से पहले ही बेड सेट कर देंगे। बात हो गई है उनसे।" डॉ. हिमांशु ने जवाब दिया।

उनकी ये सब बातें सुन तो रही थी पर मन बहुत घबरा रहा था कि इनको इस हालत में घर में सँभालेंगे कैसे ? कुछ तबीयत बिगड़ी तो कैसे एकदम डॉक्टर को बुलाएँगे? इसलिए सर, के सामने मुँह से निकल गया -" सर कुछ ऊपर - नीचे हुई इनकी तबीयत तो कैसे मैनेज करेंगे ? डर सा लग रहा है घर ले जाते हुए।"

"मैम! हिमांशु - निमित तो आते ही रहेंगे और मैं भी। बाकी सबके फ़ोन नंबर हैं ही आपके पास, एकदम फ़ोन कर देना किसी को भी। अब घर ले जाओ और सबसे पहले अपने को सँभालो बस। बाकी सब मैनेज हो जाएगा।"

सर का यही अपनापन और संबल ही गिरते - गिरते भी पुनः सँभाल लेता था।

घर आने से पूर्व ही यह निश्चित कर लिया गया था कि अंशु को हमारे कमरे में नहीं बल्कि मम्मी- पापा के कमरे में ही रखूँगी क्योंकि कबीर की वार्षिक परीक्षाएँ चल रही थीं और उसका पढ़ने का कक्ष हमारे कमरे के साथ ही था तथा कावेरी-प्राची का सारा ज़रूरी सामान, कपड़े आदि उसी कमरे की अलमारियों में थे। उन्हें भी काम पर जाना ही था, कब तक नहीं जाएँगी क्योंकि

डबास सर ने मुझे घुमावदार शब्दों में ये समझा दिया था कि हो सकता है ऐसी दशा में अंशु चार -छह दिन भी न निकाले और निकाले तो एक -डेढ़ महीना भी निकाल दे। इसलिए दूसरे कमरे में इनकी देखरेख करना ही उचित विचार लगा।

दोपहर तीन बजे एक एम्बुलेंस वैन अस्पताल के रिसेप्शन के सामने बने द्वार के बाहर खड़ी थी। अंशु को स्ट्रेचर पर अस्पताल की तीसरी मंज़िल से नीचे लाया गया और फिर तीन - चार लोगों के सहारे एम्बुलेंस में लेटाया गया। गौरव और डॉ. निमित पहले से ही वहाँ खड़े थे और तभी एक 26 -28 साल का सरदार लड़का उनके पास आकर खड़ा हो गया।

"मैम! ये आपके साथ जाएगा। इसे सारा नर्सिंग का काम आता है। ये सँभाल लेगा।" गौरव ने यह कहते हुए उससे परिचय करवाया।

एम्बुलेंस घर के नीचे आकर रुकी और अब अंशु को पहली मंज़िल पर लेकर जाना था। नौ दिन पहले जब अस्पताल भर्ती हुए थे तब अपने पैरों से चलकर ये सीढियाँ उतरे थे भले ही पापा और मेरे सहारे से ही सही। पर आज शरीर बिल्कुल ही साथ नहीं दे रहा था। तीन लोगों ने अंशु के स्ट्रेचर को अपने हाथों से थोड़ा ऊँचा करके और बहुत सँभालते हुए एक मंज़िल चढ़ाया। किराए वाले मम्मी-पापा के कमरे में हमारे पहुँचने से पहले ही वो गद्देनुमा बिस्तर पलंग पर ही संलग्न कर गए थे। वहाँ अंशु को सुरक्षित लेटा दिया गया।

अंशु के घर आते ही सबसे पहले कबीर कमरे में भागता आया कि उसके पापा वापिस आ गए हैं पर इनकी हालत देखकर उसके चेहरे का रंग एकदम फ़ीका पड़ गया। अंशु ने एक बार इशारा करके उसे अपने पास बुलाया और जैसे ही वह उसके पास गया उन्होंने उसके सिर पर हाथ फेरा और फिर उसी पल हाथ उठा लिया और 'यहाँ से चला जा' ऐसा इशारा किया। कबीर बहुत रोता हुआ दूसरे कमरे में भाग आया। सरदार लड़का इनके लिए दवाइयों का मिश्रण बनाकर उसे स्टैंड पर लगाकर चढ़ाने की तैयारी कर रहा था और मैं निक्की-गिन्नी को अंशु के पास बैठाकर कबीर के पीछे- पीछे कमरे में आ गई।

आज मन कड़ा कर लिया था कि आज कबीर को उसके पापा की बीमारी की गंभीरता बता दूँगी क्योंकि नहीं तो शायद वो किसी अकस्मात्

अनहोनी को सह नहीं पाएगा। उसे भी थोड़ा मानसिक रूप से तैयार करना आवश्यक था।

कबीर को अपने साथ बहुत कसकर लिपटाया। वो रोए ही जा रहा था और मैंने उसे रोने दिया और फिर जब आँसू थोड़ा सा थमे तो मैंने उसे अपने सामने बैठाया और उसके दोनों हाथ पकड़ते हुए बोली –" कबीर, मुझे पता है तू पापा से बहुत- बहुत प्यार करता है और हम जिससे इतना प्यार करते हैं उसे दर्द में नहीं देख सकते। तुझे बिल्कुल अच्छा नहीं लग रहा न पापा को ऐसे देखकर ??"

उसने रोते हुए 'नहीं' में सिर हिला दिया।

"बेटा ! डॉक्टर्स ने बहुत कोशिश कर ली है पर अब पापा की बॉडी न तो दवाई झेल पा रही है और न इलाज। इसलिए डबास सर ने पापा को तुम्हारे पास घर भेज दिया है कि तुम पापा के साथ टाइम बिता सको। इतनी तकलीफ़ में हैं पापा कि हम सब देख नहीं पा रहे हैं तो वो सहन कैसे कर रहे होंगे ? अगर उन्हें कुछ हो गया तो बोल्ड रहना है। पापा कितने स्ट्रांग हैं न, कितना सहा उन्होंने इस बीमारी में पर फिर भी अभी तक हिम्मत रखे हुए हैं। और तेरी मम्मी हैं न तेरे पास। 'आई लव यू वैरी मच ' और पापा भी तुझे बहुत प्यार करते हैं तुझे पता ही है इसलिए तो तुझे अभी भेज दिया वहाँ से ताकि तू उन्हें देखकर परेशान न हो।" फिर मैंने मुस्कुराते और थोड़ा हल्का माहौल करते हुए बोला-" जब तक तेरी मम्मी हैं 'नो फिकककर' । तू मेरा बहुत समझदार बेटा है।" और वो बस सुनता रहा और आँसू गिरते रहे।

इतने में प्राची कमरे में आ गई और उसने कबीर को अपने साथ लिपटा लिया। जब मैं अंशु के पास वापिस कमरे में आई तब अंशु लेटे- लेटे पैर पटक रहे थे, बहुत बेचैनी सी हो रही थी उनको। सरदार जी ने उन्हें इंजेक्शन दिया ताकि थोड़ा शांत हों पर वो कभी पैर पटकते तो कभी उठकर बैठने लगते और कभी सिर इधर- उधर घुमाते। मैंने अंशु से पूछा-" अंशु क्या हो रह है ? कॉपी दूँ? लिखकर बताओगे ?"

अंशु ने 'हाँ ' में सिर हिलाया।

कावेरी ने फटाफट कॉपी और पेन पकड़ाया जो वो सही से पकड़ भी नहीं पाए रहे थे।और फिर जो उन्होंने लिखा उसे पढ़कर मेरी और कावेरी के दिमाग की नसें फटने लगीं -'mmmaaaiiiiiiiii kuchchchchchchchchchch '

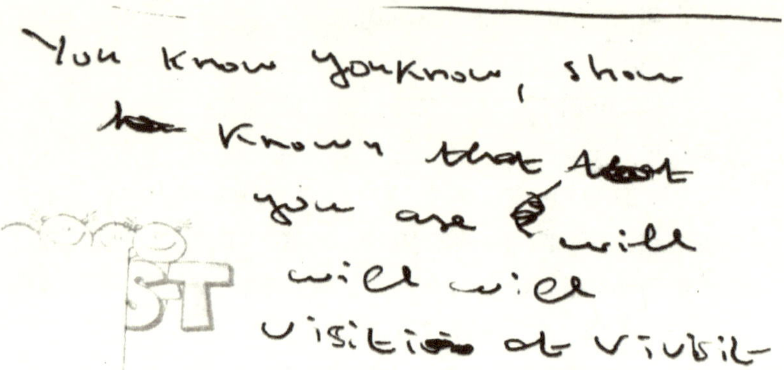
You know youknow, show
known that about
you are & will
will will
visition at visibil-

वो एक ही अक्षर को बार - बार लिखे जा रहे थे। दिमाग चलना शायद धीरे - धीरे बंद हो रहा था। कावेरी ने रोते हुए कहा -" पापा, मैं कौन हूँ ?"

उन्होंने लिखा -'Kavvvererrrriiii '

पर फिर एकदम लेट गए और आँखें बंद कर लीं। शायद जो इंजेक्शन लगाया था उसका असर था।

अपने पापा की ये हालत बच्चों से बर्दाश्त नहीं हो रही थी। आँसू, आँसू और बस आँसू बहे जा रहे थे।

"पापा जैसा ब्रेनी इंसान, 'सो मच टैलेंटेड' इस हालत में नहीं देखा जा रहा पापा को ...." कावेरी रोते हुए बोली।

क्या सँभालती इस समय उसको जबकि खुद ही अंदर से खत्म सी हो रखी थी मैं। इतने में डॉ. हिमांशु और डॉ. निमित इन्हें देखने घर आ गए।

"कैसे हैं ये मैम? डबास सर कह कर गए थे कि घर जाने से पहले उन्हें देखकर जाना।" डॉ. निमित ने कहा।

उनके आगे इनके लिखे हुए शब्द किए और कहा -" सर ! ऐसे लिख रहे हैं। क्या हो रहा है इनको ? बहुत ही बेचैन थे।"

"मैम ! सोडियम की वजह से दिमाग कंट्रोल खो रहा है।" और फिर डॉ. हिमांशु ने सरदार जी को कई प्रकार की हिदायतें दीं और दवाइयाँ -इंजेक्शंस समझाए कि कैसी स्थिति में क्या देना है? हर आधे घंटे में रक्तचाप(बी पी), पल्स और ऑक्सीजन स्तर मापते रहने को कहा। वो चले गए और आस-पड़ोस के लोग इन्हें देखने आए जा रहे थे। बरामदे में खड़े - खड़े ही इन्हें देखते और

इनकी हालत देखकर कोई अफ़सोस में सिर हिलाते हुए तो कोई हैरान-परेशान होते हुए तथा कोई भावुक होते हुए देखकर चले जाते।

अब अंशु की नींद खुल गई या शायद दवाई का प्रभाव ख़त्म हो गया था।अंशु एकदम बौखलाहट में उठे और कही भागने को हुए। मैंने और सरदारजी ने बड़ी मुश्किल उनको पकड़ा पर वो हमारी पकड़ से छूटने की तब भी कोशिश करते रहे तो मैंने पूछा-" अंशु, कहाँ जाना है?" इन्होंने वाशरूम की ओर इशारा किया।

सरदार जी और मैंने उन्हें पकड़ा और जब सरदार जी ने अंशु के पैरों के पास चप्पल रखी तो अंशु को चप्पल पहननी भी नहीं आ रही थी। कभी उल्टा पैर सीधे पैर पर रख देते तो कभी टेढ़ी चप्पल पहनने लगते। फिर सरदार जी ने उन्हें चप्पल पहनाई और वो अंशु के साथ वाशरूम के अंदर चले गए पर वाशरूम, का दरवाज़ा हल्का सा खुला ही रखा तो मेरी नज़र पड़ी कि अंशु को पॉट की सीट पर बैठना भी नहीं आ रहा था। वो ढकी हुई सीट पर और विपरीत दिशा में बैठ रहे थे। पर फिर एकदम बाहर की तरफ भागने लगे। सरदार जी भी इन्हें अकेले नहीं सँभाल पा रहे थे तो मैंने और पापा ने उनके साथ इन्हें पकड़ा पर ये इतने छटपटाहट और बेचैनी में थे कि अपने कपड़े खींच रहे थे। हमें बिल्कुल समझ नहीं आ रहा था कि इन्हें क्या हो रहा है?? सरदार जी ने बी पी मापना चाहा तो बी पी उपकरण की पाइप खींच दी। वो दवाई चढ़ाने लगा तो उठकर भागने से लगे। फिर वाशरूम की तरफ संकेत किया। फिर वही सब ...सरदार जी लेकर गए पर अंशु फिर वैसे ही बाहर निकल आए।उसने ऑक्सीजन का स्तर मापने के लिए अँगुली पर यंत्र लगाया तो हाथ तेज़ -तेज़ हिलाने लगे।और फिर इनकी ये नौबत आ गई कि निक्की-गिन्नी खड़ी थीं पर इन्होंने अपना पजामा और यहाँ तक की अंदरूनी वस्त्र भी उतारने के लिए खींचने शुरू कर दिए।आज समझ आ रहा था कि ज़िंदगी मौत से बदतर कैसे होती है !

मैंने डॉ. हिमांशु को फ़ोन करके इनकी हालत बताई तो उन्होंने सरदार जी को फ़ोन पर एक इंजेक्शन देने को कहा। अंशु को मैंने, पापा और कावेरी ने पकड़ा तब जाकर सरदार जी वो इंजेक्शन लगा पाए क्योंकि ये बेचैनी में उछल रहे थे। पाँच मिनट में ही ये नशे में जाने लगे और शरीर की हलचल ढीली पड़ने लगी। सरदार जी के मुँह से सबसे पहले यही निकला -" आप डॉक्टर साहब से

कहकर कम से कम एक और अटेंडेंट का इंतज़ाम करवा लो, थोड़ा जल्दी। मैं अकेले नहीं सँभाल सकता इनको।" मैंने 'हाँ ' में सिर हिला दिया।

अंशु को इस दशा में देखना हम सब के लिए बहुत पीड़ादायक और असहनीय था। मम्मी मंदिर के सामने हाथ जोड़कर खड़ी हो गईं और रोई जा रही थीं। पर आज वो अंशु के लिए दीर्घायु की कामना नहीं कर रही थीं बल्कि ये प्रार्थना कर रही थीं कि यदि अंशु को इतनी कष्टकर दशा में रहना है तो हे भगवान ! इनको इस तकलीफ़देह जीवन से मुक्त कर दे।

इतने में मीनाक्षी और संजय भैया आ गए। इनके घर आने की खबर उन्हें कावेरी से मिल गई थी। राजीव गाँधी में कीमो के लिए जब -जब अंशु भर्ती होते और जितने दिन भी अस्पताल रहते शायद ही कोई शाम होती जब ये पति-पत्नी इनसे मिलने न आते। इनकी रोज़ की हालत का ब्यौरा उन्हें पता होता था तो फिर आज इनको देखे बिना, मिले बिना कैसे रहते वो दोनों ?!! अंशु सोए हुए थे पर संजय भैया सीधा उसी कमरे में गए और अंशु के पास चुपचाप जाकर बैठ गए। वो बस अंशु को अपलक देखे ही जा रहे थे। संजय भैया अंशु को लेकर वैसे ही बहुत भावुक हो जाते थे और जब किसी के लिए सच्ची भावना होती है तो मौन ही बहुत कुछ व्यक्त कर देता है। मीनाक्षी बच्चों को सहारा देने की कोशिश कर रही थी और मम्मी को सँभाल रही थी। तभी अंशु फिर हिलने लगे और आँखें खोलीं। आँखें खोलते ही संजय भैया ने उन्हें पुकारा पर अंशु ने कोई प्रतिक्रिया नहीं दी। फिर एकदम तेज़ - तेज़ अपनी छाती को मसलना शुरू हो गए और चेहरे पर ऐसा यातनापूर्ण दर्द था जैसे कोई तलवार से वार करके घाव पर घाव दिए जा रहा हो। जो दर्द हमारे लिए देखना ही दुष्कर हो रहा था वो ये कैसे सह रहे होंगे ???

कभी सरदार जी तो कभी मैं अंशु की छाती हल्के - हल्के मसल रहे थे और बार- बार पूछ रहे थे -" कहाँ दर्द हो रहा है ? क्या हो रहा है ?" पर बस इनकी दर्द से भरी आँखें और चेहरा ही उनकी असहनीय पीड़ा बयान कर रहा था, वो तो कुछ समझा नहीं पा रहे थे।पल्स और ऑक्सीजन का स्तर मापने के लिए तो अँगुली पर ही यंत्र निरंतर लगा रखा था और सरदार जी ने बी पी जाँचा तो सामान्य से काफ़ी कम था। फिर अंशु होंठों पर जीभ चलाने और हाथ से होंठों को मलने लगे।हमें लगा प्यास लगी होगी। सरदार जी ने हल्का - हल्का सा पानी होंठों पर लगा दिया क्योंकि पानी अंदर गए हुए तो महीनों हो गए थे और अब

तो वैसे ही सारे भीतरी अंग लगभग निष्क्रिय पड़ रहे थे। अंशु की बेचैनी, उनकी दशा को देखकर सब व्यथित थे और असहाय भी। कबीर बीच - बीच में अपने पापा को डरा हुआ सा देखने आता और फिर चला जाता। कभी संजय भैया हाथ मसलते, कभी मीनाक्षी आवाज़ लगाती-" भैया! ठीक हो न??" और फिर सिर पर हाथ फेरती।

ऐसी अवस्था को झेलते- झेलते रात के बारह बज गए। मीनाक्षी और संजय भैया अंशु को इस हालत में छोड़कर जा ही नहीं पा रहे थे। आए तो इनसे मिलने थे पर अंशु के मोहपाश में यहीं बँधकर रह गए। हम सब की नज़रें बस इनकी पल्स, ऑक्सीजन और बी पी पर ही गड़ी हुई थीं। मैं अंशु के पास उनके बालों में हाथ फेरते हुए और उनके सिर से सिर जोड़कर बैठी थी कि अचानक अंशु ने एक तेज़ हिचकी ली और फिर उनकी आँखें पथरा सी गईं। वो ऊपर की ओर कमरे की छत को ही देखे जा रहे थे। हमारे हिलाने पर भी उन्होंने कोई प्रतिक्रिया नहीं दी। मम्मी, प्राची - कावेरी रोने लगे और मैं, कभी पापा, कभी भैया और मीनाक्षी, कभी सरदार जी अंशु को तेज़ - तेज़ पुकार रहे थे जिसे सुनकर कबीर भी भागता हुआ आ गया और वो ये सब देखकर बुरी तरह काँपने लगा। सरदार जी ने इनका बी पी मापा जो बहुत ही नीचे जा चुका था और पल्स भी डूब सी रही थी। बहुत बार हिलाया पर जब कुछ भी नहीं हुआ तो सरदार जी ने मेरी तरफ देखकर 'नहीं' में गर्दन हिला दी। मैं अंशु को तेज़ - तेज़ पुकारने और झकझोरने लगी। संजय भैया बोले जा रहे थे - "अंशु वापिस आ। तूने कहा था तू किक मारेगा, मौत से लड़ेगा। वापिस आ !!!"

लगभग सात -आठ मिनट के बाद अंशु को खाँसी उठी और उन्होंने आँखों की पुतलियाँ हिलाईं। फिर बी पी लिया तो अब थोड़ा सा पहले से बेहतर था और पल्स तथा ऑक्सीजन का स्तर भी पहले से उठ गया था।

"क्या हुआ था अंशु ? कौन सी दुनिया में चला गया था ?" संजय भैया अंशु का हाथ पकड़कर बोले।

तब अंशु ने लिखने का इशारा करते हुए पेन माँगा। मैंने फटाफट पेन और कॉपी आगे की पर इनकी पकड़ इतनी कमज़ोर थी कि लिखने लगे तो सिर्फ़ एक बिंदु और हलकी सी लकीर सी ही आई और वैसे भी लिखते भी क्या क्योंकि शब्द तो मस्तिष्क के पटल से मिट ही चुके थे अब। पर अंशु अब पहले

से बहुत अधिक चेतन अवस्था में लग रहे थे और लग रहा था जैसे समझने-समझाने की क्षमता पहले से कुछ बेहतर है।

अब अंशु ने मेरी तरफ देखा। आँखों के कोरों से अश्रुधार निकल रही थी मैंने आँसू पौंछते हुए कहा -"क्या हुआ ? मैं यहीं हूँ तुम्हारे पास।" कावेरी -प्राची तो कबीर को सँभालने के लिए दूसरे कमरे में चली गई थीं।अंशु ने इशारे से समझाया कि बच्चों को बुलाओ। मैं पूरी तरह उनकी बात समझ नहीं पा रही थी इसलिए पूछा -"निक्की - गिन्नी को बुलाऊँ ?" तो 'हाँ ' में सिर हिलाया और फिर मैंने पूछा -" कबीर को ?" तो एकदम 'न' में जल्दी- जल्दी गर्दन हिलाने लगे। शायद जो मैं नहीं समझ पा रही थी वो अंशु समझ गए थे कि इस पीड़ा से मुक्त होने के लिए कबीर के मोह से मुक्त होना ज़रूरी है। *'मोह ही आत्मा रूपी परिंदे को जकड़े रखता है।'* या अपनी इस दशा का घाव देकर कबीर के लिए उसे ज़िंदगी भर का नासूर नहीं बनाना चाहते थे। पता नहीं क्यों पर जिस कबीर पर साँस अटकी रहती थी, उसी को अपने से सबसे दूर रख रहे थे।

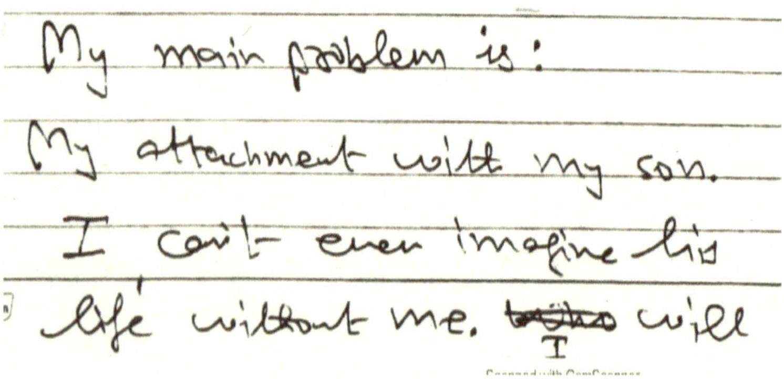
My main problem is:
My attachment with my son.
I can't even imagine his
life without me. ~~[illegible]~~ I will

My main problem is :

My attachment with my son . I can't even imagine his life without me.

पापा ने निक्की-गिन्नी को जल्दी से बुलाया। उनके आते ही अंशु ने मेरा एक हाथ पकड़ा, फिर निक्की का हाथ पकड़कर मेरे हाथ पर रख दिया और

फिर गिन्नी का हाथ पकड़कर हम दोनों के हाथ पर रख दिया। फिर एकदम अपना हाथ हटा लिया और अब अंशु के आँसू गालों तक आ चुके थे। हम तीनों उनसे लिपट गए और सुबकने लगे। पर अब अंशु की आँखें फिर बंद होने लगीं और वो नींद में चले गए।

संजय भैया बोले -" अनु ! वो कह रहा है मिलकर रहना। एक-दूसरे का साथ मत छोड़ना।" और भैया के ये कहते ही अब मीनाक्षी भी तेज़ - तेज़ रोने लगी।

रात लगभग दो बजे मैं अपना हाथ इनके दिल पर ही रखकर बैठी हुई थी ताकि इनकी धड़कन महसूस करती रहूँ और इनके सिरहाने, इनके सिर से अपना सिर जोड़कर आँखें बंद कर लीं। उस समय पता नहीं क्यों, मेरी आँखों के समक्ष इनके साथ की सुबह की चाय पीना, काम करते हुए मुझे रसोई में आकर अंशु का चूम लेना और पहाड़ों पर एक साथ फोटो खिंचवाने वाले दृश्य घूम गए और तभी एक तेज़ आवाज़ ने मेरे यादों के सफर को तोड़ दिया। ऐसा लग रहा था जैसे घड़-घड़ करके कोई मशीन चल रही हो। अंशु तेज़ - तेज़ उखड़ी साँस ले रहे थे। आवाज़ बहुत तेज़ थी पर अटक - अटक कर आ रही थी। किसी ने छाती मली, किसी ने हाथ तो किसी ने पैर पर अंशु की आँखें पंखे पर अटक गई थीं और साँस की आवाज़ और तेज़ हो गई और उखड़ने लगी। मैंने तत्परता के साथ फ़ोन निकालकर इनकी आवाज़ रिकॉर्ड की और डॉ. डबास, डॉ. हिमांशु और डॉ. निमित को भेजी। डॉ. डबास तो गुड़गाँव थे पर डॉ. हिमांशु रोहिणी में और डॉ. निमित पीतमपुरा में ही रहते थे इसलिए मैंने डॉ. हिमांशु को फ़ोन करके इनकी हालत बताई और रिकॉर्डिंग सुनने को कहा। उन्होंने सरदार जी को एक इंजेक्शन देने का निर्देश दिया और मुझे कहा कि पंद्रह मिनट में पहुँच रहे हैं। डॉ. हिमांशु और डॉ. निमित के पहुँचने तक इंजेक्शन के असर से अंशु की आवाज़ तो कम हो गई थी परंतु आँखें बिल्कुल स्थिर, पथराई हुई थीं।

बी पी बहुत - बहुत ही नीचे चला गया था और पल्स और ऑक्सीजन स्तर भी काफ़ी कम था। डॉ. हिमांशु इनकी दशा देखकर बोले -" मैम! इस समय हीमोग्लोबिन भी बहुत कम ही होगा शरीर में। पल्स और ऑक्सीजन भी गिर रहा है। बी पी के लिए एक इंजेक्शन दिया था पहले पर वो भी असर नहीं कर रहा।" ये कहते - कहते वो कमरे से बाहर निकल आए और ड्राइंग रूम में आकर खड़े हो गए।

"क्या करेंगे अब? ये कैसे आएगा कंट्रोल में?" मेरे ये कहते ही डॉ. हिमांशु ने मेरी तरफ देखा जैसे कुछ कहना चाहते हों पर कैसे बोलें समझ न आ रहा हो।

"मैम ! डबास सर ने भी रिकॉर्डिंग देख ली है। उनसे बात हुई है। मैम उन्हें डर है कि कहीं ये कॉमा में न चले जाएँ तो इन्हें ऐसे ही तेज़ - तेज़ आवाज़ें लगाकर, थोड़ा हिलाकर होश में ही रखने की कोशिश करना। सरदार को भी कह दिया है। वो ऐसे करता रहेगा।" डॉ. निमित बोले।

"पर ये बी पी इतना कम हो रहा है। इसका कुछ नहीं हो सकता क्या ?"

"मैम ! एक इंजेक्शन है बी पी को ऊपर लाने का। उसको लगाने से ये ....कहते- कहते डॉ. हिमांशु रुक गए और डॉ . निमित की ओर देखा।

"क्या होगा उसको लगाने से ?" मैंने पूछा।

फिर थोड़ा हिचकिचाते हुए बोले -" मैम ! उसको लगाने से भी पर ये सिर्फ़ रात ही निकाल पाएँगे। अगर आप कहोगी तो फोर्टिस से जाकर लाना पड़ेगा वो हमें।"

एक पल को तो ऐसे लगा जैसे शरीर सुन्न हो गया है और खून जम गया है पर फिर एक लंबी साँस लेकर अपने को सामान्य किया। आँसू नहीं निकले। आँखें और दिल पत्थर से हो गए थे, इतना सब देख - सुनकर। परिस्थितियों को झेलते - झेलते और इनकी ज़िंदगी की सच्चाई से आँख- मिचौली खेलते लगभग दो साल होने को आए थे और आज वो सच्चाई सीधा आँखों में आँखें डाले खड़ी थी। भागने का विकल्प ही नहीं था। इसलिए मैंने डॉ. हिमांशु को सिर्फ़ दो शब्द बोले -ले आओ !"

दोनों एकदम निकल गए और मैंने किसी को भी उनकी कही बात नहीं बताई। बस यही कहा कोई इंजेक्शन लेने गए हैं।

हम सब डॉक्टर के कहे अनुसार इन्हें तेज़- तेज़ आवाज़ें लगाकर और हिलाकर जगाए रखने की कोशिश कर रहे थे और अब इनकी आँखें भी कम से कम स्थिर नहीं थीं। फिर एकदम ये मुस्कुराने लगे। ये सामने देखते हुए ऐसे हाथ हिलाने लगे जैसे घोड़ा चला रहे हों।

संजय भैया आध्यात्मिक भी थे और नक्षत्र ज्ञान (ज्योतिष) भी जानते थे काफ़ी। अंशु को बोले - "अंशु, क्या हो रहा है? क्या देख रहा है तू ?" अंशु घोड़ा चलाने जैसा हाथ हिलाए जा रहे थे और फिर हाथ खोलकर अँगुलियाँ दिखाईं।

अँगुलियाँ दिखाते- दिखाते ही नींद में जाने लगे। पर सरदार जी ने तेज़ आवाज़ लगाकर इन्हें थोड़ा सा जागृत अवस्था में कर दिया।

मैंने संजय भैया से पूछा-" भैया ! ये क्या कहना चाह रहे थे ? समझ नहीं आ पाया कुछ।"

वो बोले - " इसे सात घोड़ों वाला रथ दिख रहा है जो स्वर्ग ले जाने के लिए आता है। ये सात घोड़ों का रथ ही कह रहा है जो इसे दिख रहा है।"

ये ज्योतिष गणना की बातें कितनी सही होती हैं, पता नहीं। न ऐसी बातों का ज्ञान था, न कभी ऐसी बातें पढ़ी थीं। पर ये जानती थी कि अंशु जैसे दयालु, नेकदिल, मिलनसार, स्नेही और साफ़ दिल इंसान को स्वर्ग का सुख ही मिलना चाहिए।

इतने में डॉ. निमित और डॉ. हिमांशु इंजेक्शन ले आए और अंशु को वो इंजेक्शन दे दिया। अंशु की स्थिति स्थिर थी तो डॉक्टर इंजेक्शन देने के बाद चले गए। संजय भैया और मीनाक्षी भी कल शाम से आकर बैठे हुए थे तो इनको इंजेक्शन लगने के बाद मैंने उन्हें भी यही कहा कि या तो दूसरे कमरे में आराम कर लो या फिर घर चले जाओ, सुबह आ जाना मिलने। वो तो नहीं जानते थे कि उन्हें किसी भी हाल में कल तो आना ही पड़ेगा पर मैं इस आखिरी रात के बारे में जानती थी।

पापा ड्राइंग रूम में दीवान पर लेट गए और मम्मी बच्चों के पास दूसरे कमरे में। मैं और सरदार जी अंशु के साथ बैठे थे जबकि सरदार जी की आँखें भी नींद से भारी हो रही थीं। मैंने उन्हें भी थोड़ी कमर सीधी कर लेने के लिए कहा क्योंकि मैं तो जाग ही रही थी, नींद ही कहाँ थी अब आँखों में!!

अंशु के बेड को अस्पताल के बेड की तरह हल्का सा ऊपर किया हुआ था और मैं अंशु के सिर से सिर जोड़कर और दिल पर हाथ रखकर थोड़ा सा अधलेटी अवस्था में आ गई। पूरे समय आँखें अंशु के चेहरे को ही निहारती रहीं। सुनहरी यादों के बंद दरवाज़े खुल गए और इनके साथ बिताए खूबसूरत लम्हे दिलोंदिमाग पर दस्तक देने लगे। और वो दस्तक धीरे- धीरे इतनी तेज़ हो गई कि अनायास ही मुँह से बोल पड़ी- 'नहीं- नहीं अंशु को नहीं जाने दे सकती!!!' मैंने घड़ी की ओर देखा, 5:15 हुए थे और बिल्कुल सन्नाटा था घर में। सामने कुर्सी पर सरदार जी सोए हुए थे। मैंने अंशु की अँगुली पर लगे यंत्र पर पल्स और ऑक्सीजन स्तर देखा। बहुत कम ही था। फिर अंशु की हृदयगति को

हाथ रखकर महसूस किया और फिर उसी मुद्रा में लेट गई। अचानक मैं झटके से उठी और घड़ी के तरफ देखा तो 5:32 थे। मुझे झपकी आ गई थी। मेरा हाथ इनकी धड़कन पर गया पर कुछ महसूस नहीं हुआ। पल्स वाले यंत्र पर कोई अंक नहीं आ रहे थे। मैंने उसे अँगुली से उतारा और फिर लगाया पर फिर भी कुछ नहीं आया। अंशु को हिलाते हुए तेज़- तेज़ 'अंशु-अंशु-अंशु ' बोलने लगी। सरदार जी जाग गए। बी पी लगाया पर बी पी आया ही नहीं। तीनों बच्चे, मम्मी-पापा सब बौखलाए हुए भागते आए।

सरदार जी ने धीमे से बोला-"नहीं हैं !"

"नहीं हैं ?? मैंने 5:15 पर चेक किया था, इनकी साँस चल रही थी, पल्स और ऑक्सीजन भी आ रहा था। मुझे पंद्रह मिनट झपकी आ गई और ये चले गए ! ये कैसे ?? तुम डॉ. हिमांशु को बुलाओ। वो देखेंगे। बुलाओ उन्हें।" और वो डॉ. हिमांशु को फ़ोन मिलाने लगा।

कावेरी-प्राची अपने पापा के ऊपर गिर सी गईं और रोने लगीं। कबीर उस कमरे की चौखट पर ही खड़ा सुबक -सुबक कर रो रहा था पर अपने पापा के पास नहीं आ रहा था। मम्मी 'हाय -हाय ' करके तेज़ तेज़ रोई जा रही थीं और पापा के आँसू मेरी ओर देखते हुए झलके जा रहे थे। और मैं जिसे सबसे ज़्यादा इस सच्चाई की खबर थी, इस वक़्त इतनी बेखबर हो गई कि अंशु को हिला-हिलाकर उठ जाने और वापिस आने को बोली जा रही थी।" पापा आप देखो आकर, शायद कॉमा में चले गए हों?" और पापा मेरी खातिर रोते - रोते आए तथा अंशु की नब्ज़ जाँची और फिर अंशु का हाथ धीरे से नीचे रख दिया। बस मेरे सिर पर हाथ फेरने लगे।

इतने में डॉ. हिमांशु पहुँच गए और उन्होंने अंशु की नब्ज़- धड़कन सब जाँची।

"सर???"

"सॉरी मैम !!! नहीं हैं !" और डॉ. हिमांशु ने सिर झुका लिया।

रुदन की आवाज़ बढ़ गई। पापा लोगों को फ़ोन करके ये दुखद समाचार पहुँचाने लगे। पड़ोसी शोर और रोना सुनकर एक- एक करके आने लगे। सरदार जी दो-चार लोगों के साथ इन्हें ज़मीन पर लेटा रहे थे, बड़े- बूढ़े दीप-बत्ती की परंपरा निभा रहे थे। मकान में भीड़ बढ़ रही थी पर मेरा घर अब खाली हो चुका था। इनके आँखें मूँदते ही, हर रोज़ की उस प्रयास की आस ने भी आँखें मूँद लीं।

होलिका दहन का दिन ही इनके देह दहन का दिन बन गया। शरीर दहन कैसे हो, अंशु अपनी ये इच्छा भी बता गए थे। प्रकृति-पर्यावरण प्रेमी थे। जब एक बार 'डिस्कवरी चैनल ' पर प्रदूषण के बढ़ते स्तर के बारे में चलचित्र देख रहे थे तो मुझे लिखकर बोले -'अनु! अगर कैंसर या इसी तरह की किसी घातक बीमारी वाला इंसान मर जाए और उसे हम लोग ऐसे खुले में जला देते हैं तो उसके अंदर के सारे ज़हरीले कण भी तो हवा में ही फैलते हैं धुएँ के साथ। पर इंडिया में तो 'इलेक्ट्रिकल क्रीमेशन' का इंतज़ाम ही बहुत कम है। सुन ! पर प्लीज़, अगर मुझे कुछ हो जाए तो इलेक्ट्रिकल ही करवाइयो। इतनी दवाइयों और बीमारी से भरे शरीर का धुआँ कितना विषैला होगा सबके लिए। सिर्फ़ बोलने से पर्यावरण नहीं बचेगा, कुछ करना भी पड़ेगा। मैं इस पर भी ब्लॉग लिखूँगा।' तब तो मैं खीझ गई थी इनकी बात से पर आज समझ आ रहा था कि कैसे धीरे-धीरे मुझे सब चीज़ों के लिए मानसिक रूप से तैयार कर रहे थे। इनकी इच्छानुसार इनका दाह संस्कार विद्तीय रूप से करवाया। लोग सांत्वना देने, अफ़सोस जताने आते रहे और सामाजिक औपचारिकताएँ और रीति-रिवाज़ निभाते रहे। किसी की कोई बात न सुहाती थी और ना बहलाती थी, बस कानों से टकराकर गुज़र जाती थी। "तुझे मज़बूत बनना है", "बी स्ट्रांग " जैसे वाक्य जब शुभचिंतक कहते तो खीझ होती। पर उस अवस्था में लोगों के पास यही कुछ चुनिंदा शब्द होते हैं, यह भी विडंबना है।

अंशु के कामों में लगी रहने वाली 'मैं' अब पूरी तरह से खाली हो चुकी थी। कबीर ने जब इनका संस्कार किया तो उसका एक आँसू नहीं गिरा। बस एक चाबी वाले खिलौने की तरह पंडित और बड़े- बुज़ुर्गों के निर्देशों पर चलता गया और सारे कर्मकांड करता गया। मेरे से तो लिपटा तक नहीं था, रोया तो अपनी दीदियों से लिपटकर।

पर आज जब शोक सभा के बाद घर लौटे तो थोड़ी देर बाद मेरे पास आया और मेरी गोद में सिर रख दिया और रोता और बस रोता गया। शायद अंशु की आँखें बंद होते ही मेरे सोचने - समझने की आँखें भी बंद हो गई थीं और दिल सो गया था पर आज कबीर के आँसुओं ने मेरी आँखें खोलीं और मेरे दिल को झकझोर कर जगाया।।

बच्चे भी तो अंशु की ही परछाई हैं, उन्हीं का अंश हैं, तो मैं उनके प्रति अपना कर्तव्य कैसे भूल सकती हूँ ? अगर अंशु से मुझे इतना प्यार है तो उनकी

हर प्यारी चीज़ की सँभाल करना मेरी ज़िम्मेदारी है। मेरा पति मुझसे बहुत दूर चला गया है और अब वापिस नहीं आ सकता पर यदि मैंने कबीर को नहीं थामा तो उस तेरह साल के बच्चे से तो बाप ही नहीं उसकी माँ भी बहुत दूर चली जाएगी और वो इस कमी को नहीं झेल पाएगा। उसे कसकर अपने गले लगा लिया और ज़िंदगी जीने का सबब बना लिया।

पुनः सृजन गतिमान पड़ाव
(जीना एक कला)

अंशु की कमी से मन में आ चुका खालीपन कभी नहीं भर सकता पर वही अंशु जो ये खालीपन देकर गया है, उसने ज़िंदगी जीने का सलीका भी सिखाया है।

कठिन परिस्थितियों में किया गया संघर्ष एक अमूल्य संपत्ति प्रदान करता है -'आत्मबल'। हार मानकर कभी कोई जंग जीती नहीं जाती। उन्होंने पूरी निष्ठा, संकल्प और ईमानदारी के साथ अपनी बीमारी को मात देने की जंग लड़ी। डॉक्टर तो हमेशा मरीज़ की ज़िंदगी के लिए अंत समय तक लड़ाई करते हैं पर मरीज़ का अपनी जीने की इच्छा शक्ति को प्रबल रखते हुए परिस्थितियों का सामना करना तथा लड़ना, एक सच्चे योद्धा की पहचान है। *प्रयास किए बिना अपने को पराजित मान लेना बुज़दिली है।* कोशिश करके जीत न भी मिल पाए पर मन का सुकून ज़रूर मिलता है। मन में मलाल नहीं होता जैसे शायद अंशु भी आज शांति और सुकून में होंगें क्योंकि वो कायर की मौत नहीं मरे, बीमारी से छिपे नहीं बल्कि अपनी हिम्मत को डॉक्टरों के प्रयासों में जोड़कर अपनी चार- पाँच महीने की अनुमानित ज़िंदगी को लगभग एक साल तक जी गए। माना तकलीफ़ों ने उन्हें कई बार तोड़ा पर उनके जूझने के ज़ज़्बे को झुका नहीं पाई। मेरे मन में इस बात की तो संतुष्टि है कि हर प्रकार का संभव इलाज करवाया और हर विकट परिस्थिति में इनके साथ हिम्मत से खड़ी रही। निर्बल और कायर बनकर बीच रास्ते में ही कष्टों के सामने दम नहीं तोड़ा।

'रिश्ते दुहाई से नहीं गहराई और सच्चाई से निभाए जाते हैं।' ये बात इस मुश्किल घड़ी ने बखूबी समझा दी। ऐसा समय भगवान न करे किसी पर आए पर जीवन में सिर्फ़ सुख मिलें ये भी संभव नहीं। सुख- दुःख दोनों ही जीवन के दो पहिये हैं। और दुःख का समय ही अपने- पराए का अंतर समझाता है। इस सफर में कितने नए रिश्ते - संबंध जुड़े जो दिल में उतर गए और कई रिश्ते पुराने होते हुए भी दिल से उतर गए। जिन रिश्तों पर गुरूर था उनका साथ बहुत दूर था और जो रिश्ते बेनाम थे, उन्होंने किए अपेक्षा से अधिक काम थे। तभी तो कहते हैं *अनुभव का पिटारा समय के साथ - साथ ही भरता है।*

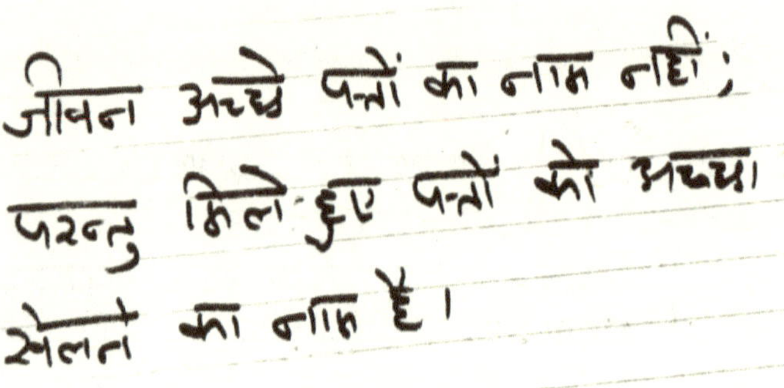

जीवन अच्छे पत्तों का नाम नहीं ; परन्तु मिले हुए पत्तों को अच्छा खेलने का नाम है।

पर ये यथार्थ नकारा नहीं जा सकता कि दर्द के सफर में कोई आपको सहारा तो दे सकता पर उस दर्द को मसलने के लिए स्वयं ही जुगत जुटानी पड़ती है। 'था' और 'है' में चयन करना बहुत दुविधापूर्ण होता है। 'था' ज़िंदगी की हताश परिस्थिति होती है और 'है' ज़िंदगी की आस स्थिति। अंशु 'था' और कावेरी-प्राची, कबीर तथा मेरे टूटे वृद्ध माता-पिता 'हैं' जो मुझे देख कर ही जी रहे हैं। इसलिए ज़िंदगी को तो फिर से अपने पैरों पर खड़ा करना ही पड़ेगा। मुस्कुराना भी पड़ेगा और कबीर को पढ़ाना और अपनी ज़िम्मेदारियों को निभाना भी पड़ेगा। *ज़िंदगी के नश्तर आंतरिक शक्ति और आत्मविश्वास से ही भेदे जाते हैं।*

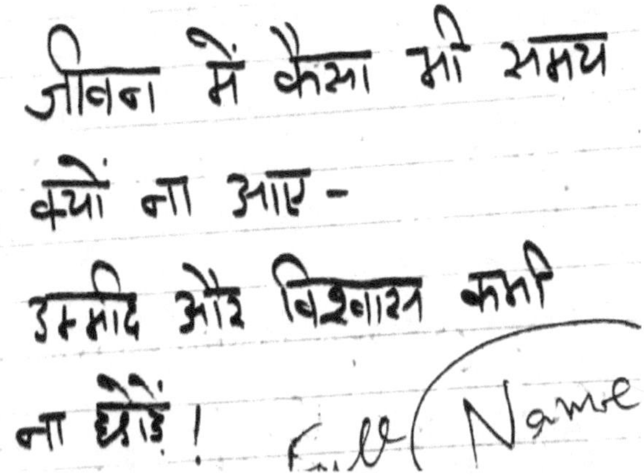
जीवन में कैसा भी समय
क्यों ना आए-
उम्मीद और विश्वास कभी
ना छोड़ें! Full Name

जीवन में कैसा भी समय क्यों न आए- उम्मीद और विश्वास कभी न छोड़ें!

अतः मैंने अंशु की बातों, यादों और वादों को कमज़ोरी नहीं अपनी ताकत बनाया और पुनः ज़िंदगी का एक नया अध्याय आरंभ किया। *निराशा से कभी आशा का दीपक नहीं जल सकता।* खुद रोते हुए दूसरे के चेहरे पर हँसी लाना नामुमकिन होता है। इसलिए पहले खुद बच्चों के सामने मुस्कुराई और फिर धीरे - धीरे बच्चों के चेहरे पर भी मुस्कुराहट लौट आई।

कहते हैं 'समय सारे घाव भर देता है ' पर इस विचार से मेरा मतभेद है। अपनों से दूरी का घाव कभी भर नहीं पाता, बस समय के साथ - साथ उसे झेलने की शक्ति आ जाती है। दूसरी दुनिया में चले जाने वाला वापिस नहीं आ सकता पर जो रिश्ते वो हमारे लिए पीछे छोड़ गया है उन्हें तो हम निराशा, नकारात्मकता और मानसिक तनाव के अँधेरों में धक्का नहीं दे सकते और देना भी नहीं चाहिए क्योंकि उन्हें संजोकर रखना ही जाने वाले के लिए सच्ची श्रद्धांजलि होती है।

ज़िंदगी में कुछ चीज़े नियत होती हैं। नियति अपना काम करती रहती है और हमें अपना कर्म करते रहना चाहिए। अंशु ने मौत से पहले ही मौत के सामने आत्मसमर्पण नहीं किया। वो अंत तक उसकी आँखों में देखते रहे और लड़ते रहे क्योंकि उनकी लड़ाई में प्रबल संकल्प शक्ति, निष्ठा और पूर्ण समर्पण

भाव था इसलिए कई अच्छे लोगों का साथ मिलता गया। डॉ. डबास और उनका परिवार तथा साथी डॉक्टर, प्रिंसिपल मैम तथा मेरी वेंकटेश्वर संस्था और मित्र, सदा अंशु के इस ज़ज़्बे को सम्मान देते हुए उनका उत्साह बढ़ाते रहे और अंत तक उनका हाथ थामे रखा।

आज हम सबने भी एक - दूसरे का हाथ थामा हुआ है। अंशु की खट्टी-मीठी यादों की गुल्लक को खोलकर उसमें से पलों को चुराते हैं। किसी पल को महसूस करके एक साथ मिलकर खिलखिलाते हैं, किसी पल में बिल्कुल ही सराबोर जाते हैं ; कोई पल इनके साथ होने का अहसास कराता है तो कोई पल अश्कों को झलका कर जाता है।

ज़िंदगी के साथ समझौता नहीं किया बल्कि समझौता ज़िंदगी का एक हिस्सा है, अपनी सोच को कुछ ऐसा बदलकर, जीवन की चुनौतियों और ठोकरों को अपना लिया है। इनकी यादों को हमने अपनी ज़िंदगी का अहम् भाग बना लिया है पर ज़िंदगी रुकने का नाम नहीं है, इस सत्य को भी मुस्कुराते हुए गले लगा लिया है।

!! धन्यवाद !!

www.ingramcontent.com/pod-product-compliance
Lightning Source LLC
LaVergne TN
LVHW060604051026
849519LV00002B/473
9789390640546